LIBER DRACONIS

Das Buch der geistigen Systeme, der Magie und der Einweihung

- Ungekürzte Originalfassung -

Isegrim

© **3. Auflage, Copyright 2018 by Bohmeier Verlag, D-04357 Leipzig, Oelssnerstr. 2, Germany, Tel.: +49 (0) 341-6812811 - Fax: +49 (0) 341-6811837.**
Immer erreichbar über unsere Internet-Homepage: www.magick-pur.de

© **Coverbild (Original-Grafik) von Sülidia nach einem Entwurf von Isegrim. Covergesamtkonzeption JAD. Fast alle Innenbilder sind von Isegrim.**

Gesamtherstellung: Bohmeier Verlag, Printed in Germany

ISBN 978-3-89094-613-9

Inhaltsverzeichnis

Research your own experience – Erforsche Deine eigenen Erfahrungen
Absorb whats useful – Absorbiere das Nützliche
Reject whats useless – Verwirf das Nutzlose
Add specifically what is your own – Füge das Dir Eigene hinzu

Bruce Lee

Sine ira et studio – ohne Zorn und Eifer

Lehrsatz westlicher Universitäten

Einführung

Das LIBER DRACONIS ist ein Handbuch und ein Lexikon der Magie. Es beinhaltet die Möglichkeit der Selbsteinweihung sowie zielgerichtete magische Praktiken für den ernsthaft Interessierten. Gleichzeitig ist es ein Werk der Allgemeinbildung über eine große Anzahl magischer, religiöser, kultischer und mystischer Systeme und Methoden. Das Lesen, wie das Ausführen der Inhalte dieses Buches, erfolgt auf eigene Gefahr, wobei erwähnt werden muss, dass das Ausüben der beschriebenen Techniken sicher nicht gefährlicher ist als Auto zu fahren. Dieser Vergleich ist, wie jeder Vergleich, hinkend.

Die Magie und die Mystik

Magie

Magie ist die Kunst der *Magier*, der Name stammt vom altpersischen Wort *Magush*[1] ab. Nach Herodot sind das die Mitglieder des fünften Stammes der *Meder*, ein vergangenes indogermanisches Volk, dass mit den Persern nahe verwandt und benachbart war.[2] Die *Magier* beschäftigten sich primär mit okkulten Studien, und das so erfolgreich, dass sie in der gesamten antiken Welt dafür bekannt und bewundert waren – Griechische Philosophen gingen bei ihnen in die Lehre.[3] Nach der Eingliederung Mediens in das persische Reich[4] verschmolz die medische Kunst der Magier mit der persischen Lehre des Zoroastrismus[5].
Der Name Magie setzte sich aber schon in der Antike durch und wurde ein übernationaler Begriff.
Magie bedeutet, Veränderungen über nichtmaterielle Kausalitäten zu bewirken.

Es ist möglich, die Magie in mehrere Unterbereiche zu teilen. So gibt es Unterscheidungen nach der Intention[6], darunter findet sich unter Anderem:

---

1 *Magush*, griechisch *magos*, ist wahrscheinlich verwandt mit dem deutschen Verb (ver-)mögen, der gemeinsame Ursprung ist das indogermanische **magh*. Davon, mit gleichgebliebener Bedeutung, ist das deutsche Substantiv *Macht* abgeleitet.-
Magush (altpersisch) = Magier (deutsch): der Mächtige.

2 Die Meder wanderten um 1000 bis 740 vor der Zeit aus Europa in den heutigen Nordwest-Iran ein, die Perser zeitgleich in den südlichen Zentral-Iran.

3 Darunter Thales von Milet, Phytagoras aus Samos, Empedokles von Agrigent und Anaxagoras aus Klazomenä. Platon wollte dieselbe Reise antreten, es blieb ihm aber verwehrt, und so lernte er die Magie bei den Phytagoräern und in Ägypten.

4 Im 6. Jh. v. d. Z.

5 Nach Zoroaster, der griechischen Version von Zarathustra, benannt. Die Religion des Zoroastrismus, auch Parsismus genannt, wurde von dem persischen Aristokraten Zarathustra Mitte des 6. Jh. v. d. Z. gegründet. Diese Religion hat ein konsequent dualistisches Weltbild.

6 Lateinischen Ursprungs: Absicht.

- *Weiße Magie*, Die Magie zum bewussten und absichtlichen Nutzen Anderer.
- *Schwarze Magie*, Die Magie zum bewussten und absichtlichen Schaden Anderer.[7]
- *Hohe Magie (I, moralische Definition)*, Magie zum Zweck der Selbstvervollkommnung, also eine Art Selbstverzauberung zu mystischen Zwecken.
- *Niedere Magie*, Magie für weltlichen Erfolg, egal welcher Art. Diese wird häufig in konkretere Bereiche gefasst, wie *Heilmagie, Reichtumsmagie, Kampfmagie* und so fort – der Name ist dann Programm.

Weiterhin gibt es eine Magieunterscheidung nach der Methode, so findet sich beispielsweise die

- *Hohe Magie (II, technische Definition)*, hochentwickelte Magie, die direkt aus dem Geist heraus bewirkt wird, ohne irgendwelche Hilfsmittel, zuweilen „*Leere Hand Magie*" genannt. Hohe *Magie* ist Teil der *Mentalik*, des Umgangs mit dem Leben im Universum rein aus dem Bewusstsein heraus.
- *Niedere Magie (II)*, einfache oder niedrig entwickelte Magie, die auf Hilfsmittel zurückgreift. Dazu gehören dann die
- *Zauberei (engl.: sorcery)*, Magie mit Unterstützung materieller Gegenstände, und die
- *Hexerei (engl.: witchcraft)*, Magie primär mittels einnehmbarer Substanzen.

Sehr bekannt in Europa ist die

- *Ritualmagie*, auch *Zeremonialmagie* sowie *Theurgie* genannt, Magie durch inszenierte Darstellungen, welche häufig Beschwörungen anderer Wesen beinhaltet. Die *Aetheralmagie*, kurz *Aetherik* genannt, nützt kosmische und körperliche Ströme, die elektrisch und magnetisch sein mögen. Wissenschaftlich sind sie kaum erforscht. Die *Astralmagie*, kurz *Astralik* genannt, hingegen nützt einen anderen Aspekt des Menschseins, nämlich einen zusätzlichen, üblicherweise unsichtbaren Körper als Vehikel der eigenen magischen Taten. Die
- *Divination* oder *Mantik* ist die Magie zu Weissagungszwecken.

Die dritte wichtige Unterscheidung ist die nach Systemen oder Disziplinen, also nach kulturspezifischen Entwicklungen und Methodiken, wobei innerhalb des jeweiligen Systems letztlich dieselben Dinge, aber anders als in anderen Systemen, erreicht werden. Bekannte Disziplinen sind beispielsweise:

- *Alchemie*, auch *Hermetik* genannt, *Runenmagie*, *Voodoo*, *Rosenkreuzertum*, *Kabbalah*, *Chi Gong*, *Astrologie* und Vieles mehr.

Diese drei Listen erheben keinen Anspruch auf Vollständigkeit.

---

[7] Die Magie an sich wird manchmal generell als „Die schwarze Kunst" bezeichnet. Das sollte nicht zu Verwechslungen führen. Zuweilen heißt sie auch „Die königliche Kunst".

Mystik

Namentlich geht die Mystik auf das griechische *Mysterion*, das Geheimnis, zurück, der Ausübende desselben hieß ursprünglich *Myste*. Die *Mysten* waren die in den Kult von *Eleusis*, die eleusinischen Mysterien, Eingeweihten. Das ursprüngliche Stammwort ist das griechische *myein*, was „Schließen (von Lippen und Augen)“ bedeutet. Das Wort ist lautnachahmenden Ursprungs, wer den Mund verschließt und zu sprechen versucht, weiß genau, was gemeint ist. Es ist also interessant, dass der Name einer Kunst besagt, dass man nicht über sie sprechen soll oder sprechen kann, und in der Tat gelten die komplexeren Erlebnisse der Mystik als verbal nicht zugänglich.

Schon in der Spätantike war die Mystik nicht mehr ein rein eleusinischer Begriff, sondern eine Sammeldefinition für Geheimnisse und Lehren geworden, die dem okkulten Wissenserwerb dienen.

Es kann zwischen verschiedenen mystischen Systemen unterschieden werden, die jeweils eine bestimmte Emotion als Methode in den Vordergrund stellen. In Europa ist die Mystik der Gottesliebe wie die Mystik der körperlichen Selbstabtötung bekannt geworden, da das die beiden Hauptströmungen der christlichen Mystik sind.

Diese christliche Mystik des Mittelalters ist definiert als religiöse Bewegung, die den Menschen durch innere Versenkung und Hingabe zur persönlichen Vereinigung mit Gott bringt – doch genau das lässt sich, unter Einnahme eines monotheistischen Standpunkts, von jeder Mystik sagen.

Die Mystik anderer Kulturkreise wird natürlich meist nicht Mystik genannt, obwohl sie stets den gleichen Zweck und meist ähnliche Grundmethoden verfolgt, auch wenn es sich um Mystik der Körperbeherrschung, der Sinnesfreude, der Schicksalsergebenheit oder Anderes handelt. Mystik ist beispielsweise *Yoga*, *Zen*, *Tantra*, *Sufismus*, *Gnostik,* und Vieles mehr.

- Mystik heißt, okkultes Wissen zu erwerben.
- Magie heißt, okkulte Macht zu erwerben.

Nachvollziehbarerweise ist eines unter völliger Ausschließung des anderen unmöglich – Mystik und Magie sind zwei Seiten derselben Münze.

Vorbemerkung

Der Inhalt des Liber Draconis ist vielseitig, dennoch zieht sich so etwas wie ein roter Faden, nämlich die Systematik eines bestimmtem Magiestils, durch das ganze System: Die Ordnung des *Usui Systems des Reiki.* Dies einerseits deswegen, weil ohne Ordnung wirklich kein Erfolg möglich ist, andererseits, weil ich, der Autor, erfolgreich in Reiki eingeweiht wurde.
Dieser rote Faden ist völlig austauschbar – dieses Buch kann auch zu jeder anderen bestehenden magischen Tradition hinzugefügt werden.
Das Liber Draconis ist in vier Bereiche oder Grade unterteilt, nämlich in je einen für Anfänger, Eingeweihte, Fortgeschrittene und Lehrer. Der Grund dafür ist rein pädagogischer Natur. – Kein Bereich diese Buches ist wertvoller als ein anderer, wie ja auch niemand, der über praktische oder theoretische Kenntnisse eines bestimmten Bereiches verfügt, wertvoller oder sozial höher anzusiedeln ist als jemand, der den betreffenden Bereich nicht kennt oder kann. Der Unterschied liegt ausschließlich in den Aufgaben:

- Die Aufgabe des 0° Anfängers ist die beginnende Schärfung seines Bewusstseins, ein zu erarbeitendes grundlegendes Verständnis magischer Weltbilder, und beginnende Divination.
- Die Arbeit des 1° Eingeweihten ist die Aetherik, die Zauberei, und beginnende Traumarbeit.
- Der 2° Adept übt sich in Astralik und Symbolmagie.
- Der 3° Lehrer übt sich in Mentalik, in der beiderlei Hohen Magie (I+II), und er lehrt.

Dennoch können Teile verschiedener Grade gleichzeitig oder auch in umgekehrter Reihenfolge bearbeitet werden. Des Weiteren ist der Lehrplan des Liber Draconis ein Maximallehrplan – manche Bereiche sind einfach redundant[8], um dem Magier Wahlmöglichkeiten zu überlassen.
Eines allerdings gilt: Ohne frühere lange und grundlegende magische oder mystische Praxis irgendeiner Art kann die Arbeit des 0°Neophyten, des Anfängers, nicht unterlassen werden, ohne Erfolglosigkeit und Lächerlichkeit zu erleben.

---

[8] Von lateinisch *re* und *unda*, also wiederkehrende Welle = überflüssig. Gemeint ist damit, dass man einen von zwei ähnlichen Bereichen wählen kann – aber auch beide.

0° oder „Noch nicht Grad“ Die Arbeit des Neophyten

Wahr ist, was man wahrnimmt.

Schamanisch

Eine Reise von tausend Meilen beginnt mit einem kleinem Schritt.

Europäisch

Mit dem Geist ist es wie mit einem Fallschirm:
Er funktioniert besser, wenn er offen ist.

Englisch

Wissen ist nicht genug, wir müssen Anwenden.
Wollen ist nicht genug, wir müssen Tun.

Bruce Lee

In Sich gehen kann man nur mit gutem Schuhwerk.

Österreichisch

Neophyt (griechisch) bedeutet der Neugepflanzte. In einem Gleichnis gesprochen ist der Neophyt ein Baum, der bereits über Wurzeln, Blätter, Stamm, die Fähigkeit selbständig zu leben also, verfügt. Dennoch, aus innerer Unzufriedenheit mit dem weltlichen Leben in irgendeiner Form heraus, pflanzt er sich selbst neu, in neuem tieferen Boden, dem Boden der Magie und Mystik. Er hat beschlossen, ein *Magus* (lateinisch), ein Magier zu sein.[9] Zur Verstärkung dieser Entscheidung und zur Erleichterung der beginnenden Aufgabe kann er sich selbst in den Grad des Neophyten einweihen.

Der Neophyt verändert seine Lebensgewohnheiten, um Zeit und Raum zu finden, in denen er die magischen Übungen der Energiearbeit, der Geistarbeit und der Gemütsarbeit durchführen kann.

Die Arbeit des Neophyten ist die schwierigste Arbeit überhaupt, da der Neophyt beständig von nagendem Zweifel befallen wird, ob das, was er tut, nicht sinnvoll, sondern einfach nur schwachsinnig ist. Immerhin ist sein bisheriges Leben ja ohne, oder größtenteils ohne, okkulte Phänomene verlaufen. Diese Zweifel werden zusätzlich durch die offizielle Weltanschauung der sogenannten westlichen

[9] Er hat also nicht beschlossen, ein Magier zu werden, sondern *ein Magier zu sein*. Das ist für ihn persönlich ein sehr gewinnbringender Unterschied.

Welt gestützt, die, auch wenn offiziell christlich[10], im Wesentlichen materialistisch[11] und manchmal ein wenig nihilistisch[12] orientiert ist.

Wahrscheinlich 90 Prozent derer, die *das Große Werk*[13] beginnen, beenden ihren Pfad kurz vor der eigenen Initiation, dem ersten echten magischen Grad – sei es in dem Glauben, einem großen Schwindel mit dem Namen „Esoterik" aufgesessen zu sein, oder mit Abscheu und Furcht vor abschreckenden Beispielen, Magiern, die ihre Entwicklung mit dem Zerfall ihres emotionalen Gleichgewichts bezahlten.

Dennoch, der Weg ist begehbar. Magie ist der Weg der Wunscherfüllung, Wunscherfüllung jenseits materieller Kausalitäten, und Mystik ist der Weg des Wissenserwerbs, Wissen jenseits menschlicher Logik. Magie und Mystik ergänzen einander und sind letztlich nur zwei Seiten derselben Münze. Beide Wege sind miteinander verwoben, und keiner kann ohne den anderen bis zum Ende gegangen werden.

Die Arbeit des Neophyten umfasst:

1. Die Veränderung seiner Weltanschauung zu dem Standpunkt hin, dass Magie und Mystik ebenso natürlich wie möglich sind.[14]
2. Die beginnende Entwicklung oder Erweiterung seines gesamten Bewusstseins.[15]

---

10 Es ist erwähnenswert, dass ein Christ, der die Wundertaten seines Gottsohnes leugnet und die Möglichkeit magischer Macht und mystischen Wissens verneint, per Definitionem gar kein Christ ist, sondern nur ein Materialist, der sich für eine bestimmte moralische Lebensweise entschieden hat.-

11 Von lateinisch Materie, fester Stoff. Materialismus ist eine Grundrichtung der Philosophie, welche die Materie als eigentliche Realität und als alle anderen Phänomene bestimmend ansieht. Europäische Schulkinder des ausklingenden 20. und beginnenden 21. Jh. n. d. Z.. wachsen mit einer Brekzie – und Brekzie ist vereinfacht gesprochen zusammengepresster Schutt - aus bewusst vermitteltem Christentum, in geringer Menge, und unbewusst vermitteltem Materialismus, in großer Menge, auf. Die Unvereinbarkeit dieser Weltanschauungen führt in frühem Erwachsenenalter häufig zu Neurosen.

12 Von lateinisch *nihil*, nichts. Nihilismus ist die grundsätzliche Verneinung von Erkenntnismöglichkeiten und moralischen Werten, die radikale Entwertung aller Werte. Dem Nihilisten gilt alles nichts, alles ist sinnlos und wertlos. Es ist wahrscheinlich unmöglich, mit dieser Weltanschauung langfristig glücklich zu sein.-

13 Eigentlich lateinisch *Magnum Opus*, ein alchimistischer = hermetischer Ausdruck. Die Alchemie ist eine sehr wissenschaftsbetonte und dementsprechend komplexe Kunst, die nach der Umwandlung der Materie in Gold strebt, was einerseits wörtlich zu nehmen ist, andererseits eine Metapher für die Verwandlung des Seins in das Absolute darstellt. Damit ist der Ausdruck *Großes Werk* ein Synonym für Pfad und Ziel jener Magie, die einen Seinszustand jenseits weltlicher Kausalität anstrebt, Magie in diesem Sinne ist Weltverwandlung und Selbstverwandlung. Siehe dazu das Kapitel 3° Die Arbeit des Magus Major.

14 Siehe den theoretischen Teil.

15 Siehe den praktischen Teil.

1. Theoretischer Teil

Es gibt eine Menge magischer Weltanschauungsmodelle, die auf anschauliche Weise das Funktionieren der Magie und meist fundamentale Mechanismen des Universums erklären, gleichzeitig aber, und das auf völlig logische Weise, sich häufig gegenseitig die Funktionsuntüchtigkeit attestieren.
Das liegt daran, dass diese Systeme, wie übrigens alle menschlichen Wissenssysteme, niemals das Universum an sich sondern eine Landkarte des Universums beschreiben, die sich ein Beobachter gemacht hat. Die Landkarte ist nicht das Territorium.
In Folge werden nun praktische Denkmodelle vorgelegt, die den Umgang mit Magie und dem eigenen Leben damit erleichtern. Es ist wichtig, zu verstehen, dass alle theoretischen Modelle NICHT WAHR sind, sondern nur Annäherungen an etwas darstellen, was verbal wahrscheinlich nicht zugänglich ist, nämlich die Geheimnisse des Universums.
Noch einmal:
Es ist wichtig, zu verstehen, dass alle theoretischen Modelle NICHT WAHR sind, sondern nur Annäherungen an etwas darstellen, was verbal wahrscheinlich nicht zugänglich ist, nämlich die Geheimnisse des Universums.
Magier, die beginnen, ihre eigenen Arbeitshypothesen zu glauben, ähneln einem Politiker, der beginnt, seine eigenen Wahlkampfparolen für wahr zu halten, wobei doch beides im besten Fall grobe Vereinfachungen sind. Dem Zweiten droht in so einem Fall Infantilität, dem Ersten sogar Wahnsinn.
Also noch einmal:
Es ist wichtig, zu verstehen, dass alle theoretischen Modelle NICHT WAHR sind, sondern nur Annäherungen an etwas darstellen, was verbal wahrscheinlich nicht zugänglich ist, nämlich die Geheimnisse des Universums.
Wer Denkmodelle als religiöse Dogmen versteht, nicht als geistige Werkzeuge, erweist sich selbst einen Bärendienst.[16]

Die 4 Funktionsmodelle der Magie

Nach dem englischen Magier *Phil Hine* lässt sich die Funktionsweise der Magie in 4 Modelle[17] unterteilen. Diese Unterscheidung ist zum Verständnis magischer Weltbilder außerordentlich hilfreich.

---

[16] Das Märchen vom Bärendienst erzählt von einem Schneider, der sich mit einem wilden Bären aus dem Walde anfreundete. Eines Tages legte sich der Schneider zur heißen Mittagszeit unter einen Baum schlafen, und der Bär versprach, seinen Schlaf zu bewachen. Kurz darauf setzte sich eine dicke fette Fliege auf die Wange des Schlafenden. Der Bär, der Angst um den Schlaf seines Freundes hatte, nahm einen großen flachen Stein in seine Pranke und erschlug die Fliege auf der Wange. Den Schneider damit allerdings auch.-

[17] HINE Phil, Prime Chaos, London 1993, S.32.

1. Das Animistische[18] oder Spiritistische Modell

Alle nichtorganischen Lebensformen, seien es Götter, Geister, Kobolde, Gespenster, Engel, *Familiare*[19], *Elementare*[20], *Elementale*[21] und so weiter sind eigenständige Wesenheiten. Unsere Magie wird großenteils von diesen durchgeführt, indem wir mit ihnen Absprachen und Verträge – man denke an *Dr. Faust*[22] – treffen. Die Religionen des *Animismus*, der Glaube, jede Materie hätte ein innewohnendes Bewusstsein, und *Pantheismus*, der Glaube, das Universum an sich sei beseelt und man selbst also ein Teil von etwas sehr großem Lebendigem, sind Teile dieses Modells. Das Spiritistische Modell stammt noch aus der Frühzeit der Menschheit, solche Zeitangaben sind im Übrigen nicht qualitativ wertend zu verstehen.

Magier, die diesem Modell folgen und ausschließlich andere Wesenheiten kontaktieren und sie zu diesem Zweck in ihr eigenes Bewusstsein hereinbitten, nannte man noch vor einhundert Jahren *Spiritisten*. Dazu gibt der Spiritist vorübergehend die Kontrolle und Herrschaft über seinen Körper und Teile seines Bewusstseins auf. Heute bezeichnen solche Magier ihre Arbeit als *Channeling*.-

2. Das Energetische Modell

Durch das beständige Bewegen und oder Vermehren von Energie erlangt der Magier die Fähigkeit, Magie, also Veränderung jenseits materieller Kausalität, zu bewirken. Die Religion des *Taoismus*, der letztlich nur in den Städten weiterentwickeltes, wissenschaftlich gewordenes chinesisches Heidentum darstellt, ist Teil dieses Modells. Alle Systeme des *Chi Gong*[23], darunter die in Europa bekannt gewordene *Akupunktur*, auch alle okkulten *Kampfkünste sind Teil dieses Modells. Das energetische Modell ist wahrscheinlich* gleichzeitig mit dem spiritistischen Modell, also an der Wiege der Menschheit, entstanden. In Europa allgemein bekannt wurde das energetische Modell erst im 18. Jh. n. d. Z.[24], durch den österreichischen Arzt und Heilmagier *Franz Anton Mesmer*. Interessanterweise ist

---

[18] Spezielle Abweichungen der gültigen Rechtschreibung sind vom Autor ausdrücklich gewünscht.

[19] Familiare, von lateinisch *Spiritus familiaris*, sind langfristig dienstbare Geister, die dem eigenen Hausstand angehören. Diese Rolle können auch Haustiere einnehmen, in Europa sind dies traditionellerweise Katzen oder Raben, man denke diesbezüglich an die Hexen des Märchens. Katzen wie Raben haben ein angeborenes Interesse an magischen Dingen und Aktivitäten, deswegen die entsprechenden Mythen.

[20] Wesenheiten, die aus sogenannten Elementarebenen kommen, wie die Ebenen des Feuers, der Luft, des Wassers und der Erde, aber beispielsweise auch des Eises, des Holzes, des Gifts und sonstiger Elemente.

[21] Elementale sind Wesenheiten, die auf der Mentalebene, also der Dimension des Geistes, vorkommen, so wie jeder Gedanke auch. Aber Elementale haben Bewusstsein.

[22] Die *Marlowe* und *Goethe* – Versionen sollten gelesen worden sein.-

[23] Chinesisch: Tiefe Arbeit.

[24] Anstelle der normalerweise üblichen Abkürzungen „v. Chr.“ und „n. Chr.“ Wird hier und im gesamten Buch die neutralere Bezeichnung „v. d. Z.“ (vor der Zeit) und „n. d. Z.“ (nach der Zeit) verwendet.

menschliche Energie an sich erst seit wenigen Jahren wissenschaftlich anerkannt.[25]

3. Das psychologische Modell

Alles Magische und erst recht alle Götter und Geister sind Teil unserer Psyche, oder, nach dem Österreicher *Sigmund Freud*, Teil eines sogenannten Unbewussten[26], im Volksmund meist Unterbewusstes genannt. Dieses Unbewusste verfügt über großenteils unerforschte, gewaltige Kräfte. Das psychologische Modell kam im 20. Jahrhundert auf.

4. Das kybernetische[27] oder Informationsmodell

Das Universum besteht aus Informationssystemen, teils mit, teils ohne energetischen Träger. Durch das Einspeisen von Information verändert oder steuert man die Systeme und damit die Realität. Dimensionale Vorstellungen sind ebenfalls Teil dieses Modells, wer zum Beispiel das Phänomen des Astralreisens als „Öffnung der 4. Dimension" bezeichnet, ist Anhänger des kybernetischen Modells. Die *Homöopathie*[28], die *Bachblütenlehre*[29] wie die Theorie der *morphogenetischen Felder*[30] und auch die uralte *Astrologie*[31] gehören zum Informationsmodell. En vogue wurde es gerade wieder im beginnenden Computerzeitalter, dem späten 20.Jahrhundert.

Alle 4 Modelle können verwendet werden, und natürlich auch Mischformen aus diesen. Es kann übrigens Spaß machen, zu beobachten, welches Modell der Autor dieses Buches wann verwendet.

Es ist müßig, ein Modell für objektiv besser als ein Anderes zu halten. Sinnvoll ist es jedoch, eine emotionale Neigung festzustellen und dieser zu folgen – der

---

[25] Das erkennt man bspw. daran, dass die komplett magische Akupunktur, noch vor wenigen Jahren als Humbug abgetan, zu einem komplett etablierten medizinischen Wissenschaftszweig geworden ist.

[26] Dieses Unbewusste umfasst per definitionem die seelischen Vorgänge, die nicht unmittelbar der Selbstbeobachtung zugänglich sind.

[27] Vom griechischen *Kybernos*, dem Steuermann.

[28] Dieser Heilmagiestil wurde von dem Deutschen *Christian Friedrich Hahnemann* im 19. Jh. entwickelt.

[29] Dieser Heilmagiestil wurde von dem Briten *Edward Bach* im 19. Jh. entwickelt, ähnlich der Homöopathie wird dabei Information von ihrem materiellen Träger gelöst und in eine neue Trägersubstanz, bei Bach klarer Alkohol, eingeführt. Die Information ist rein geistig und folglich naturwissenschaftlich nicht nachweisbar, dennoch erfolgt Heilung, wenn man die im naturwissenschaftlichen Sinne völlig reinen Trägersubstanzen einsetzt.-

[30] Nach *Rupert Sheldrake.*

[31] Die Grundlehre der Astrologie lautet, das zu bestimmten Zeiten dieselbe Information oder Zeitqualität auftritt, die sich, daher der Name, am Stand der Himmelskörper ablesen lässt. Die Astrologie ist NICHT Teil des Energetischen Modells, wie halbgebildete Gegner derselben oft meinen, welche kosmische oder planetarische Strahlen, die ein Kind zur Geburt dann beeinflussen sollen, zu Recht als dumm abtun. Die Astrologie ist Teil des kybernetischen Modells – aus einem System werden Informationen über das System gewonnen. Zur Astrologie im genaueren siehe das Kapitel der 2° Die Arbeit des Adepten.

Magier erspart sich Umwege über Versuche in den Modellen, die seinem Charakter nicht liegen und nur deswegen für ihn keine oder kaum Erfolge generieren.

Magie, Aberglaube und Brauchtum

Es ist sinnvoll, die Magie von zwei verwandten Bereichen abzugrenzen, nämlich *Aberglaube* und *Brauchtum*. Dies deswegen, weil jene beiden letztgenannten Phänomene dem Menschen auf Schritt und Tritt begegnen – und das wahrscheinlich in jedem Land dieser Erde.

Beide sind interessanterweise nichts weiter als Degenerationserscheinungen magischer Handlungen.

Magie ist der bewusste Einsatz magischer Handlungen, um ein Ergebnis zu erreichen, wobei man der Theorie und Logik eines bestimmten magischen Weltbildes folgt.

Aberglaube ist das Vollziehen einer – häufig unvollständigen – magischen Handlung, ohne die dazugehörige Theorie und Logik zu kennen, wobei man allerdings immer noch auf das gewünschte Ergebnis hofft.

Brauchtum ist das Vollziehen von Resten einer magischen Handlung, deren Zweck man nicht kennt, sogar die Tatsache, dass die Handlung einst einen konkreten Zweck hatte, ist meist vergessen. Der Grund des Vollzugs liegt nur in der Sozialisation – man ist mit der Handlung aufgewachsen und findet sie nett, weiter nichts.

Aberglaube entsteht aus sich rasch verbreitender Magie, die ihre direkte Unterweisung und damit ihre Theorie verliert. Brauchtum entsteht aus Aberglauben, der über Generationen Sinn und Zweck verliert und zur kulturellen Gewohnheit wird.

Anhand von drei Beispielen sei dies veranschaulicht:

Magie: Das zu Vollmond Vergraben eines Pergaments vor der Schwelle des Angebeteten, auf dem ein mit Speichel geschriebener venusischer Zauberspruch geschrieben wurde, um die Liebe des Anderen zu gewinnen, ist eine magische Handlung[32]. Dabei aktiviert der bestimmte Zauberspruch und der Vollmond gemäß bestimmter magischer Theorien die Wirksamkeit, in diesem Fall, weil Venus als Liebesgöttin gilt und der Vollmond für Fruchtbarkeit und starke Emotionen steht. Die Spucke garantiert die Verbindung zum eigenen Ich, die Türschwelle die Verbindung zum Du, da der Angebetete sie täglich überschreitet.

Aberglaube: Das Anschrauben eines Hufeisens an das eigene Auto oder Haus, weil es Glück bringt, ist Aberglaube. Das Wissen, dass das Hufeisen ein Symbol der beschützenden Zwillingsgötter *Alken* ist, die in Pferde- oder Hirschgestalt auftreten und besonders unverheiratete Männer und ebensolche Krieger behüten, ist dabei verlorengegangen. Weiter fehlt die Aktivierung des magischen

---

[32] Dieses Beispiel wurde gewählt, weil Liebeszauber tatsächlich eine der weltweit am weitesten verbreitetesten magischen Handlungen sein dürfte.

Gegenstandes – egal auf welche Weise, beispielsweise durch Anrufung der beiden Götter, in welcher Form auch immer.
Brauchtum: Gebratene Schweine serviert man in vielen Teilen Europas mit einem Apfel im Maul.
Kaum ein Koch weiß, dass dies einst ein Opfer an den Lebens- und Fruchtbarkeitsgott *Ing/Freyr* war, um zu *Yule* (21. Dezember) diesen Gott und seine Kraft zu stärken, um mit seiner Unterstützung über den lebensbedrohlichen Winter zu kommen. –
Hinweis: Diese drei Beispiele sind gleichzeitig Beispiele für das spiritistische Modell der Magie.
Zusammenfassung: Aberglaube ist degenerierte Magie. Brauchtum ist degenerierter Aberglaube.

Die kulturelle Basis

Für den Anfänger oder Einsteiger sei an dieser Stelle erwähnt, dass OHNE bestimmte kulturelle Basis Magie nicht entwickelt oder betrieben werden kann. Das bedeutet, man MUSS zu Anfang Anhänger von ein oder zwei magischen Kulturen werden. Für welche man sich dann auch immer entscheidet, ob fremd oder heimisch, ob schamanisch oder ritualmagisch, ob spiritistisch oder psychologisch,... ist dabei nur für das eigene Gemüt wichtig, für den Erfolg aber interessanterweise nicht – der stellt sich bei Beharrlichkeit und Entschlossenheit langfristig ein. Es mag allerdings fatal sein, einem Stil zu folgen, der dem eigenen Charakter nicht behagt. –
Mischkulturen sind möglich und sinnvoll – im Übrigen sind alle Kulturen aus Mischungen entstanden – , aber überhaupt ohne Kultur, mit reinen Bruchstücken oder sogenannten Rosinen[33], ist kein Auskommen, so wie Wasser ohne Gefäß nicht transportiert werden kann. Das direkte Trinken an der Quelle, ein beim Lesen dieser Zeilen wohl zwingender Gedanke, definiert den Hochbegabten und den Meister.

Schamanismus

Eine Religion stand an der Wiege der Menschheit, kulturell war sie die Wiege selbst: Der *Schamanismus*. Das Wort Schamane ist tungusischen Ursprungs und bedeutet „Der Wissende“ und „Der Verzückte“ zugleich. Die Anthropologie hat diese Phänomen als wirkendes Prinzip auf der ganzen Welt nachgewiesen und

[33] Rosinen sind bekanntlich getrocknete Weintrauben, üblicherweise süß und köstlich. Der Vergleich bezieht sich auf ein Kind, das behauptet, einen Kuchen essen zu wollen, diesen aber, weil bekanntermaßen trocken – im philosophischen Sinn ein Synonym für langweilig – gar nicht essen will und auch nicht verspeist, sondern sich nur die Rosinen herausklaubt und isst.-

den asiatischen Namen generalisiert, sodass man beispielsweise von südamerikanischen, finnischen oder madegassischen[34] Schamanen sprechen kann.
Schamanismus ist Religion, Magie, Mystik, Hexerei, Zauberei, Medizin, Beratung und Seelsorge zugleich – weil es die jeweiligen Anfänge dieser Disziplinen darstellt, die in der Steinzeit noch nicht voneinander geschieden waren. Das heißt aber nicht, dass der Schamanismus den jeweiligen Einzeldisziplinen, weil ja undifferenziert oder unterentwickelt, unterlegen sei – das Gegenteil ist häufig der Fall. Die alles miteinander verbindende Technik des Schamanen ist immer die *Ekstase*[35] – der Schamane ist, nach dem Forscher *Mircea Eliade*, der Ekstasekünstler schlechthin, was ihn zu großen magischen Taten befähigt.
Mit der kulturellen Entwicklung der Menschheit entstanden die einzelnen magischen wie mystischen und letztlich, in Europa beginnend, im antiken Griechenland die rein wissenschaftlichen Traditionen.
Eben weil wir in einer differenzierten und zivilisierten Kultur leben, ist es schwierig, schamanische Künste zu lernen, was aber auch heißt, dass es prinzipiell möglich ist.
Die meisten Schamanen sind Anhänger des spiritistischen Modells. Sie verkehren mit dienstbaren Tiergeistern, entwickeln körperliche Sonderfähigkeiten wie das Feuerlaufen und trainieren geistige Reisen, die im besten Fall echte Astralreisen[36] sind.

Überblick über die europäischen Magiesysteme – auch genannt: Der Westliche Weg

Mit diesem groben, nur behelfsmäßigen Überblick über *Den Westlichen Weg* wird eine Struktur generiert, die eine Einordnung vieler Stile ermöglicht. Dies ist gerade für den Anfänger interessant: Wie lautet die Groberklärung des Systems, zu dem ich mich hingezogen fühle, und wo sind seine Wurzeln? Die europäische Magie lässt sich in drei Hauptgruppen unterteilen: Die *Magie der Renaissance, die Volksmagie* und die *Moderne Magie*. Auch wenn untere Auflistung, wie übrigens fast alle Listen, wahrscheinlich nicht vollständig ist, finden sich per definitionem *keine* in Europa etablierten Systeme darin, die einen ausschließlich asiatischen, afrikanischen oder nativ amerikanischen („indianischen“) Ursprung und Struktur besitzen und dementsprechend erst seit sehr kurzem in Europa Fuß fassen.

---

[34] Aus Madagaskar.
[35] Griechisch: Draußen sein.
[36] Siehe dazu den 2° die Arbeit des Adepten.

1. Die Magie der Renaissance

Dieser Weg beinhaltet Stile, von denen sich einige im Mittelalter in Europa entwickelt haben wollen, während andere sich sogar auf antike, beispielsweise *gnostische*[37] Quellen berufen. In Wahrheit aber etablierten sich alle heutigen aktiven europäischen Magiestile erst ab der Renaissance oder meist danach, also ab 1500 n. d. Z., auch wenn Bezug auf alte Quellen genommen wird. Höhepunkt dieser Magie war das 19. Jh. n. d. Z., danach treten neuzeitlichere Magiestile auf: die sogenannten Modernen Stile, siehe unten. Dennoch gibt es die Magie der Renaissance auch heute noch, so zum Beispiel die Anhänger des Ritualmagiers und Kabbalisten *Franz Bardon*, diverse Rosenkreuzerorden, zahllose Kabbalisten, und so weiter.

a) Theosophie und Anthroposophie

Als Antwort auf den in der Wissenschaft aufkommenden Materialismus im 19. Jh. entwickelte die deutsch-russische Magierin *Helena Petrowna Blavatsky*, geborene *Hahn* in Deutschland, die Theosophie. In der theosophischen Gesellschaft unterrichtete sie diverse magische Anschauungen, die in ein altägyptisches Gewand gekleidet waren - Magie nach einer antiken europäischen Tradition. Als sie aber zum Buddhismus konvertierte und ihre Lehren in indische und hinduistische Systematik verpackte, begann das Interesse vieler europäischer Schüler zu schwinden. Um wieder heimische Systeme zu verwenden, schuf ihr Sekretär, der deutsche Magier *Rudolf Steiner*, die *Anthroposophie*, Magie in einer neuerfundenen, europäischen Struktur[38]. Heute[39] sind beide recht unmodern.

b) Ritualmagie und Ritualmystik

Die *Ritualmagie*, auch *Theurgie* oder *Zeremonialmagie* genannt, verwendet magische, selbst immer wieder neu erfundene Zeremonien oder für sich selbst aufgeführte magische, kurze Theaterstücke, um magische Effekte zu erzielen. Sie ist häufig Anhänger des spiritistischen Modells, das heißt, Wesenheiten, wie Engel, Dämonen, Intelligenzen, Geister, Elementare oder Ähnliches werden herbeigerufen, die dann Gegenstände verzaubern oder Ereignisse generieren sollen. Ein Unterstil der Ritualmagie und der Astrologie ist die *Astromagie*, das

---

37 Der Begriff Gnostik (von griech. *Gnosis*, Wissen) umfasst zahllose subkulturelle mystische Gesellschaften und Lehren der ersten drei nachchristlichen Jahrhunderte. Teils in irgendeiner Form christlich, teils orientalisch/antik heidnisch, sind alle gnostischen Lehren primär der Mystik zuzuordnen und Lehren häufig extremes soziales oder auch extremes sexuelles Verhalten als ein Weg zur Erkenntnis.

38 Nur wenige seiner Anhänger wissen, dass Steiner selbst den höchsten magischen Rang in einem System orientalischer Magie innehatte, welches – sehr unchristlich – die Kräfte des Sexus zur Magie und Erleuchtung einsetzt. Gemeint ist der von dem österreichischen Magier Karl Kellner gegründete O.T.O, der Ordo Templi Orientis, der sexualmagische Orden schlechthin. Der Titel eines Inhabers des höchsten Grades lautet: Rex Summus O.T.O, und in den Ritualgewändern dieses Grades wurde Steiners Leichnam aufgebahrt.-

39 Ich schreibe diese Zeilen 2005 n. d. Z.

Beschwören der Kräfte, die durch die Himmelskörper, insbesondere Planeten inklusive Sonne und Mond, verkörpert werden.
Die klassischen Ritualmystiker Europas waren die *Freimaurer*[40], seit 1717 historisch nachweisbar, und die klassischen Ritualmagier Europas sind die zahlreichen, in Orden organisierten *Rosenkreuzer*, seit 1616 bekannt. Diese Ritualmagier betreiben üblicherweise alle Sparten der Renaissancemagie und führen sich auf einen mythischen mittelalterlichen Gründer, den deutschen Magier *Christian Rosencreutz*, zurück. Der berühmteste Rosenkreuzerorden war der *Hermetic Order of the Golden Dawn*, der von dem englischen Magier *S. L. MacGregor Mathers* 1888 n. d. Z. mitbegründet und geleitet wurde. Dieser Magier fasste fast alle bekannten europäischen und antiken Magiestile seiner Zeit in einem höchst komplizierten, aber funktionalem System zusammen, mehr noch, er erweiterte mehrere dieser magischen Systeme um fruchtbares Material, darunter die *Kabbalah* und das *Henochische System der Magie*.

c) Alchemie, auch Hermetik genannt
Arabisch, wörtlich: die ägyptische Sache. Der angebliche Ursprung aus dem alten Ägypten ist nicht wirklich erkennbar. Primär geht es bei der *Alchemie* um die Umwandlung von Materie in Bewusstsein, dies wird durch Apparaturen bewerkstelligt, die eine solch starke analogisierende Macht entwickeln, dass dieselbe Umwandlung auch im praktizierenden Magier stattfindet. Die Alchemie ist damit eher ein mystischer als ein magischer Stil. Eines der wichtigsten Grundprinzipien der Alchemie ist die Unterscheidung der Phänomene an sich in eine Dreierstruktur, nämlich in die drei Grundprinzipien *Sulfur, Merkur* und *Sal(z)*. **Diese** drei Grundprinzipien sind noch ursprünglicher als Elemente (wie Feuer, Wasser, Erde und Luft) zu verstehen, da sie die Eigenschaften darstellen, die Existenz an sich, wie die der Elemente beispielsweise, erst ermöglichen, wie folgende Liste aufzeigen soll:

[40] Nota bene: Sie *waren*, sind aber nicht. Das Streben der Freimaurer ist heute ein rein Humanistisches, ihre Treffen sind aber eine einzige Anordnung von Ritualen, die den Eindruck erwecken, ursprünglich der Verwandlung des Einzelnen ins Göttliche gedient zu haben, eine Verwandlung, die stattgefunden haben mag, wenn der einzelne Bruder die authentischen Vorläufer dieser Rituale mit dazugehörigen täglichen mystischen Übungen verband, was ja heute nicht mehr geschieht. Diese, meine recht alte Schlussfolgerung, bestätigte sich, als ich eines Tages auf Freiherr von Sebottendorfs Büchlein „Die geheimen Übungen der türkischen Freimaurer", Freiburg im Breisgau 1977 (erstmals erschienen 1924), stieß. Dort werden die Handzeichen der Freimaurer als höchstwirksame Atem- und Handhaltungen der Mystik beschrieben, deren Anwendung in Europa verloren gegangen ist. Der geneigte Leser kann sich meine ehrliche Begeisterung beim Lesen sicher lebhaft vorstellen.

Name	Deckname[41]	Symbol	Prinzip
Der Sulfur	Schwefel	🜍	Übergeordnetes Bewusstsein, Konzentrationspunkt für Alles.
Das Merkur[42]	Quecksilber	☿	Saat und Samen aller Dinge, Information, Lebenskraft.
Das Sal(z)	Salz	⊖	Stofflichkeit, Verdichtung ins Materielle.

Diese Dreierunterscheidung kann in der Tat über viele Phänomene und Ideen gelegt werden. Beispiele: Geist-Seele-Körper (diese drei Unterscheidungen passen perfekt in obiges Schema), Sonne-Mond-Erde, gasförmig-flüssig-fest...

Nachbemerkung: Seit dem 19. Jh. n. d. Z. wird der Begriff „Hermetik" zuweilen auch als Sammelbegriff für alle intellektuellen magischen Systeme Europas verwendet. –

d) Astrologie

Griechisch: Die Lehre von den Sternen. Ursprünglich ein reiner Stil der Divination, ist sie im 20. Jh. n. d. Z. zu einem wirksamen Stil persönlicher Entwicklung geworden. Sie ist Teil des kybernetischen Modells, da sie besagt, dass die Himmelskörper durch ihre Bewegung beständig Information preisgeben.[43]

e) Kabbalah

Die *Kabbalah*, *Cabbalah* oder *Qabalah*, wörtlich: Überlieferung, ist ursprünglich Teil der *mosaischen Religion*[44], hat sich aber in Europa zu einem kompletten magischen und mystischen Stil entwickelt, der auch noch mit Astrologie, Alchemie und *Tarot* verbunden wurde. Sie besteht im Wesentlichen aus einem kosmologischen Erklärungsmodell, dem *Otz Chaiim*, dem sogenannten Lebensbaum, sowie aus Rechen- und Zählmethoden basierend auf der hebräischen Sprache. Diese Methoden nennt man die *Kabbalah der Buchstaben*, sie ist in die drei Unterstile *Gematria*[45], *Notarikon*[46] und *Temura*[47] aufgeteilt. Was Einfachheit und

---

[41] Die Alchemie hat sich erfolgreich über Jahrhunderte christlicher Verfolgung und Ausrottung entzogen, indem sie sich als weltliche Wissenschaft getarnt hat – diese Tarnung war so erfolgreich, dass überraschend verschiedene weltliche Erfindungen getätigt wurde, wie beispielsweise die des Porzellans, genaugenommen des Roten Steinguts, durch den deutschen Alchemisten *Johann Friedrich Böttger*. Und letztlich hat sich tatsächlich aus der Alchemie eine ganze weltliche Wissenschaft, die *Chemie* heraus entwickelt – daher auch der Name. –

[42] Es heißt in diesem Zusammenhang tatsächlich *das* Merkur und nicht *der* Merkur, letzterer ist ein gleichnamiges astrologisches Prinzip, während *das* Merkur ein alchemistisches *Grundprinzip* ist. Natürlich haben die beiden viel gemein – es geht in beiden um Information – aber ident sind sie nicht. –

[43] Siehe dazu auch den 2° Die Arbeit des Adepten.

[44] Das Judentum.

[45] Eine Veränderung des Wortes *Grammateia,* die Grammatik. Die Gematria besagt folgendes: Im Hebräischen gibt es keine Zahlen, also ist jeder Buchstabe eine Zahl und jede Zahl ein Buchstabe. Dementsprechend lässt sich von jedem Wort ein Zahlenwert ermitteln. Haben zwei verschiedene Wörter denselben Zahlenwert, sind sie auf einer spirituellen Ebene eins. Beispiel: der Buch-

praktische Anwendbarkeit angeht, hat die Kabbalah zuweilen einen schlechten Ruf. –
Die ritualmagischen Orden der *Rosenkreuzer*[48] verwenden üblicherweise die Kabbalah, so auch der *Hermetische Orden der goldenen Dämmerung*, der *Golden Dawn*, kurz *G.D.* der das späte 19. Jh. n. d. Z. prägte und Ausgangspunkt der magischen Orden des 20. Jh. wurde.

f) Tarot

Der Tarot ist ein Kartenspiel, das ein Kompendium magischer Einweihung abbildet, seine historischen Wurzeln sind unklar, liegen aber mindestens in der Renaissance[49]. Durch den französischen Magier *Eliphas Levi*[50] wurde es im 19. Jh. n. d. Z. in die Kabbalah integriert. Dadurch wurde es unter Anderem zu einem Werkzeug der *Astralik*[51] – die einzelnen Karten werden von manchen kabbalistischen Magiern als Tore zu anderen Welten, die es zu bereisen gilt, verstanden. Primär wird der Tarot aber heute als Mittel der Mantik[52] oder Divination, also Zukunftsvorhersage und Gegenwartsklärung, verwendet[53].

2. Volksmagie

Ein Sammelbegriff für Überlieferungen des nicht akademisch gebildeten Volkes, bestehend aus Zauberei (Magie mittels Gegenständen) und Hexerei (Magie mittels einnehmbarer Substanzen). Es scheint, dass nordische, westische und

---

stabe *shin* = 300, das Wort *Ruach Elohim* (die Seele des Göttlichen/*Der Heilige Geist*) = 300. Also ist der Buchstage *shin* so etwas wie das Zeichen des Heiligen Geistes.

46 Eine Ableitung aus dem lateinischen *Notaricus*, der Stenograph. Das Notarikon verwendet die Anfangs-, Mittel- oder Endbuchbuchstaben der Worte ganzer Sätze, um daraus ein neues Wort zu bilden, das so etwas wie die verborgene Bedeutung des Satzes darstellt. Umgekehrt macht sie aus den einzelnen Buchstaben eines Wortes neue Sätze. Beispiel: *Bereshit* (Anfangs) = *Bereshit Rah Elohim Sheyequebelo Israel Torah* (Von Anbeginn sah das Elohim, dass Israel das Gesetz annehmen würde).

47 Temurah heißt so viel wie Vertauschung. Gemeint ist damit, dass nach komplexen Tabellen Buchstabenvertauschungen vorgenommen werden, um verborgene Texte im Text zu entdecken. Diese Methoden aufzulisten sprengt den Rahmen dieses Buches.

48 Neben den eher philosophischen, unmagischen und nur wenig mystischen Freimaurern sind die Rosenkreuzer, auf einen mythischen Gründer im Mittelalter zurückgehend, die eigentlichen Magier der Neuzeit. Ihr Systeme sind alle komplex und intellektuell.

49 Es wurden Tarotdecks dieses Alters in Italien gefunden. –

50 Eigentlich: *Alphonse Luis Constant*, früher Abbe, 1810-1875, gilt nach Seligmann (1958) als größter Magier Europas des 19. Jh. n. d. Z. Er postulierte drei magische Gesetze: 1.Das Gesetz der Willenskraft, 2. Das Gesetz vom *Astralen Licht* („...eine feinstoffliche Substanz, die das Universum erfüllt und motorische Wirkung weiterleitet“...), heute übrigens *Aether* bzw. *Chi* genannt, 3. Das Gesetz der Korrespondenz („Der Mensch ist ein ´magischer Spiegel` des Universums“).

51 Die Astralik ist ein wesentlicher Teil des 2°, der Arbeit des Adepten.

52 Zurückzuführen auf das griechische *Mantis*, der Prophet.

53 Siehe dazu das eigene Unterkapitel *Tarot* am Ende des Kapitels der 0° Grad Die Arbeit des Neophyten.

wiccanische Magie Jahrhunderte lang darin verborgen waren, bis diese Wege wiederbelebt wurden.

a) Der nordische Weg[54]
Ist der Sammelbegriff für die Magie der Germanen, inklusive Angelsachsen und Wikinger. Ihre Hoch-Zeit hatte sie von 600 v. d. Z. bis 1100 n. d. Z., bis dann die letzten Gebiete Nordeuropas – der eigentliche germanische Lebensraum – christianisiert wurden. Heute unterscheidet man in zwei Hauptzweige, die intellektuellere *Runenmagie*[55] *(Galdr)* und das körperliche *Seidr,* die, so wörtlich, *Sudkunst*[56]. Ganz ausgestorben war diese heidnische Magie vielleicht nie, aber im späten 19. Jh. n. d. Z. begann sie wieder aufzutreten und erlebt seit den 70er Jahren des 20. Jahrhunderts einen beständigen Zuwachs, seit der amerikanische Magier *Edred Thorson* sie neu belebte.

b) Der westische Weg[57]
Nicht zu verwechseln mit dem *Westlichen* Weg, also der Magie der Renaissance, ist dies der Überbegriff über die magischen Systeme der Kelten. Diese heidnische Magie hat viel mit Erdströmen, Quellen und Heilung zu tun, zumindest in der Interpretation, die seit dem späten 20. Jahrhundert am Wachsen ist. Der irische Magier und Literaturnobelpreisträger *William Butler Yeats* arbeitete gemeinsam mit dem Ehepaar *MacGregor Mathers* an einer Wiedererweckung der keltischen Magie, wobei die keltischen Götterhimmel astral bereist wurden, jedoch wurde das Projekt leider abgebrochen. Die Kelten glaubten an Reinkarnation und an einen letztlich bevorstehenden Weltuntergang, wie übrigens die meisten Germanen auch.[58] Weiter unterteilten mindestens die irischen Kelten das Universum in vier Reiche, namentlich *Finias*, das Reich des Lichts und der Himmel, *Gorias*, das Reich der Hitze, *Falias*, das Reich der Erde und *Murias*, das Reich des Wassers und der Unterwelt. Anscheinend sind das die alten indoeuropäischen vier bzw. fünf Elemente, wobei ein Reich der Luft fehlt. Dafür gibt es ein blühendes, frühsommerliches und freudvolles Reich der Toten, die Anderswelt, genannt *Tir Nan Og*. Die spirituellen Führer der Kelten waren so etwas wie intellektuelle Schamanen, die *Druiden*[59]. Es gibt heute mehrere Druidenorden, die sich im späten 19. Jh. n. d. Z. etablierten. Meines Wissens arbeiten sie jedoch mit defini-

---

54 Die Begriffe *nordisch, westisch, ostisch* und *sudisch* werden hier unpolitisch genutzt, nämlich als Bezeichnung der jeweiligen kulturellen Strömungen der nördlichen, westlichen, östlichen und südlichen Gebiete Europas. Ich wiederhole: Es sind unpolitische Begriffe.

55 Siehe dazu den 2° Die Arbeit des Adepten.

56 Damit ist die Erhitzung des Körpers gemeint, es handelt sich dabei großenteils um Ekstasetechniken.

57 Siehe Fußnote 49. –

58 Es ist ein interessantes Detail, dass dieser für beide Kulturen in Form der Römer letztlich auch stattfand.

59 Das Wort Druide stammt möglicherweise von *drus*, Eiche, ab.

tiv *nicht* keltischen Methoden, sondern mit dem Christentum oder der Freimaurerei entlehnten.

c) Der ostische Weg[60]

Dies ist die Magie der Slawen, die den Löwenanteil der osteuropäischen Völker ausmachen. Es handelt sich dabei wahrscheinlich meist um Wiederbelebungen alter slawischer heidnischer Traditionen, wobei alte slawische Götter wie *Triglav* und *Mokosch* eine Rolle spielen. Da der antispirituelle Stalinismus[61] erst vor kurzem, nämlich 1989 n. d. Z., zerfallen ist, sind die meisten ostischen Gruppen sehr vorsichtig und arbeiten, wie es für magische Zirkel eigentlich völlig normal ist, geheim.

d) Kein südischer Weg[62]**?**

Einen südischen Weg, also eine Volksmagie Italiens, eventuell Griechenlands und von ihnen geprägter Mittelmeerländer, gibt es kaum, denn einerseits wird an seiner Stelle der Katholizismus[63] bzw. das Griechisch-Orthodoxe Christentum[64] verwendet, und andererseits hat sich die alte Magie und Religion des Mittelmeerraums aufgrund seiner mehrtausendjährigen kulturellen Vorherrschaft in Europa zu einem eigenem riesigen Gebäude entwickelt: eben der Magie der Renaissance, dem sogenannten Westlichen Weg, und das ist eben die vorherrschende Magie in Europa, dem westlichen Kontinent – daher der Name.

e) Wicca

Wicca ist kein magisches System, sondern eine Religion, die magische Rituale und Ergebnisse beinhaltet. Seit 1956 bekannt, behauptet sie, direkt aus der Steinzeit zu stammen und Hauptopfer der christlichen Hexenverfolgungen (Wicca kommt von witch = Hexe) zu sein, der bekanntlich in Europa an die 85.000 Menschen durch christliche Verfolgung zum Opfer[65] fielen. Nach dem englischen Magier und Gründer *Gerald Gardner* ist Wicca das älteste magische System der

---

60 Siehe Fußnote 53.

61 Von Stalinisten meist *realer Sozialismus* und von Westeuropäern meist vereinfachend fälschlich *Kommunismus* genannt.

62 Siehe Fußnote 53.

63 Der übrigens zahllose magische Operationen beinhaltet – der Katholizismus ist eine magische Religion. Mittels bspw. Rosenkränzen, Devotionalien, Heiligenanrufungen, „Vater Unser" Rezitationen und noch Vielem mehr werden sämtliche Ziele klassischer Magier verfolgt.

64 Der Katholizismus und das Griechisch-Orthodoxe spalteten sich 1054 n. d. Z.., es ging dabei um eine rein politische Streitfrage. Diese Spaltung kann als exoterisches Auftreten esoterischen Verfalls des Christentums gewertet werden, der in dieser Zeit begonnen haben dürfte.

65 1786 veröffentlichte Gottfried Christian Voigt eine Opferzahl von Neun Millionen aufgrund fehlerhafter Quellen. Diese Zahl wurde von den Nazis noch einmal aufgegriffen und ist falsch.- Nur jeder 50. Hexenprozess endete mit einem Schuldspruch, die letzte vermeintliche (?) Hexe wurde 1793 in Posen hingerichtet, 1836 wurde eine Frau unter dem Hexenvorwurf von Fischern auf der Insel Hela durch Ertränken gelyncht.- Die Zahl von 85.000 toten Hexen beinhaltet allerdings nicht die wegen des Vorwurfs der Hexerei getöteten Tiere (!) und auch nicht die im Namen Christi getöteten *Ketzer* (Sinngemäß Glaubensabweichler).-

Welt, doch das ist erwiesenermaßen der Schamanismus. Des Weiteren sind die verwendeten Pentagrammrituale so offenkundig Golden Dawn-Plagiate[66], dass Wicca in seiner heutigen Form nicht vor dem 20. Jh. n. d. Z. existiert haben kann. Es ist zulässig, von einer Neubelebung des Hexenkultes durch Gardner zu sprechen, nicht aber von einer Tradierung durch ihn. –

Wicca hat eine aktive kultische Praxis entwickelt, die auf dem Wechselspiel männlicher und weiblicher Kraft basiert: Die Mysterien behandeln die Beziehung einer fruchtbaren Erdgöttin mit einem gehörnten Gott der Tiere. In den 80er Jahren des 20.Jahrhunderts war dieser Kult recht en vogue.

f) Neoschamanismus

Nicht tradiert, sondern reimportiert über schamanisch tätige Anthropologen wurde der Schamanismus, der damit die Bezeichnung *Neoschamanismus* verdient. Die wichtigste Organisation dieser Art ist der *Core-Schamanisnus*[67]der *Foundation for Shamanic Studies* des amerikanischen Magiers *Michael Harner* und seines österreichischen Kollegen *Paul Uccusic*. Dieses magische System ist weit verbreitet, da es seine Mitglieder häufig über Volkshochschulkurse gewinnt, die gelehrten Techniken sind an erster Stelle die sogenannte *schamanische Reise*, definitiv Mentalreisen, das sich im Lauf der Zeit durchaus zum Astralreisen entwickeln kann[68], und weiter der Kontakt zu *Krafttieren*, mentale Familiare, also theriomorphe[69] Dienstgeister oder sogenannte *Vertraute*[70].

Die zur Magieausübung nötige Trance wird ebenso einfach wie effektiv durch rhythmisches Trommeln erreicht, das Lehrgebäude ist unintellektuell – zwei weitere Gründe seiner Beliebtheit.

---

66 Man vergleiche die 4 Elemente und ihre Wachtürme, die *definitiv* eine vereinfachte Version der Golden Dawn Methoden dieser Magie sind, sogar sämtliche verwendeten Symbole sind ident, wobei die Positionen von Wasser und Luft durch Absicht oder Schlamperei am Pentagramm vertauscht wurden.
Passenderweise hatte Gardner Kontakt zu Aleister Crowley, der ja Golden Dawn - Schismatiker war: Gardner hatte von Crowley in den 40er Jahren des 20. Jh. n. d. Z. eine O.T.O Urkunde von Crowley erhalten, dessen Chef Crowley bis zu seinem Tod 1947 war. Übrigens gibt es ein hartnäckiges Gerücht, dass Crowley für Gardner Teile des *Buchs der Schatten*, des magischen Buchs des Wicca, geschrieben haben soll.
Zum Gardner-Crowley Kontakt und der O.T.O-Urkunde vergleiche COLQUHOUN Ithell, MacGregor Mathers & Der Golden Dawn, s.L., 1985, S.308.

67 Englisch: Kern-Schamanismus. Gemeint ist damit, den Schamanismus *ohne* die ihn umgebenden kulturspezifischen, für die Techniken selbst unwesentlichen Rituale zu praktizieren.

68 Zu den Begriffen Mentalreisen und Astralreisen vergleiche den 2° Die Arbeit des Adepten.

69 Aus dem Griechischen: tiergestaltig.

70 Auch ein klassischer Name für Familiare, die Dienstgeister des Magiers, ob mentaler, astraler oder auch stofflicher Natur. Zur Unterscheidung stofflich – astral – mental siehe den 2° Die Arbeit des Adepten.

g) Sexualmagie

Es gibt sie tatsächlich, eine sexualmagische Tradition im Westen, die ein Pendant zum indischen Tantra der linken Hand darstellt. Das Konzept der Sexualmystik wie Sexualmagie besagt, dass die Kräfte der fleischlichen Erschaffung dieselben sind wie der magischen Erschaffung – aber diese These vertreten fast alle magischen Lehren. Die Sexualmagie geht einen Schritt weiter, sie kontrolliert nicht den Sexus, um Kraftressourcen für die Magie bereitzustellen, sie verwendet den Sexus zur Verzauberung direkt. Im Klartext: Ein Sexualakt wird als magischer Akt verwendet. Koitus als Verzauberung. –

Die Methode ist sicherlich wirksam, aber, im Gegensatz zu den Behauptungen mancher Sexualmagier, garantiert nicht die einzige Form der Magie.

Der berühmteste sexualmagische Orden waren die *Fratres militiae templi*, die sagenumwobenen *Templer* des Mittelalters, die nicht nur durch fantastischen Reichtum den Neid des Papstes und des französischen Königs hervorriefen, sondern sich eben durch die an die Öffentlichkeit sickernden Ritualgeheimnisse[71] in einer zutiefst christlichen, also sexualfeindlichen Welt völlig untragbar machten – der Großmeister *Jaques de Molay* und zahlreiche Ordensbrüder endeten im Jahre 1314 n. d. Z., auf dem Scheiterhaufen[72].

Seit 1895 existiert in Europa wieder ein sexualmagischer Orden, der *Ordo Templi Orientis*[73], kurz *O.T.O*, der von dem österreichischen Magier *Dr. phil. Karl Kellner* gegründet wurde. Nach Kellners Tod leitete *Theodor Reuss* den Orden[74], danach *Aleister Crowley*[75], der schon lange Oberhaupt der britischen Sektion des O.T.O gewesen war[76].

Der Orden existiert heute in mehreren voneinander unabhängigen Versionen, wobei es bei, zumindest einem davon, zu einem erheiterndem Verlust an englischen Sprachkenntnissen gekommen sein dürfte[77].-

---

[71] Es hat den Anschein, als setzten die Templer homosexuelle Praktiken zur Erweckung dessen ein, was im Orient die *Kundalini* genannt wird, darunter auch den sogenannten *infamen Kuss*, das Anhauchen oder eben Küssen der Dammleiste zwischen den Beinen. Der Begriff Kundalini wird an späterer Stelle erklärt.

[72] Verhaftet waren die Templer schon am Freitag, den 13.Oktober 1307 worden. Daher rührt der Aberglaube, dass der Freitag der 13. Pech bringt. –

[73] Lateinisch: *Orden der orientalischen Templer*, oder auch: *Orden des Tempels des Orients*.

[74] Ab 1905.

[75] Ab 1922. Crowley trennte allerdings die Lehren des O.T.O wie auch dessen Mitglieder nicht deutlich von dem Anderen von ihm geleiteten Orden, dem selbst gegründeten *Argenteum Astrum,* kurz *A.A.* Dieser wiederum war eine vergleichsweise kleine Kopie des Golden Dawn, jedoch mit umgekehrter philosophischer, nämlich satanistischer, Ausrichtung - obwohl sogar der Name vom G.D. entliehen war, der den Namen A.A. für den innersten dritten Orden, eine Bezeichnung für die „geheimen Oberen" verwendet hatte.

[76] Seit 1911.

[77] Ein wichtiges Amt im O.T.O heißt *Outer Head of Order*, englisch: Äußerer Kopf des Ordens. Ein Ordensführer nannte sich eine Zeitlang: *Head out of Order*, und das heißt: *Kopf außer Betrieb.* –

Einzelne sexualmagische Riten treten in Europa öfters auf, so im Meistergrad des Wicca, angeblich im Orden der *Fraternitas Saturni* und in der Alchemie. Das esoterische *Hippietum*, eine mystische Bewegung der 60er und 70er Jahre des 20. Jh. n. d. Z., kreiste mindestens zur Hälfte um sexuelle Methoden zur Erleuchtung[78].
Als früher Autor sexualmagischer Schriften sei auch der amerikanische Magier *Pascal Beverly Randolph*, er lebte von 1825 – 1875, erwähnt. –

3. Moderne Magie

Die sogenannte moderne Magie löste die bis dato vorherrschende Magie der Renaissance als vorherrschende Stilgruppe in Europa ab: Mit dem 20. Jahrhundert hatte sich soviel an sozialer Ordnung in Europa zu verändern begonnen, dass sich zwangsläufig auch die Magie änderte. Ihre Stile stammen von der Renaissancemagie, teils von der Volksmagie, und teils aus Asien ab.
Ad Renaissancemagie: Der Rosenkreuzerorden des Golden Dawn fasste nahezu alle Stile der Renaissance in einem höchst komplexen System[79] zusammen, zerfiel und produzierte unbeabsichtigter weise Nachfolger, darunter häufig die *Crowleyanischen Systeme*, das sind Systeme, die in irgendeiner Weise auf *Aleister Crowley*, einen Schismatiker des Ordens, zurückzuführen sind. Letztlich gehört dazu auch der Satanismus, wobei „*Satan*", zuweilen dann auch *Seth* bzw. *Set* oder sogar *Saturn* geheißen, als eine Art Gottheit verstanden wird, die für das Recht der Menschheit auf Weiterentwicklung der eigenen Art kämpft[80].
Ad Volksmagie: Der berühmteste Volksmagier des 20. Jh. in Europa war vielleicht *Austin Osman Spare*, der ein eigenes neues System der Zauberei schuf. Der entscheidende Unterschied der Volksmagie des 20. Jahrhunderts zu vorhergehenden Jahrhunderten ist der, dass sie sich der schriftlichen Überlieferung zu bemächtigen begann und neue eigene magische Systeme entwickelte. So entwickelte sich primär aus Spares geistigem Vermächtnis, aber auch aus Crowleys Schriften die *Chaosmagie*.

---

78 Zum Begriff *Erleuchtung* vergleiche den 3° Die Arbeit des Magus Major.

79 Bestehend aus: Ritualmagischer Astromagie und Elementemagie als wichtigsten praktischen Kern, weiter Geomantie, Astrologie, Alchemie, Kabbalah, Tarot, Astralreisen, weiter Teilen der Ägyptischen Magie, Christentum und Judentum, und all dieses Stilen als zugrunde liegende tragende Struktur gab es: Den kabbalistischen Baum des Lebens. Der alle Systeme miteinander verbindende „Leim" des G.D. war die Henochische Magie, eine magische Ritualsprache.

80 Dies ist genau der entscheidende Unterschied zu herkömmlichen magischen Systemen der Renaissancemagie, allen voran der Golden Dawn. Diese betonen das sogenannte Gute, das Menschenfreundliche des Göttlichen, während Satanisten, Crowleyaner und viele Gnostiker genau dies verneinen und diese Eigenschaften einem – nur offiziell – bösartigen göttlichen Antagonisten zuschreiben. Der Schlüssel zu Crowleys Lehren ist, dass er Zeit seines Lebens die Struktur und Symbolik des Golden Dawn verwendete, inhaltlich aber genau gegenteilige Aussagen macht als seine einstigen Lehrer aus dem G.D., im konkreten *MacGregor Mathers* und *Allan Bennett*. Das hat schon bei vielen Neophyten zu Verwirrungen geführt.

Ad Asien: Durch den beständigen Ausrottungs- und Diffamierungsfeldzug der christlichen Kirchen gegen die Magie wurden in Europa Traditionen teils unterbrochen[81], teils vernichtet[82]. So wurde der akute Bedarf geschaffen, Verlorenes zu reimportieren – was dann aber naturgemäß andere Gestalt hat.
Meistens als Teil des Energiemodells, erscheinen in Europa beständig magische und mystische Stile, die aus den verschiedenen Religionen des *Buddhismus*, des *Jainismus*, des *Hinduismus* oder *Taoismus* stammen. Dazu gehören: *Yoga, Tantra, Feng Shui, Reiki, Chi Gong, Okkulte Kampfkünste, Lamaistische Magie*[83], und so weiter...

Es ist ein besonderes Phänomen unserer Zeit, dass Kommunikation viel und schnell ausgetauscht wird – unter Astrologen nennt man dies Wassermannzeitalter[84]. Das bedeutet auch, dass obige drei Strömungen sich untereinander vermischen, und sogar noch mehr Einflüsse aufnehmen. So aus der Naturwissenschaft und Technik – man denke da an die reichlich obskure *UFO-Magie* – , aus der Medizin und Psychologie, und aus anderen außereuropäischen Kulten, nicht zuletzt aus dem bereits erwähnten Schamanismus, der ersten und allgemeinen Religion und Magie der gesamten Menschheit.

Das Körper-Seele-Geistmodell

Praktischerweise wachsen alle Mittel- und Westeuropäer mit einem hervorragenden Modell des Menschen auf, auch wenn vielen von uns das gar nicht auffällt.
Es ist die Unterteilung in

den Körper,
das an uns, was aus Zähnen, Haaren, Fleisch, Knochen, Blut, Säften, Haut und dergleichen besteht. Weiter in

den Geist,
heutzutage meist „Bewusstsein" genannt. Der Geist umfasst das Zentrum der Gedanken, den Verstand, und das Zentrum der Gefühle (= Emotionen), das Gemüt – und dementsprechend Gedanken und Gefühle. Zusätzlich finden sich auch die Wahrnehmung und die Willenskraft im Geist.- Weiter in

die Seele,
häufig auch „unsterbliche Seele" genannt. Der Begriff „Seele" wird offensichtlich für mindestens zwei beziehungsweise 3 verschiedene Phänomene gebraucht:

---

[81] Wie die Runenmagie, beispielsweise.
[82] Wie die Magie der Templer, beispielsweise.
[83] Diese ist Teil des tibetischen Buddhismus.
[84] Nach astrologischer Ansicht tritt die Welt ca. alle 2.100 Jahre in einen neuen kosmischen Abschnitt, wir haben gerade das Fischezeitalter hinter uns.

1. für eine Art „innere“ energetische Struktur des Menschen, die den physischen Tod überdauert und seine Erfahrungen speichert, sei es, um wiedergeboren zu werden oder kosmischen Gerichten Rede und Antwort zu stehen,
2. für den sogenannten Astralkörper, eine bedeutend gröberer energetischer Körper, mit der der Mensch unbewusst im Schlaf oder als bewusster Adept auf außerkörperliche Reisen geht. Der Astralkörper ist gleichzeitig die Trägerstruktur der Emotionen, was ihm auch den Namen „Emotionalkörper“ eingebracht hat. Und damit
3. für die gesammelten Gefühle des Menschen, auch „Herz“ oder „Gemüt“ genannt. Und das ist ein Problem, da dieser Bereich auch mit dem Terminus *Geist* abgedeckt ist.

Im ländlichen Bereich ist der Begriff „Seele“ noch geläufig, da Seelenteile beim Vorgang des Sterbens vorübergehend sichtbar werden können. Letztlich ist wahrscheinlich jeder energetische Körper bzw. energetische Teil des Menschen zeitweilig unter dem Begriff „Seele“ beschrieben worden.
Mit dieser einfachen Unterteilung haben unsere deutschen Vorfahren ein hochpraktisches und weises Modell, das den gesamten Menschen beschreibt, erschaffen. Wer einen Teil dieser Dreierstruktur auf dem magischen Pfad vernachlässigt, wird nicht zum Ziel gelangen.

Leider ist an dieser Stelle die ansonsten so präzise deutsche Sprache ein weiteres Mal unscharf. Das Wort *Seele* wird manchmal als Bezeichnung des spiritueller Kerns des Menschen verwendet, doch genau dafür wird auch der Begriff *Geist* eingesetzt, so zum Beispiel, wenn in der Esoterik von „geistigen Gesetzen“ gesprochen wird, die im Liber Draconis Buch vielleicht „spirituelle Gesetze“ genannt worden wären. Im Klartext: Die Begriffe *Seele* und *Geist* überschneiden sich zweimal, nämlich im Bereich „Gefühle“ und im Bereich „spiritueller Kern“. Man kann den Gebrauch vorhandener Bedeutungen einzelner Worte niemandem zum Vorwurf machen, wichtig ist meines Erachtens eines: Bei okkulten Diskussionen vorab zu klären, wie die Begriffe *Geist, Seele* und *Spirit(us)*[85], definiert werden.

[85] Verwirrung oder Erheiterung am Rande: Das lateinische *Spiritus* wird mit Geist im Sinne von Bewusstsein übersetzt, aber das eingedeutschte Wort *Spiritus* bezeichnet Brenn- oder Reinigungsalkohol! Dieses deutsche Wort kann noch mal übersetzt werden und lautet dann wieder *Weingeist*... und die Katze beißt sich in den Schwanz.-

Die Lehre der 5 Elemente

Von: *elementum* (lateinisch: Grundbestandteil) oder Element (deutsch). Für magische Zwecke, speziell für die Ritualmagie, gilt das Körper-Seele-Geistmodell meistens als zu einfach, dafür gibt es das 5-Elemente-Modell.
Diese indoeuropäische Lehre geht auf das antike Griechenland, ursprünglich als 4-Elemente (ohne *Aether*, auch *Quintessenz* genannt) - Lehre, und das vorbuddhistische Indien zurück. Sie besagt, dass alles, was existiert, einem von fünf Grundbestandteilen des Universums zugeordnet werden kann. Einige europäische Magiestile, darunter Rosenkreuzertum, Astrologie und auch die Alchemie, entwickelten sich unter anderem durch diese Lehre und verwenden sie als Grundlage zahlloser interessanter magischer Praktiken und Thesen. –
Wie bei fast allen solchen Theorien, treten reine, nicht mit den Anderen vermischte Elemente nur in Ausnahmezuständen auf. Der Mensch selbst ist eine harmonische Konzentration aus allen Fünf.
Die fünf Elemente sind Erde, Wasser, Feuer, Luft und Quintessenz[86]. Der Name ist treffend gewählt[87], er steht für Energie, Bewusstsein und Leben gleichzeitig.
Es fällt auf, dass das 5-Elemente-Modell die komplexere Version des Körper-Seele-Geistmodells ist: Der Körper ist ein Teil des Elements Erde, das Gemüt ein Teil des Elements Wasser, und der Geist ein Teil des Elements Luft. Die obig erwähnte Seele im Sinne eines energetischen Körpers wird dann allerdings zum fünften Element, zur Quintessenz gerechnet.
Die 4- bzw. 5-Elemente-Lehre war bis in die späte Neuzeit integraler Bestandteil der Naturwissenschaften, bis sie vom sogenannten Periodensystem der Elemente nach Mendeljew und Meyer abgelöst wurde, das heute die Basis der Chemie bildet. Doch die ersten 4 Elemente gibt es, in veränderter Form, in der Wissenschaft immer noch, es sind die Aggregatszustände.
In den Sanskritexten Indiens heißen diese fünf Elemente *Tattwas*. Sie werden folgendermaßen bezeichnet:

- Quintessenz: *Akasha.* Symbol: Ein schwarzes oder indigofarbenes Ei.
- Feuer: *Tejas.* Symbol: ein aufrechtes gleichschenkeliges rotes Dreieck.
- Wasser: *Apas.* Symbol: ein silberner liegender Halbmond, die Spitzen nach oben.
- Luft: *Vaju.* Symbol: eine hellblaue Kreisfläche.
- Erde: *Phritivi.* Symbol: eine gelbe Quadratfläche.

Dies ist insofern erwähnenswert, weil auch diese Namen und Symbole in zahlreichen okkulten Schriften Europas verwendet werden. Gängiger sind folgende:

---

86 Lateinisch: das fünfte Wesen bzw. das fünfte Wesentliche.

87 Passenderweise wird das Wort Quintessenz im Deutschen auch für bis dato verborgene, aber wesentliche Dinge und schlüsselhafte Strukturen gebraucht.

Das Feuer, der Aggregatzustand plasmatisch, Sanskrit: Tejas

Das Feuer ist *heiß, bewegt, erschafft* und *zerstört gleichzeitig*. Es benötigt permanent *Nahrung* oder verlischt. Es ist ein Verwandler und Umwandler. Feuer ist heiß und trocken.

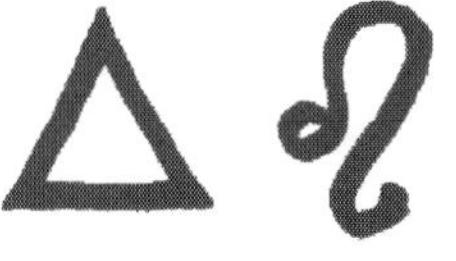

Bild 1 - Die beiden gängigen europäischen Symbole des Elements Feuer.

Was heißt das jetzt für den Menschen? Was für Erlebse des Selbst ähneln dem Feuer?

- *Die Willenskraft*. Wer etwas will, wird innerlich immer hitziger, je mehr er will, und das Wollen wird durch Vorstellung des Gewollten genährt, wie Feuer durch Holz.
- *Die Sexualität*. Sexualität wird manchmal mit dem Element Erde verwechselt[88], jedoch ist Sex nahezu stets mit Bewegung und Hitze verbunden, schon die Indoeuropäer hatten einst eine Analogie zwischen dem Sexus und dem Prozess des Feuermachens – den Feuerbohrer! – entdeckt. Wie Flammen kann Lust aufflackern, brennen oder verlöschen, und je stärker die Lust, desto mehr das *Wollen,* sie auszuleben, in der Geschlechtlichkeit erleben wir starke Willenskraft, selbst wenn wir die Feueranalogie unbeachtet lassen.
- *Die Kreativität!* Etwas erschaffen zu wollen, *erhitzt*. Es muss *zerstört* und *erschaffen* werden gleichzeitig, die Kreativität benötigt *Nahrung* durch Ideen. Kreativsein bewirkt den *Willen*, zu erschaffen, und *erregt sexuell* – hier wird ein Kreis geschlossen.
- *Die Intuition*. Zuweilen wird sie dem Wasser zugeordnet, wegen ihrer Tiefsinnigkeit, zuweilen der Luft, wegen ihres Informationsgehalts, auch der Quintessenz, wegen ihrer umfassenden Bedeutung. An dieser Stelle ist sie dem Feuer zugeordnet, wegen ihres plötzlichen Auftretens wie ein Funke, der dann auflodert.
- Intuition ist das spontane Wissen um eine Sache. –

Reales Feuer ist also das Symbol für Wille, Sex und Kreativität. Feuer als Name einer Energieform äußert sich in diesen obig genannten Erscheinungsformen.

Wer dieses Element verstehen will, sollte sich mit Sex und Kriegsgeschichte befassen, aber auch mit Divination, beispielsweise I-Ging, Tarot oder Runenorakel, da dies die Intuition entwickelt.

Die europäischen Symbole für das Element Feuer sind ein gleichschenkeliges hohles, mit der Spitze nach oben weisendes Dreieck und das astrologische[89] Zeichen des Tierkreiszeichens Löwe, der Abdruck der Löwenpranke:

---

[88] Nicht die feurige Sexualität selbst, sondern ihr mögliches Ergebnis, *Fortpflanzung* an sich, die *Vermehrung*, die *Frucht des Leibes*... die ist natürlich dem Element Erde zugeordnet.

[89] Löwe ist das mittlere Feuerzeichen der Astrologie. Zur Astrologie siehe das Kapitel: Der 2° Die Arbeit des Adepten.

Das Wasser, der Aggregatzustand flüssig, Sanskrit: Apas

Wasser ist weich, es *fließt* und *nimmt auf.* Es *gibt* jedem Druck *nach*, trägt aber schwerste Lasten. Es kann *seicht* oder *unergründlich* sein, wenn es in Massen in Bewegung kommt, überwindet es stärkste Widerstände und *schwemmt sie hinfort.* Gleichzeitig ist es ein *Träger*, beispielsweise von dem, was fortgeschwemmt wurde. Wasser ist kalt und feucht.

Bild 2 - Die beiden gängigen europäischen Symbole des Elements Wasser.

Folgende Bereiche des Menschen ähneln dem Wasser:

- *Die Wahrnehmung.* Nicht die Sinnesorgane[90], die Wahrnehmung an sich ist dem Wasser zugeordnet: Wie Wasser ist die Wahrnehmung stets aufnehmend und wird von Allem beeinflusst.
- *Das Gemüt*[91]. Damit wird der Bereich des Selbst bezeichnet, indem sich die Gefühle bewegen. Gefühle verhalten sich genau wie Wasser: Sie sind nur kurzfristig greifbar, fasst man sie, verändern sie sich und zerrinnen wie Wasser in den Händen. Dennoch sind sie da, und sie sind mächtiger als das Feuer: Wille und Sexualität werden von Gefühlen ausgelöscht oder hervorgerufen, umgekehrt unterliegt der Wille dem eigenen Gefühl. Ebenso ist Sexualität gegen das eigene Gefühl fast unmöglich. Im Gegenteil: Gefühle verursachen erst den Willen, wobei man da, als Analogie, an Öl (statt Wasser), das sich entzündet, denken kann.
- *Das Unterbewusste*, von dem Österreicher *Sigmund Freud* und dem Schweizer *C.G. Jung* erforscht, und so genannt in medizinischer Literatur, wird in Unbewusstes, Unterbewusstes und noch mehr Bereiche unterschieden. – Es umfasst alle Gefühle, die einem nicht oder nicht mehr bekannt sind, ebenso unbekannte Willensimpulse und ebensolche Gedanken. Einem tiefen See oder dem Meer sogar gleich, von Strömungen bewegt, verursacht das Unterbewusste scheinbar wenig oder nichts, doch an seiner Oberfläche sind die Gefühle, die, um im Vergleich zu bleiben, nur Wellen sind. Wenn das Unterbewusste unruhig wird, hat man ein Problem. –

Reales Wasser ist Symbol für Wahrnehmung, Gemüt und Unterbewusstes, Wasser als Name einer Energieform äußert sich in diesen Erscheinungen.

Wer das Wasser verstehen will, sollte sich mit Kunst, nämlich mit Musik und Malerei, und mit *Fantasy Literatur*[92], sowie mit *keltischen Mythen*, befassen.

---

[90] Wie alles Stoffliche sind auch die 5 Sinnesorgane, nämlich Augen, Ohren, Zunge, Nase und Haut dem Element Erde zugeordnet.

[91] Siehe dazu auch oben das Kapitel: Das Körper-Seele-Geistmodell. –

[92] Die mancherorts immer noch als kunstlos geschmähte Fantasy Literatur, wie ihre modern gekleidete Schwester, die *Science Fiction Literatur*, ist im Übrigen nichts anderes als die alten, heidnischen Mythen Europas, die neue Formen der Manifestation gefunden haben. Ein Hinweis für *Star Trek* Fans: Die *Vulcanier* sind den Elfen nachempfunden, die *Romulaner* den Dunkelelfen (und natürlich den Römern, wie der Name schon sagt), die *Ferengi* den Zwergen und die *Klingonen* den Wikingern (in der Klassik-Serie: den Hunnen!). Die Menschen entsprechen den –

Die europäischen Symbole des Wassers sind ein gleichschenkeliges hohles, mit der Spitze nach unten weisendes Dreieck und das Symbol des Tierkreiszeichens Skorpion[93], der Kopf des Seeadlers.

Die Luft, Aggregatzustand gasförmig, Sanskrit: Vaju

Die Luft ist *leicht* und *unsichtbar*, aber ohne Luft gibt es kaum organisches Leben. Häufig ist sie *bewegt* und tauscht sich mit sich selbst aus, was bis zu *Sturm*stärke, der sogar die Erde davonträgt, geschehen kann. Unbewegt verliert sie ihre Kraft. Wasser und Feuer werden zu Luft, wenn sie aufeinander treffen. Luft ist heiß und feucht.

Welche Bereiche des Selbst ähneln der Luft?

- Der *Geist*, auch *Bewusstsein* genannt[94]. Der Geist ist der Ort oder Körper, indem sich die Gedanken bewegen, ähnlich wie im Gemüt die Gefühle sind. Doch Gedanken sind schnell, zackig und greifbar, nicht zerfließend. Zuweilen sind sie blitzartig. Geist entsteht, wo Wille und Gemüt aufeinandertreffen – Wasser und Feuer ergibt Luft. Strukturformen der Luft sind auch der
- *Esprit*[95], gemeint ist ein *sprühender Geist*, also ein charismatisches und kreatives Bewusstsein. Eine weitere Strukturform der Luft ist der
- *Humor*, die Fähigkeit, Gedankenbrücken zwischen nichtkompatiblen Gedanken zu schlagen oder zu erkennen, was das Geist-Einheitsbewusstsein des *Lachens* hervorruft. Lachen ist der Geist, der niest.

Reale Luft ist das Symbol des Geistes, Luft als Energieform äußert sich als Geist. Wer das Element Luft verstehen will, sollte die Sprache Latein oder deutsche Philosophen verstehen lernen. Schach ist ebenso sehr lehrreich. Modernes Geld (nicht der Namensgeber Gold oder andere Edelmetalle) hat ebenso komplett luftige Eigenschaften.

Die europäischen Symbole der Luft sind ein aufrechtes, gleichschenkeliges hohles Dreieck mit einem Querbalken und das Symbol des Tierkreiszeichens Wassermann[96], zwei Wellenlinien.

Bild 3 - Die beiden gängigen europäischen Symbole des Elements Luft.

---

relativ – zivilisierten Franken unter Karl dem Großen, und heidnische Götter gibt es auch noch: *Q* und seine Verwandten.

93 Skorpion ist das mittlere, sogenannte feste Wasserzeichen des Tierkreises.

94 Siehe dazu auch oben das Kapitel: Das Körper-Seele-Geistmodell.-

95 Französisch: Geist.

96 Trotz des irreführenden Namens ist Wassermann das mittlere Zeichen der Luft – Wassermann bedeutet Wasserträger, ein Beruf bei dem man im Orient sehr viel herumkommt: Wie Luft, und auch permanent kommuniziert, also viel Luft von sich gibt.

Die Erde, Aggregatzustand fest, Sanskrit: Phritivi

Bild 4 - Die beiden gängigen europäischen Symbole des Elements Erde.

Die Erde ist die *Materie*. Ihre Eigenschaften sind Dichte und Bewegung, meist sehr langsam. Damit gehört jeder Stein, jede sogenannte unbelebte Materie dem Element Erde an. Erde ist kalt und trocken. Welche Bereiche des Selbst ähneln der Erde?

- *Der Körper*, auch *fleischlicher Körper* genannt, um Verwechslungen auszuschließen. Alles, was man an uns mit Händen greifen kann, ist der Körper.[97]
- *Die Sinnesorgane*: Die sind natürlich im fleischlichen Körper enthalten, bedürfen aber einer extra Erwähnung an sich: Alles, was die fünf Sinne erleben können, gehört zur Erde. Was man Schmecken und Riechen, Sehen, Hören oder Tasten kann, gehört zum Element Erde. Das Flammen des Lagerfeuers, das Wasser des Baches, die Moleküle der Luft des Windes sind auch stets nur die irdischen, das heißt dem Element Erde zugeordneten, *erdigen* Erscheinungsformen bestimmter Energiezustände, die sich in dieser, unserer Welt äußern. Die Erde ist die Verdichtung alles anderen, was existiert, und wird durch erdige, also materielle Sinnesorgane, erfahren. –
- *Die Disziplin.* Diese Eigenschaft wird manchmal mit dem feurigen Willen verwechselt, aber willensstarke Menschen sind nicht a priori[98] diszipliniert, und Disziplin, also Durchhaltevermögen, setzt keinen starken Willen voraus. Disziplin ist die erdige Fähigkeit, auszuhalten und daraus eine *Gewohnheit* zu machen.

Wer die Erde verstehen will, sollte Sport betreiben, insbesondere Kraftsport, und sich mit Immobilien aller Art befassen. Jede geregelte eintönige Tätigkeit, wie so viele Jobs, die *Sicherheit* bieten, sind der Erde zugeordnet.
Die europäischen Symbole der Erde sind ein gleichschenkeliges hohles, mit der Spitze nach unten weisendes Dreieck mit einem Querbalken, und das Symbol des Tierkreiszeichens Stier, der Stierkopf:

Die Quintessenz, reine Energie, Sanskrit: Akasha[99]

Was das fünfte Element angeht, finden zuweilen Verwechslungen mit besonders starken Erscheinungsformen anderer Elemente statt. Beispiele dafür sind: Sexus (Feuer), Liebe[100] (Wasser), Logos (Luft), Subatomare Teilchen (Erde). Dieses

---

[97] Siehe dazu auch oben das Kapitel: Das Körper-Seele-Geistmodell.

[98] Lateinisch: Von vorne herein, im Sinne von Anfangs, ursprünglich.

[99] Sanskrit: *Himmel* oder auch *Raum*. Die Okkultisten H. P. Blavatsky schrieb auch von einer *Akasha-Chronik*, die ist hier nicht gemeint.-

[100] Diese geradezu klassische Verwechslung aus dem christlichen Gedankengut wurde inzwischen sogar cineastisch verarbeitet. Man denke da an den französischen Science Fiction Film „Das 5. Element“ von Luc Besson.

Element ist die Ursache und der Baustoff der anderen mente, und, da dementsprechend *überall* vorkommend, schwer zu erkennen.

Bild 5 - Das gängige europäische Symbol des Elements Aether.

Das heißt aber, dass es erfahrbar ist: Indirekt durch den Prozess des Lebens an sich, direkt und in Ausnahmezuständen des Bewusstseins, also in Ekstasen und in Meditationen. Der genauere Umgang mit diesem vielnamigen Element ist in nahezu allen Kulturen erlernbar (nur Kommunismus und, bis vor kurzem, westliche Medizin, kennen bzw. kannten es nicht). Es ist allerdings unmöglich, das Erleben dieses Elements ohne kulturelle Verfärbung mitzuteilen, da sowohl die Sinnesorgane (stoffliche wie nichtstoffliche) als auch das verarbeitende Gehirn aus eben diesem Element aufgebaut sind. Dementsprechend sind auch die Lehren der *Runenstellungen*, des *Yoga* und des *Chi Gong* oder anderer solcher Lehren im Detail widersprechend, im Wesen aber stets gleichlautend. Erkennen und Umgang mit der Quintessenz ist so komplex, das es im folgenden Kapitel „Die Energiekörperlehre“ genauer behandelt wird. Die Symbole für Quintessenz sind zahlreich, das indische Symbol ist ein indigofarbenes oder schwarzes Ei[101], in Europa zeichnet man meist ein einfaches achtspeichiges Rad[102].

Nach der allgemein europäischen Magielehre ist das Symbol der 5 Elemente gleichzeitig das Symbol des Menschen[103], und ein Symbol für Magie an sich. Es ist das Pentagramm, auch Fünfstern, Alpfuß, Nornenstapfe, Pentalpha, Drudenkreuz oder Drudenfuß genannt. Als Symbol des Menschen nennt man es Zeichen des *mos*. Es sieht folgendermaßen aus:

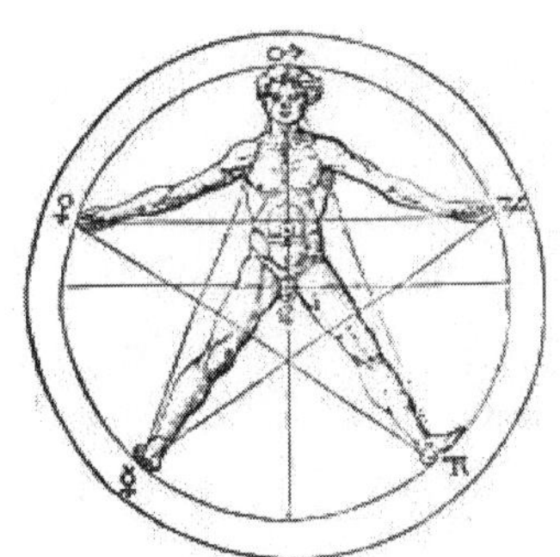

Bild 6 - Pentagramm des Menschen nach dem deutschen Magier Agrippa von Nettesheim (interessant die zusätzlichen astrologischen Zuordnungen Agrippas, mit Mond im Unterleib und Sonne im Oberbauch. Zur Astrologie und Astromagie siehe das Kapitel 2° Die Arbeit des Adepten.

---

101 Indigo ist eine Art Violett, und ein Ei ist nachvollziehbarerweise als Symbol für die Ursache des Lebens und damit das Leben selbst verwendbar. Eier werden übrigens in der Hexerei und Zauberei der gesamten Welt eingesetzt.

102 Und ist damit interessanterweise ident mit einem der Hauptsymbole des Buddhismus.

103 Deswegen findet es sich auf einer Vielzahl von Staatsflaggen, sogar bei Staaten mit nur sehr wenig europäischer Tradition wie Marokko – dort wird es sogar Geflochten dargestellt, auf rotem Hintergrund. Es ist interessant, sich darüber bewusst zu sein, dass der Zweite Weltkrieg ein Krieg zwischen nur zwei Symbolen war: Dem Hakenkreuz auf faschistisch/nazistischer Seite, und dem Fünfstern auf kapitalistischer und kommunistischer Seite. So absurd die Bündnisse im 2. Weltkrieg politisch auch erscheinen mögen, okkult gedeutet sind sie logisch. –

Bild 7 - Pentagramm mit Elementezuordnungen.

Das Hexagramm oder der Davidstern setzt sich aus den Zeichen der 4 Elemente zusammen, unter Aussparung des Fünften. Damit ist es ein Zeichen des Kosmos, des materiellen Universums, und nennt es damit Zeichen des Makrokosmos. Deswegen werden seinen Ecken den alten sieben Planeten zugeordnet, wobei die Sonne[104] als Zeichen des Bewusstseins in der Mitte platziert wird.

Auf Pentagramm und Hexagramm fußt zu großen Teilen die Magie des Golden Dawn. Dessen intellektueller und magischer Kopf, der englische Magier *S. L. McGregor Mathers,* definierte die vier Elemente als durch vier Elementarwaffen beherrschbar, nämlich:

- Den **Stab des Feuers** (man denke an die Analogie zu einer Fackel),
- den **Kelch des Wassers** (man denke an die Mythen vom heiligen Gral),
- das **Schwert der Luft** (man ziehe einmal ein echtes Schwert schnell durch die Luft, dann wird diese Zuordnung klarer) und
- das **Pentakel** (die Scheibe) **der Erde** (dazu denke man an Münzen, die Symbole des Reichtums).

Deswegen tauchen diese Elementarwaffen als Symbole der Elemente im Tarot auf. –

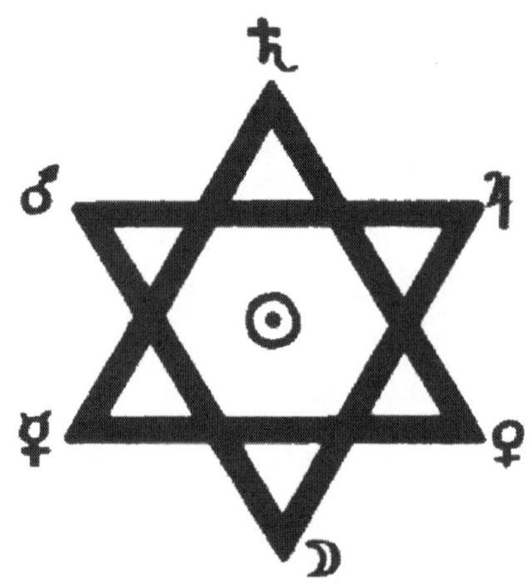

Bild 8 - Hexagramm mit Planetenzuordnungen nach der Lehre des Golden Dawn.

[104] Die alten sieben Planeten sind die mit freiem Auge Sichtbaren, also Merkur, Mars, Venus, Jupiter, Saturn. Die Anderen, Uranus, Neptun, Pluto und „Transpluto" wurden erst ab dem 18. Jh. n. d. Z.. entdeckt. Mond und Sonne sind aus Sicht der Erde Planeten, nicht Trabant bzw. Stern, weil man sie wie die anderen, kleineren Planeten auf- und untergehen sieht. –

Die Energiekörperlehre

Das wesentliche theoretische Modell des mit dem Liber Draconis arbeitenden Magiers ist die Energiekörperlehre. Sie besagt, dass der Mensch aus Energie besteht, von der nur ein bestimmter Teil verdichtet ist und als Körper aus Fleisch und Blut, also als fester Körper auftritt. Die anderen, nicht stofflichen Teile des Menschen wurden in den meisten Kulturen der Menschheit beobachtet, gesteuert und auch klassifiziert. Diese Quintessenz der Fünf - Elemente - Lehre ist Thema einer eigenen Gruppe magischer und mystischer Wissenschaften.

Die Namen *Aether*[105], *Ching-Chi-Shen*[106], *Ki*[107], *Energie*[108] oder zuweilen biologische Energie = *Bioenergie*, *Lebenskraft*, *Orgon*[109], *Od*[110], *Prana*[111], *Ilmu Batin*[112], *Hamingja*[113], *Mana*[114], *Elan Vital*[115], *Essenz*[116],*Tierischer Magnetismus*[117],

---

105 Von griechisch *aither*, das Brennende, Glühende. Bezeichnete ursprünglich den äußeren Himmel außerhalb der Wolken, in dem die Götter wohnen. Das Wort kam über Alchemisten zu seiner heutigen okkulten Bedeutung, in der Poesie wird es immer noch für „Himmel“ oder als Adjektiv für „zerbrechlich, fein“ verwendet.

106 Das sind drei chinesische Begriffe, die die menschliche Energie in das dichte *Ching*, sexuelle Energie, das allgemeine *Chi*, die Lebenskraft an sich, und das feine *Shen*, die Bewusstseinsenergie unterteilen.

107 Ki ist nur die japanische Sprechversion von Chi, deswegen sagt man beispielsweise auch „Reiki“ und nicht „Reitschi“. Da Japaner kein „R“ aussprechen, müsste man eigentlich sogar „Leiki“ sagen. –
Chi (chinesisch) bzw. Ki (japanisch) wird allgemein mit Energie übersetzt, es bedeutet wörtlich in einer Schreibweise: *Kein Feuer*. In einer anderen Schreibweise, auch wörtlich übersetzt: *Dampf über Reis* – und das ist sehr sinnig, denn frisch gekochter Reis ist außerordentlich nahrhaft, also energetisch.
In der zweiten Version ist es Teil des Schriftzeichens REIKI – das heißt dann sinngemäß „Energie des göttlichen Wirkens“.

108 Von griechisch en-ergeia: bewegte Kraft oder: etwas, was Bewegung beinhaltet.

109 Orgon ist der Name, den der österreichische Arzt und Magier *Dr. Wilhelm Reich* im 20. Jahrhundert seiner Entdeckung, nämlich der Energie der Heilung und Sexualität, gab. Er entwickelte magische Maschinen zur Wetterbeeinflussung und Krebsbekämpfung, die sogenannten Orgon-Akkumulatoren. Reich kollidierte so stark mit offiziellen Weltanschauungen, dass er zuerst aus Nazideutschland und dann aus Schweden bis in die Vereinigten Staaten von Amerika floh, bis seine Bücher dort in den 50er Jahren verboten und öffentlich verbrannt wurden (!).–

110 Eine Bezeichnung des österreichischen Magiers *Freiherr von Reichenbach*. Er benannte seine Entdeckung nach dem nordischen Gott der Magie und Ekstase *Odin*, und das Stammwort *Od*, von dem das deutsche *Wut* abstammt, bedeutet Ekstase. Ekstase wiederum ist griechisch, und bedeutet *Draußen sein*, es bezieht sich auf den sogenannten Astralaustritt. Zum Verständnis der Astralreise siehe das Kapitel 2° Die Arbeit des Adepten.

111 Sanskrit: Atem, wird im Sinne von „Allgemeine Energie“ gebraucht.

112 Indonesisch: Innere Kraft.

113 Von germanisch *hamr*, Hülle. Hamingja bezeichnet sowohl die Fähigkeit zum eigenen Glück und Erfolg als auch den eigenen Astralkörper in Tiergestalt. Nach dem amerikanischen Magier Edred Thorsson, deswegen folgerichtigerweise ein Name für bewegliche, magische Macht.

114 Melanesisch: Das außerordentlich Wirkungsvolle.

115 Französisch: Lebenskraft.

116 Von lateinisch *essentia*: das Wesen. –

Kundalini[118], *Vril*[119], *Astrales Licht*[120], *Hike*[121], auch die vereinfachenden Bezeichnungen *Kraft*[122], *Magis*[123] und das englische *Force*[124] und noch viele andere Begriffe dienen alle dazu, manchmal dieselben, manchmal verschiedene Arten von dem zu beschreiben, was hier einheitlich Energie und Energiekörper genannt wird. Die heutige westliche Energiekörperlehre geht im Wesentlichen auf die Forschungen des angelsächsischen Magiers *Charles Webster Leadbeater* zurück. Auch wenn sich die einzelnen Schulen und Forscher, die nach Leadbeater kamen, in Detail und Nomenklatur widersprechen, herrscht großenteils Übereinstimmung. Die Energiekörperlehre zählt zu den nützlichsten Modellen innerhalb des Energeschen Modells der Magie.

Der Mensch besitzt neben seinem

1. Körper

(auch fester Körper genannt, der mit dem Ableben üblicherweise zu zerfallen beginnt) noch mehr Seinsebenen, darunter sind:

2. Der Aetherkörper

Dieser Körper aus sehr dichter Energie durchdringt den festen Körper völlig, ist aber ein wenig größer. Das bedeutet, er ragt einige wenige Zentimeter über unsere Hautoberfläche hinaus. Der Aetherkörper ist mit dem stofflichen Körper direkt verbunden. Er wird intensiv in den meisten okkulten Kampfkünsten und in einigen okkulten Heilstilen trainiert. Der Aetherkörper beginnt mit dem Ableben des Menschen üblicherweise zu zerfallen[125]. Im Alten Ägypten wurde der Mensch

---

117 Eine Bezeichnung des österreichische Arztes und Heilmagiers des 18. Jh. n. d. Z.., *Franz Anton Mesmer*.

118 Von *Kundala*, sanskrit: Ring, Windung, Rolle. Das dazugehörige Konzept besagt, dass Energie einer zusammengerollten Schlange gleich (deswegen der Name) im Bereich des Steißbeins ruht, aber erweckt werden kann und dann das Rückgrat hinauf emporsteigt.

119 Die Bezeichnung des englischen Magiers und Schriftstellers *Edward Bulwer-Lytton*.

120 Der Begriff des französischen Magiers *Eliphas Levi*.

121 Der altägyptische Ausdruck. Die genaue Übersetzung ist meines Wissens unklar.

122 Der gängige Begriff in den Werken des amerikanischen Magiers *Carlos Castaneda*.

123 Ein von dem deutschen Magier *Frater V.D.* aus dem Terminus Magie abgeleitetes Wort.

124 Englisch: Macht. In der *Star Wars Saga* von *George Lucas* der gängige Terminus für (magisch nutzbare) Energie.

125 Diverse nicht verwesende Leichname, die sich in fast jugendlicher Frische – in Europa durch die Leichname einiger christlicher Mystiker bekannt – offensichtlich selbst konservieren, werden durch einen kompakt bleibenden Aetherkörper gespeist. Eine mögliche Erklärung dieses Vorgangs ist folgende: Durch die spirituelle Reife des Verstorbenen hat dieser unbeabsichtigt im eigenen Aetherkörper einen unbewussten Automatismus zur Energieumsetzung hinterlassen, dieser bezieht also permanent Energie aus der Luft, dem All, et.c., die er umformt , um sich und den fleischlichen Körper zu erhalten. Ich vermute, dass diese Heiligen zu Lebzeiten die sogenannte Technik der Pranaernährung, also Leben und Ernährung durch Atmung = Energieaufnahme allein, gemeistert hatten, egal ob sie davon wussten oder nicht. –

auch in verschiedene Teile subsumiert, einer davon hieß *Khaibit*[126] und bezeichnete das Substrat der elementaren Leidenschaften, Begierden, Laster, Antipathien usw. und zerfiel nach dem Tode, wenn nicht komplexe Vorkehrungen[127] getroffen wurden. Man kann das Khaibit also dem Aetherkörper gleichsetzen. Die Beherrschung des Aetherkörpers gehört zur Arbeit des 1° Initiaten.

3. Der Astralkörper

Dieser Körper, passenderweise manchmal auch Emotionalkörper genannt, ist von feinerer energetischer Struktur als der Aetherkörper, und deutlich größer. Das bedeutet, er ragt circa 20 bis 30cm über die Hautoberfläche unseres festen Körpers hinaus. Der Astralkörper ist mit dem Gemüt direkt verbunden, der Begriff Seele ist dann zulässig. Im Alten Ägypten hieß das Konzept des Astralkörpers anscheinend *Ka*, es wurde durch zwei im 90° Winkel abgewinkelte Arme inklusive Hände, die an den Schultergelenken direkt, ohne Rumpf dazwischen, verbunden sind, dargestellt[128]. Der Astralkörper geht nach dem Ableben, dann meist Seele oder Schatten genannt, in diverse Schattenreiche ein, die je nach Kultur *Hel, Tartaros, Djehenna* und so weiter genannt werden[129]. Diese Schattenwelt ist von den Lebenden erstaunlich leicht kontaktierbar und sogar bereisbar, aber es gibt nur wenig dort zu erfahren[130]. Der Schatten eines Menschen beginnt sich angeblich erst dann aufzulösen, wenn sich auf Erden niemand mehr an ihn erinnert[131], wodurch auch der Zweck

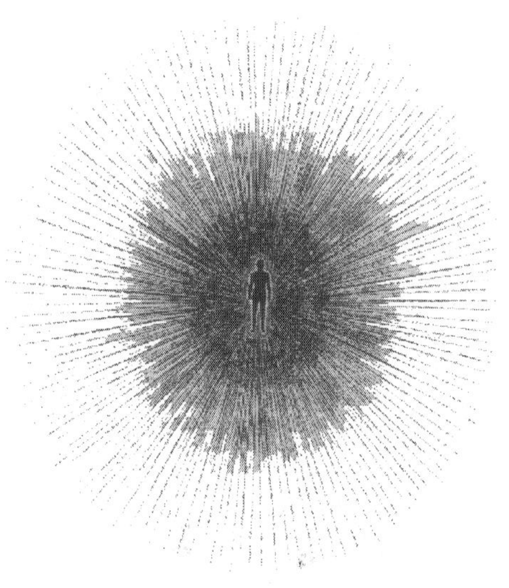

Bild 9 - Die Aura des Menschen grafisch dargestellt.

---

[126] Wörtlich: Schatten.

[127] Magische und Materielle, Zaubereien und Einbalsamierung im konkreten Fall.

[128] Dabei liegen die Oberarme in einer Linie horizontal, die Unterarme sind mit den Händen vertikal nach oben gerichtet, wodurch für uns der Eindruck des Großbuchstaben „U“ entsteht.

[129] Man beachte: Soeben wurde postuliert, dass sich ein Mensch nach dem Ableben in einzelne Körper aufspaltet! Dies löst das alte grundsätzliche Problem zwischen den Erfahrungen der Medien, die die Toten kontaktieren, und den Reinkarnationsforschern, die die Toten in frischen Körpern auf der Erde wieder entdecken! Man lese dazu im Haupttext weiter.

[130] Die Schatten verfügen über keinerlei spirituelles Wissen, sie wissen das, was sie zu Lebzeiten wussten, und häufig nicht einmal das, da sie ja beständigem Zerfall ausgesetzt sind, bis sie endgültig vergangen sind. Die interessanteren Teile des Menschen, die energetischer und wissender sind, sind nicht in der Schattenwelt.

des Totengedenkens hinreichend geklärt wäre. Die Beherrschung des Astralkörpers gehört zur Arbeit des 2° Adepten.

4. Der Mentalkörper
Dieser schon recht feinstoffliche Körper ist groß, er ragt einige Meter weit über unsere Hautoberfläche hinaus. Er ist direkt mit dem Geist verbunden. Im Alten Ägypten hieß das Konzept des Mentalkörpers anscheinend *Ba* und wurde als ein Vogel mit Menschenkopf bildlich dargestellt. Das genaue Verhalten des Mentalkörpers nach dem Ableben ist nicht ganz klar, denn der Mentalkörper, nur Teile desselben oder vielleicht auch nur oberflächlich gelöschte Erinnerungen desselben verbleiben[132] nach dem Ableben bei den höher nummerierten Körpern. Die Beherrschung des Mentalkörpers und der folgenden Körper gehört zur Arbeit des 3° Magus Major.

5. Der Kausalkörper oder spirituelle Körper
Der besonders feine Kausalkörper reicht noch weiter über den stofflichen Körper hinaus als die anderen Körper. Der Kausalkörper hat karmische Bedeutung, denn in ihm werden die wesensverändernden Erfahrungen jeder einzelnen Inkarnation gespeichert. Die Funktion diese Körpers ist die Selbsterkenntnis. Dieser Körper inkarniert immer wieder neu.

6. Der Lichtkörper oder kosmische Körper
Dieser Körper verursacht die Grenze zwischen Person und kosmischer Einheit, die im 7. Körper nicht existiert.

7. Die eigentliche Seele, *Kia*[133], der göttliche Funke, der nirwanische Körper
Dieser Körper ist eigenschaftslos, reines Wirken. Er äußert sich als reines Wollen wie als reine Wahrnehmung, ohne jede Individualität. Wenn man es so nennen will, ist das der göttliche Teil im Menschen. Die Bezeichnung „Körper“ ist behelfsmäßig.
Der Mensch ist mit dem gesamten Universum verwoben. Das dazugehörige Gewebe nennt man *Wyrd*, ein altnordisches Wort, das „Werden“ bedeutet. Nach dem amerikanischen Magier Carlos Castaneda bedeutet das bewusste vollständige Aufflammen aller eigenen Körper – in etwa einer großen Fackel vergleichbar – das Ende des 3° = Lehrergrades, des Menschseins und das Ziel des Pfades an sich! Solche Wesen nennt man zuweilen *Aufgestiegene Meister*, *Geheime Obere*

---

[131] Laut US-amerikanischen Statistiken zur Ermittlung der berühmtesten Persönlichkeiten der Erde dürften die langlebigsten Schatten Jesus Christus und Adolf Hitler sein. Na großartig. –

[132] Es hat den Anschein, als wäre zu Lebzeiten erworbene Willensstärke, Bewusstsein und Intellekt für die spätere Integrität oder Desintegrität des Mentalkörpers verantwortlich – das erinnert an jenes alte, im „Monthy Python“-Film „Der Sinn des Lebens“ zitierte Sprichwort, „... dass die Menschen erst eine Seele *ab Initio* besitzen (!)“.

[133] Scheinbar eine Wortschöpfung Austin Osman Spares, ist dieses Wort doch nichts anderes als eine Schreibweise des hebräischen *Chiah,* des höchsten Seelenteils des Menschen.

oder *Buddhas*, um nur ein paar Namen zu nennen. Ob und wie so eine Transformation überhaupt möglich ist, kann man ja selbst herausfinden. Jedenfalls sind viele Lehrer mit ihrem menschlichen, vergänglichen Körper durchaus zufrieden. –

Die Aura

Die Ausstrahlung der Gesamtheit aller Energiekörper des Menschen nennt man *Aura*. Sie wird seit einigen Jahren in der sogenannten *Kirlian-Fotografie*[134] begeistert abgelichtet.

Das Yin-Yang Modell

Dieses Modell wurde in China entwickelt und stellt einen Grundaspekt des Taoismus dar, es ist jedoch aufgrund seiner Einfachheit und inhärenten Logik gerade für Europäer interessant. Es wird am einfachsten als Teil des Energiemodells (siehe oben) verstanden.

Das *Yin-Yang Modell* unterscheidet das Universum schlicht in 2 Pole, nämlich:

- *Yin* (chinesisch): Die dunkle, schattige Seite (ursprünglich eines Berges), und
- *Yang* (chinesisch): Die helle, sonnenbeschienene Seite (ursprünglich eines Berges).

Beide Kräfte können alleine nicht existieren, es findet beständig eine Entwicklung von der einen zu der anderen Kraft und an anderer Stelle umgekehrt statt, hat sich die eine Kraft erschöpft, entwickelt sich in ihrem Zentrum bereits die Andere. Das ist die Bedeutung folgenden sehr bekannten Symboles, genannt die Monade oder *Tai Chi*[135]:

YIN:

Yin ist die große zentrifugale Kraft des Universums, die Raum erschafft und sich im Raum ausdehnt. Yin erschafft Strukturen und bildet Materie, dazu gehören Erstarrung, Beständigkeit, Zusammenziehung, logischerweise aber auch Wachstum, Erweiterung und Verdichtung. Dies kann nur geschehen wenn Yang abnimmt. –

YANG:

Yang ist die große zentripedale Kraft des Universums, sie erschafft Zeit und dehnt sich in der Zeit aus. Energie, Geist, Welle, wie Fluss und Information, gehören zu Yang. Zerfällt Struktur, nimmt Yin also ab, wächst Yang, da Möglichkeiten und neue Ideen frei werden. –

---

[134] Ein Verfahren von Hochspannungsfotografie, benannt nach dem russischen Techniker *S.D. Kirlian*. Er entwickelte gemeinsam mit seiner Frau in jahrelanger Forschungsarbeit diese Methode, mit der die Aura von Pflanzen, Tieren und Menschen fotografiert werden kann.

[135] Chinesisch: Das Äußerste Letzte, nicht im abwertenden Sinne.

Noch einmal: Ein reines Auftreten von Yin oder Yang alleine findet nicht statt. Es überwiegt aber sehr häufig deutlich eine der beiden Kräfte, wie folgende zwei Beispiellisten zeigen.

YIN überwiegt in:

- Magie: Magie wandelt Geist, Energie, Information oder dergleichen in konkrete Ereignisse oder Dinge um. Wünsche werden zu Erlebnissen o. Dingen.
- Abbild: Ein Abbild ist verfestigte Idee, eine Form.
- Blut: Blut trägt die Lebenskräfte.
- Unordnung: Irgendwann ist soviel Struktur entstanden, dass Beziehungslosigkeit, also Unordnung, vorhanden ist.
- Dienen: Die Form verändert sich, wenn sich die Idee verändert, also dient die Form der Idee.
- Dunkel: Dunkelheit ist die Abwesenheit von Licht, Licht ist Energie.
- Empfangend: Yin empfängt die Idee, also Yang, und gibt ihr Form.
- Mond: der Festkörper Mond macht erst das im All unsichtbare Sonnenlicht sichtbar, und er verwandelt es zugleich.
- Gerade Zahlen: Aus der Zweiheit entsteht die Materie, ein Kind beispielsweise.
- Passivität: Yin kann sehr gut beeinflusst werden.

Bild 10 - Die Monade oder Tai Chi.

YANG überwiegt in:

- Mystik: Mystik wandelt anstrengende Übungen in Information und Energie um.
- Idee: Zeitlich vor jedem Ding steht seine Idee, das Ding ist das Abbild derselben.
- Chi: Energie kann Materie erschaffen oder verändern und entsteht durch Zerstörung der Materie.
- Befehlen: Befehle bringen Geist zur Materie.
- Ordnung: Je besser die Ordnung, desto höher die Kommunikation. Ordnung ist etwas Geistiges, existiert sie in der Materie (Yin) und wird aber nicht oder falsch genutzt, erweist sie sich als Unordnung (Yin).
- Hell: Hell bedeutet Licht, das ist Energie.
- Zeugend: Geist wird zur Verfestigung geschickt.
- Sonne: Der Feuerball Sonne erzeugt Energie, die Struktur braucht, wie Erde oder Mond, wo diese verarbeitet wird. Lichtstrahlen werden nur sichtbar, wenn sie irgendwo auftreffen, wo es dann hell wird!
- Ungerade Zahlen: Aus der Eins ist alles entstanden.
- Aktivität: Yang beeinflusst.
- Abschließende Gedankenstütze: Yang ist Inhalt, Yin ist Form.

Die Lehre von Mikrokosmos und Makrokosmos, und die Tabula Smaragdina[136]

Dieses Weltbild macht den zentralen Kern mehrerer europäischer Magiesysteme aus, darunter Astrologie und Alchemie. Diese Lehre ist Teil des Informationsmodells. Der Mensch ist der Mikrokosmos, lateinisch: Die kleine Welt, eingebettet in das Universum, dieses ist der Makrokosmos, lateinisch: die große Welt. Beide spiegeln einander. Das bedeutet, dass jedes äußere Ereignis seine Entsprechung im Inneren eines Betrachters oder Teilnehmers hat – andernfalls wäre er nämlich gar nicht vor Ort gewesen. Jede Tat, jedes Gefühl und jeder Gedanke eines Menschen wiederum spiegeln sich im Universum. Zufälle gibt es *nicht*. –

Diese Lehre leitet sich von der *Tabula Smaragdina* des *Hermes Trismegistos*[137], einem mythischen Magier der Antike[138], ab. Ihre Inschrift ist folgende:

1. Wahr ist es, ohne Lüge und gewiss.
2. Was oben ist, ist gleich dem, was unten ist, und was unten, ist gleich dem, was oben ist, vermögend, die Wunder des Einen zu vollbringen.
3. Und wie alles aus Einem entspringt, durch das Sinnen des Einen, entspringt auch alles Gewordene durch Angleichung aus Diesem Einen.
4. Sein Vater ist die Sonne, seine Mutter der Mond, der Wind hat es in seinem Bauche getragen, die Erde ist seine Nährerin.
5. Dies ist der Vater der Allgestaltung.
6. Ungeteilt und vollkommen ist seine Kraft, wenn sie sich der Erde zukehrt.
7. Trenne die Erde vom Feuer, das Feine vom Groben, sanft, mit großem Geschick.
8. Es steigt von der Erde zum Himmel empor und steigt wieder herab auf die Erde und empfängt die Kraft des Oberen und des Unteren. So wirst Du die Herrlichkeit der ganzen Welt erlangen. Und alle Finsternis wird von Dir weichen.
9. Hier ist die Kraft der Kräfte, die alles Feine überwindet und alles Feste durchdringt.
10. Solcherart wird die Welt erschaffen.
11. Hiervon stammen die Angleichungen, deren Wesen hier mitgeteilt ist.
12. Darum heißt man mich den Dreimalgrößten Hermes, der Ich die drei Teile der Weltphilosophie besitze.
13. Vollendet ist, was ich über das Werk der Sonne verkündete.[139]

Man vergleiche dazu auch die Lehre vom Drachen (siehe dort).

---

[136] Lateinisch: Die Smaragdene Tafel.

[137] Griechisch: Der dreimalgrößte Hermes.

[138] Es existiert die Ansicht, dass Hermes Trismegistos eine griechische Interpretation des alten ägyptischen *Thot*, des magischen Gottes der Schreiber, ist.

[139] Übersetzung aus dem Lateinischen nach Frater V.D., in: V.D. Frater, Schule der Hohen Magie, München 2001, S.13.

Die Karmalehre

Die *Karmalehre* ist eine hinduistische Theorie, die vom Buddhismus, der ursprünglich eine hinduistische Sekte war, mit übernommen wurde. Das Wort Karma bedeutet „Das Gemachte". Ein österreichischer Witz sagt zu einem Unglück, wenn es einem zustößt: „Tja, das ist Karma. Da karma nix machen."[140]
In moderner Runenliteratur taucht zuweilen das Wort „*Orlög*"[141] oder „*Urleg*", zu Deutsch „Urgesetze" auf. Es hat sinngemäß die gleiche Bedeutung.
Gemeint ist, dass jede Tat, die wir vollziehen, in irgendeiner Form zu uns zurückkehrt. Vergleichen lässt sich dieses Phänomen mit einem Stein, den man in einen Teich wirft, wodurch Wellen entstehen, die einen selbst nach gewisser Zeit treffen, weil man immer selbst auch in diesem Teich steht. Oder man kann auch an ein Spinnennetz denken, das immer als Ganzes erzittert, egal welcher Faden bewegt wird. Der Teich oder das Spinnenetz ist das *Wyrd.* Nach dem lateinamerikanischen Magier *Carlos Castaneda*[142] wird das Wyrd als ein golden leuchtendes, endloses Netz aus Energie beschrieben. Unsere Kontaktstelle zu diesem Netz in Form von energetischen Fasern befindet sich knapp unterhalb des Nabels, am Ausgangspunkt dieser Fasern befindet sich auch der in Akkupunktur benutzte Punkt *Chi Hai*[143], beides bietet Zugang zu jenem energetischen Lebensball im Bauch des Menschen, dem sogenannte *Dantien*[144] oder *Hara.*[145] –
Noch einmal: Alles was wir tun, kehrt zu uns zurück. Gute Taten verursachen gute Taten, machen sogenanntes gutes Karma, böse Taten verursachen böse Taten, machen also schlechtes Karma. Gar keine Taten verursachen gar kein Karma, also gar keine Taten. Ein hochinteressantes Detail ist, dass Gefühle und Gedanken im karmischen Sinne auch bereits Taten sind. –
Zur karmischen Ursache und Wirkung gibt es folgende Liste[146]:

	Handlung und	**Folge**
	Suchen nach Wahrheit	Inspiration
Mental:	Böswillige Kritik	Qual
	Zuneigung	Freude
Astral:	Abneigung	Schmerz
	Gute Taten	Gute Lebensverhältnisse
Physisch:	Böse Taten	Schlechte Lebensverhältnisse

[140] Ich möchte mich an dieser Stelle beim Leser, der eine Übersetzung dieses ursprünglich deutschen Buchs liest, für die Unübersetzbarkeit dieses Wortwitzes entschuldigen.
[141] Vergleiche dazu THORSSON Edred, Handbuch der Runenmagie, Sauerlach 1987 und Ders., Runenkunde, Neuhausen 1990.
[142] CASTANEDA Carlos, Das Feuer von Innen, Frankfurt am Main 1986.
[143] Chinesisch: Meer des Chi.
[144] Chinesisch: Zinnoberfeld. Siehe dazu das Kapitel Die Chakrenlehre im 1°die Arbeit des Initiaten.
[145] Japanisch: Bauch.
[146] LEADBEATER, Charles W., Der sichtbare und der unsichtbare Mensch, 1991, S.71.

Man sollte sich also immer dreimal überlegen, bevor man jemandem etwas Schlechtes, insbesondere mittels Magie, antut. Und man sollte vielleicht mindestens einmal überlegen, bevor man jemandem etwas Gutes antut.
Alles kommt zurück.[147]

Die Lehre vom Drachen

Der Urgrund oder Ursprung[148] des Universums ist das Thema jeder Religion, wurde tausendfach beschrieben und ist doch verbal nicht zugänglich, weswegen sich Religionen, Kulte, magische und mystische Systeme zuweilen so stark widersprechen.
Häufig bezeichnen die Namen *Gott*[149], *Allah*[150], *Elohim*[151], *Jahwe/Jehovah*[152], *Brahman*[153], *Demiurg*[154], *Pan*[155], *Tao*[156] und *Chaos*[157] dasselbe, wenn auch nicht immer und nicht prinzipiell.

---

147 Manchmal übrigens erst im nächsten Leben, wie die Reinkarnationstheorie besagt.

148 Man beachte dabei, dass das Wort „-sprung" in diesem Zusammenhang „Quell" bedeutet, man vergleiche die Wörter Springbrunnen (deutsch) und Offspring (englisch).

149 Das deutsche *Gott* geht auf das indogermanische Verb **ghau* zurück, was brüllen bedeutet. Die Übersetzung lautet also „Das herbei gebrüllte (d.h. angerufene, beschworene) Wesen."

150 Eigentlich arabisch *Alila(h),* Der Gott. Gott des bekannter weise monotheistischen Islam, vorher höchste männliche arabische Gottheit.

151 Hebräisch: *„Göttiner"*, ein weibliches Einzahlwort – Göttin – mit einer männlichen Mehrzahlendung – er – . Auch das Judentum ist sich der sprachlichen Unfassbarkeit des Göttlichen wohlbewusst, zu beachten ist, dass diese Bezeichnung einer Schöpfergottheit durchaus angemessen ist. Konsequent chauvinistisch übersetzten die Übersetzer der Bibel diesen Terminus stets mit einem männlichen Substantiv, zuerst ins griechische *theos*, dann ins lateinische *deus*, dann deutsch: *Gott*. Dies macht die Genesis so unglaubwürdig: Wie soll ein Mann allein etwas aus dem Nichts erschaffen?
Wie auch an anderer Stelle erwähnt, ist die Unterscheidung dieser Schöpferkraft in die Heilige Dreifaltigkeit, um den Sachverhalt klarer darzulegen, denselben Fehlübersetzungen unterworfen worden: *Ruach Elohim* ist wörtlich die *Seele* (oder auch *Hauch*, und Ruach ist ein weibliches Wort). Über das griechische *Pneuma* (Atem, sächlich) und das lateinische *spiritus* (Geist, männlich... erweitert auf *spiritus sanctus*) wurde daraus etwas anderes, nämlich *Der Heilige Geist*. Aber diese Übersetzungen zurückgehend müsste es heißen: *Heilige Seele* oder, meinetwegen auch: *Heilige Geistin*. –
Zusammenfassung:
Der Begriff *Gott* in der Bibel ist eine Fehlübersetzung, er lautet richtig: *Göttiner*.
Die Begriffstriade *Vater – Heiliger Geist – Sohn* ist eine Fehlübersetzung, es lautet richtig: *Vater – Heilige Seele – Sohn.*
Nicht wunderlich also, dass das organisierte Christentum so ein Problem mit Frauen hat, da es das weibliche Prinzip aus der Schöpfung herausgeschrieben hat.
Und des Weiteren ist es bei solchen Fehlübersetzungen nicht verwunderlich, dass Religionen von ihren Anhängern *Pistis, Glauben* verlangen müssen – anstatt *Gnosis, Wissen* zu vermitteln. Sehr bedauernswert, das Ganze.
Zu den Übersetzungen vergleiche: MATHERS MacGregor S. L., Einführung zu: Die entschleierte Kabbala.

152 Hebräisch: Ich bin da. Da das Hebräische keine Vokale kennt, haben sich aus JHVH beide obige Schreibweisen entwickelt.

Einer anderen Beobachtung nach taucht ein bestimmtes mythisches Tier unabhängig voneinander in verschiedensten Kulturen, mit räumlichem und zeitlichem Abstand von einander, immer wieder auf. Diese anthropologische Konstante ist der Drache. Ein Drache ist ein Mischwesen aus Schlange mit einem anderen Tier, in Europa die Fledermaus, oder einfach eine riesige Schlange. Mancherorts gilt dieses Wesen als gut und glückbringend, woanders als böse, häufig jedoch auch ohne solche politische Zuordnung[158]. In den Erzählungen sind die Drachen stets in mehreren Elementen zuhause, zu Lande und in der Luft oder auch in anderer Kombination mit Wasser, Eis und Feuer. Sie sind magisch begabt, sei es durch den bösen Blick, Zaubersprüche oder die Gabe der Unsichtbarkeit, und häufig bewachen sie Schätze, manchmal sind sie magische Beschützer[159]. Sowohl im germanischen Raum, im hebräischen Mythos als auch in der Gnostik ist ein Drache beschrieben, der das (bekannte) Universum ringförmig umspannt und sich dabei selbst in den Schwanz beißt:
Der *Midgardsorm*[160], die Schlange *Nechustan*[161] und der Wurm *Ouroboros*. Alle, insbesondere das letztgenannte gnostische Wesen, können nachvollziehbarerweise als Körper (materieller Teil) des Universums an sich gedeutet werden.

---

153 Sanskrit. Eine Bezeichnung für die Allseele, das Absolute.

154 Von griechisch *Demiurgos*, dem Schöpfergott.

155 Griechisch: All. Im engeren Sinne griechischer Gott der Weiden und des Waldes, halb Mensch (Oberkörper), halb Ziegenbock (Unterkörper).

156 Chinesisch: der Weg, Ordnung, Gesetze. Dieses Konzept des Taoismus besagt, dass jenseits der Götter und Menschen eine bewusste Gesetzmäßigkeit am Wirken ist. Und auch hier findet sich der Lehrsatz: „Das Tao, das erklärt werden kann, ist nicht das göttliche Tao."

157 Das griechische Wort *Chaos* bedeutet wörtlich „Leere", daraus sind die Götter entstanden, zuerst *Ouranos* und *Gaia*, dann *Chronos*, dann *Zeus* usw. Als heutiger, moderner Name für die schöpferische Urkraft des Universums ist der Begriff leider unglücklich gewählt, weil er im modernen Sprachgebrauch ja gar nicht „Leere", sondern einfach nur „Unordnung" bedeutet. Und die Unordnung als Urprinzip zu beschwören, hat meines Erachtens wenig Sinn.

158 Es kann nützlich sein, sich zu überlegen, dass „gut" und „böse" tatsächlich nur politische Zuordnungen sind, die also von einer jeweiligen Streit- oder Wettbewerbspartei aufgestellt werden. Diese erklären sich natürlich gegenseitig die Bösartigkeit und sich selbst die Gutartigkeit. Aber Hitze ist nun einmal gut für Kaffee und böse für Eiscreme. Im absoluten Sinne sind solche Zuordnungen einengend – man versuche einmal bei der Beobachtung eines emotional bewegenden Phänomens nicht mit „Es ist gut" und „Es ist böse", sondern: „Es ist.".

159 Als interessantes Beispiel seien hier die drachenköpfigen Vordersteven der wikingischen Langschiffe, die man auch Drachenboote hieß, genannt, die energetische wie weltliche Feinde abwehren sollen. Vor der Heimkehr mussten sie abgenommen oder nach Bootsinnen gedreht werden, um die Schutzgeister des eigenen Landes, die *Disir*, nicht zu erschrecken.

160 Dieser Begriff wird meist mit „Midgardschlange" übersetzt. Das germanische *Orm*, zu Deutsch Wurm, bedeutet sowohl Schlange als auch Drache und Kriechtier – es ist sogar auch eine Bezeichnung für Ungeziefer.

161 Diese schuf Moses, als die Kinder Israels in der Wüste von Feuerschlangen bedroht wurden. Hebräisch: „Die, die ihren Schwanz im Maul hält" wird als Symbol der Initiation gedeutet, denn man stellt sie als Schlange dar, die sich den kabbalistischen Baum des Lebens hinaufwindet. Dabei beißt sie sich aber interessanterweise *nicht* in den Schwanz.-

Wenn aber der Drache sich selbst in den Schwanz beißt, sich also anscheinend selbst verspeist, was geschieht, wenn er sich selbst verspeist hat? Und wie überhaupt soll das geschehen?
Wir haben es an dieser Stelle mit einem der stärksten Symbole für die Funktion und Aufgabe des Universums zu tun[162].

Bild 11 - Darstellung des Wurm Ouroboros.

Der Wurm Ouroboros, also ein sich in den eigenen Schwanz beißender Drache, ist unter Anderem eine Darstellung des ewigen Kreislaufs vom Abstieg des Geistes in die Körperwelt und seine Rückkehr in das Reich des Absoluten, und so finden sich in manchen Darstellungen zwei Drachen, die einander in Ringform liegend in den Schwanz beißen.

Wichtiger Hinweis:
Im *Corpus Alchemisticum*, einer berühmten gnostisch-alchemistischen Handschrift des 8. Jh. n. d. Z. heißt es:

Hen To Pan.[163]

Ebenso, wie der Drache eine Name für das Göttliche ist, welches in die Materie hinein und sich wieder hinaus entwickelt, ist er ein Symbol für das Bewusstsein – das vielleicht deswegen, weil das Gehirn im Kopf des Menschen aus drei Teilen besteht: Das eigentliche menschliche Gehirn hinter der Stirn, das vor einem älteren Sägetierhirn sitzt, welches um ein uraltes Reptiliengehirn gewölbt ist. In unserem Kopf leben eigentlich ein Barbar, ein Wolf und ein Krokodil. Kein Wunder also, dass reptilische Mischwesen, Drachen oder Lindwürmer eben, in unseren Träumen auftauchen.
Also ist auch der Drache letztlich nichts weiter als ein Bild oder ein Name. Man sollte also auch dieses Symbol nicht mit seinem Inhalt verwechseln. –

Die nordische Lehre von Feuer und Eis

Im germanischen Raum existierte eine Weltanschauung, die auf der Betrachtung von nur zwei sogenannten Elementen basiert: Konkret Feuer und Eis.
Es ist wahrscheinlich, dass die Idee, das Universum als Wechselspiel dieser beiden Kräfte zu betrachten, schon indogermanischen Ursprungs ist, da diese Lehre so einfach **und archaisch** erscheint. Es ist eine gewisse Ähnlichkeit zum Yin-Yang Modell feststellbar, der erste Unterschied ist aber erkennbarerweise schon der, dass Yin und Yang abstrakte, Feuer und Eis aber konkrete Teile des Universums sind. Des Weiteren sind Yin und Yang quasi Zwillinge, Feuer und

[162] Siehe das Kapitel 3° Die Arbeit des Magus Maior.
[163] Griechisch: Das Eine ist das All.

Eis stehen aber in einem genealogischen Verhältnis zueinander – das Eis wird als Veränderung oder Entwicklung des Feuers gesehen.
Nach der Lehre von Feuer und Eis wird das Feuer, da quasi unberührbar und Licht wie Hitze spendend, als göttlich betrachtet, sozusagen bewusste Energie. Das Eis, weil starr und kalt, wird als absolut irdisch angesehen.
Eine menschliche Seele, oder Geist, ohne genauere Subunterscheidungen, ist eine Schöpfung des Feuers, die nach außen hin so viel Struktur entwickelt, dass sie partiell zu Eis wird. Zum Element Eis gehört also der irdische Körper, zum Feuer die im Körper wohnende Seele.
Zu dieser Überlegung kam man anscheinend anhand von Beobachtungen und Analogieschlüssen. Eis, in die Nähe von Feuer gebracht, schmilzt, wird zu Wasser, und verwandelt sich zu Luft, die nach oben steigt, zur Sonne, die ja offensichtlich aus Feuer zu bestehen scheint. Das Göttliche ist also oben im Himmel. Von oben kommt der Blitz, Feuer als Geschenk des Göttlichen. Auch von oben nach unten fällt Schnee und Eis auf die Erde, und bleibt unten liegen. Das Eis ist irdisch, da es aber von oben kommt, kommt es von den Göttern, muss also Verdichtung des Göttlichen sein. Das Göttliche erschuf die Welt.
Der Mensch ist von Körperwärme erfüllt, und verfügt über große innere wässrige Anteile. Anscheinend ist er außen hart, innen nass und ganz innen heiß? Erst wenn er stirbt, wird er kalt und völlig fest, es bleiben ja letztlich nur die Knochen übrig, die man mittels Feuer auch noch in Rauch auflösen kann. Folglich ist das Leben warm, also feurig, also göttlich, der Tod ist kalt und starr wie das Eis, folglich irdisch. Das einzelne Bewusstsein, die Seele des Menschen ist lebendig und irdisch, ein Mittelding, also wässrig. Die so vielfältige Materie, Erde, Metall, Organisches usw. wird anscheinend als verschmutztes Eis betrachtet, das man deswegen nicht schmelzen, aber wenigstens verbrennen kann – meistens wenigstens. Die Kälte, also der Tod, verwandelt Wasser zu Eis, Feuer aber veredelt Wasser zu Luft, die nach oben steigt, wo sie wahrscheinlich zu göttlichem Feuer wird...
Man erkennt mehrere inkohärente Teile dieser Theorie, die aber auf ein hohes Alter schließen lassen.
Abschließend ist zu bemerken, dass das griechische Wort *Kristallos* – unser Bergkristall beispielsweise – einfach nur „Das Eis“ bedeutet, ein Eis, das wohl irgendeinmal so kalt geworden ist, das es nun nicht mehr schmelzen kann. Das deutsche Wort *Seele* bedeutet „die zum See (also Wasser) Gehörende.“[164]

[164] Nach germanischem Glauben wohnen die Seelen der Toten wie Ungeborenen im Wasser. Dementsprechend glaubten die Germanen an Reinkarnation, nebenbei bemerkt.

Die manichäischen Lehren

Mani, manchmal auch *Manes* oder *Manichäus* genannt, war ein hochgebildeter Perser, der von 216 bis 277 lebte. Auch wenn heute kaum noch bekannt, gründete er eine Weltreligion, den nach ihm benannten *Manichäismus*. Diese Religion entstand in der Gnostik und ist, ebenso wie *Judentum*, *Christentum* und *Islam* auch, Teil des spiritistischen Modells. Mani selbst sah sich als letzter großer Prophet und Nachfolger und Vollender des *Zarathustra* im Iran, *Buddhas* in Asien und *Jesus* in Europa.[165]

Mani wurde schließlich von der zoroastrischen Priesterschaft – die Vertreter der etablierten Religion seines Heimatlandes – angeklagt und starb noch bestialischer als sein Vorgänger Jesus: Mani wurde bei lebendigem Leib gehäutet und gekreuzigt. Seine Religion hatte ihre Blütezeit in den ersten einhundert Jahren nach seinem Tod, Manichäer gab es von den Pyrenäen bis China. Doch starb der Manichäismus im 14. Jh. n. d. Z. vorläufig aus.

Die manichäischen Lehren sehen die Welt vollkommen dualistisch, alles, was existiert, stammt von *Ormuzd* und *Ahriman*, den Göttern von Licht und Finsternis ab, was an das taoistische Yin-Yang Modell oder auch an die nordische Lehre von Feuer und Eis denken lässt. Doch der Manichäismus definiert anders als diese beiden anderen bipolaren Anschauungen: Yin und Yang sind immer Partner, Feuer und Eis wenigstens zusammengehörige Gegensätze, aber *Ormuzd*, das kosmische Gute, und *Ahriman*, das kosmische Böse, sind Todfeinde. Licht und Materie sind ein unversöhnlicher Gegensatz.

Der Mensch ist eine schuldhafte Vermischung aus beiden, er muss einen inneren und äußeren Kampf gegen das Böse, die Materie, die Finsternis an sich führen, um das Gute zu stärken und sich auf der richtigen Seite zu positionieren.

Der Begriff Manichäismus wurde zum Sammelbegriff für alle Religionen, die ungefähr dieses Weltbild postulieren, ob im Namen Manis oder nicht.

Solche Religionsgemeinschaften waren beispielsweise die:

- **Paulikianer,** die zuerst in Armenien entstanden, dann im oströmischen Reich zum politischen Machtfaktor wurden. 872 n. d. Z. wurden sie von den sie bekämpfenden oströmischen Kaisern endgültig besiegt und nach Thrakien verbannt, wo der Glaube versickerte.
- **Bogomilen**[166], die zuerst in Kleinasien, seit der Mitte des 10. Jh. n. d. Z. auf dem Balkan lebten. Sie gingen mit der türkischen Eroberung Bosniens 1463 unter.
- **Katharer**[167] oder **Albigenser**, in Deutschland entstanden, aber primär in Italien, Südfrankreich und den Pyrenäen zuhause waren. Sie wurden im christlichen Kreuzzug 1209 bis 1229 ausgerottet.

[165] Mohammed fehlt in dieser Aufzählung, weil er erst vier Jahrhunderte später geboren wurde.
[166] Slawisch: Die Gottesfreunde.
[167] Griechisch: Die Reinen.

- **Ariosophen**[168], die im 19. Jahrhundert primär in den deutschsprachigen Ländern entstanden, obwohl es ursprünglich indische und französische Ideengeber gab. Die Grundidee der *Ariosophie* postuliert die genetische und spirituelle Überlegenheit der Indoeuropäer, innerhalb dieser besonders die der Germanen und ihrer Nachfahren, über alle anderen Menschen der Erde. Dieser Irrtum entwickelte sich aus der Erkenntnis, dass die Mythen und Magie der eigenen Vorfahren zwar für das eigene Selbst tatsächlich vertrauter und damit leichter erlernbar sind, wie *Runenkunde* für einen Deutschen, als eine fremde Lehre, wie zum Beispiel eine chinesische oder hebräische Methode für einen Deutschen.
In einem Analogieschluss wurde die Schwierigkeit des Erlernens fremder Systeme dann mit deren Wirksamkeit und Qualität gleichgesetzt, und, innerhalb dieses Analogieschlusses, folgerichtigerweise auch die Qualität der Erfinder oder Nutzer dieser Lehren mit dazu. Im Klartext: Ein Germane ist spiritueller und damit mehr wert als jeder Nichtgermane, so die Kernaussage bzw. der Fehlschluss der Ariosophie. Die berühmteste ariosophische Bewegung waren die

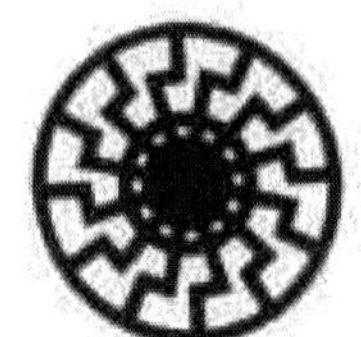

Bild 12 - . Die Schwarze Sonne, Zeichen der Ariosophie im beginnenden 21. Jahrhundert.

- **Nationalsozialisten**. Die gleichnamige Partei gilt als politische Bewegung, ist aber, gemessen an der unerschütterlichen Überzeugung[169] ihrer Anhänger, nur religiös zu verstehen. Die Beweisführung, den Nationalsozialismus als politische Religion[170], und zwar als ariosophische und manichäische Religion, zu definieren, ist in der Tat möglich: Zum einen entwickelte sich die *DAP*, später *NSDAP*, aus der ariosophischen *Thule-Gesellschaft* heraus, zum Anderen ist die Entwicklungsgeschichte dieser Partei eindeutig: Der Nationalsozialismus ist zwar schon dem Namen nach zwar ein Sozialismus auf

[168] Von Ariosophie, griechisch: Die Weisheit der Arier (= Indogermanen oder Indoeuropäer). Der Ausdruck geht auf das Jahr 1915 und den Wiener Magier *Jörg Lanz von Liebenfels*, eigentlich *Adolf Josef Lanz*, zurück, der den rassistischen Orden *ONT*, den *Orden Neuer Templer*, gründete. Der Name ist nicht gerade einfallsreich und auch unpassend gewählt, denn es gibt meines Wissens keinerlei rassistische Lehren der *fratres militiae templi*, der mittelalterlichen Templer.

[169] Diese Überzeugung verdient den Namen *Glauben* – ein Nationalsozialist glaubt an Hitler und die nationalsozialistische Rassenlehre, es handelt sich dabei niemals um intellektuell erworbene Überzeugungen, da der Nazismus so irrational und widersprüchlich ist, dass er nicht mittels logischer Gedankengänge angenommen werden kann – mittels diverser Gefühle, bzw. Angst, Zorn, Hass und Furcht vor dem Fremden an sich, jedoch schon. Nebenbei bemerkt, so wie bei jedem starken Glauben, findet sich auch eine große Anzahl nationalsozialistischer Märtyrer. Als Beispiel sei hier der wahrscheinlich berühmteste nationalsozialistische Märtyrer erwähnt: *Horst Wessel,* der von dem Kommunisten *Ali Höhler* erschossen wurde.

[170] Die, neben dem Nazismus, berühmteste politische Religion - also ein sich rasant ausbreitendes territoriales Reich unter religiösem Anspruch - ist der *frühe Islam*. Er ist in diesem Sinne zum Nazismus in Analogie zu setzen. –

Abwegen[171], doch 1934, ein Jahr nach der Machtübernahme in Deutschland, wurde der sozialistische Flügel unter Ernst Röhm vom esoterischen Flügel unter Heinrich Himmler durch Ermordungen ausgeschaltet. Die Chefs dieses sogenannten esoterischen Flügels waren vor der Machtergreifung 1933 zum Teil Mitglied in den okkulten Organisationen und Orden der beiden wichtigsten ariosophischen Magier gewesen, nämlich *Guido von List* und *Jörg Lanz von Liebenfels*, dessen *Ostara-Schriften* sogar die Basis von *Adolf Hitlers* Weltanschauung bildeten[172].– Himmler und seine beständig wachsende Organisation, die *SS* (ursprünglich nur *S*aal-*S*chutz für Hitlers Redner-Auftritte, bald aber *S*chutz-*S*taffel, so etwas wie eine Leibgarde für alles subjektiv Wertvolle im NS-Staat) war in Struktur wie ein religiöser Orden, mit Wartezeit, Einweihungen, Liturgien, Katechismen und Hierarchien, gebildet, und hieß sich nach Chef und Gründer Heinrich Himmler tatsächlich „ein Orden nordisch bestimmter Männer"[173]. Die SS war am Fingerring ihrer Mitglieder[174], an der Uniform und an ihren diversen Hauptquartieren mit Runen, also magischen Symbolen, geschmückt. Des Weiteren agierte das NS-System permanent mit typischen magischen Werkzeugen der Massenbeeinflussung, nämlich Lieder, Flaggen, Farben und Fackeln, häufig mit naturbezogener, nichtchristlicher oder pervertierter christlicher[175] Symbolik. Der Schluss, eine heidnische, neugermanische Bewegung zu sehen, liegt nahe.

Doch die Runen waren streng genommen falsch, eine Entwicklung aus dem 19. Jh. n. d. Z.[176], das geheime heilige Symbol der SS, die zwölfstrahlige „Schwarze Sonne"[177], findet sich nicht auf nordischen Felszeichnungen unserer Vorfahren, sondern im sumerischen Mesopotamien.

---

171 Vergleiche dazu *Haffner Sebastian*, Anmerkungen zu Hitler, München 1978.

172 Vgl. dazu: *Daim Wilfried*, Der Mann der Hitler die Ideen gab, München 1958.

173 Zitat Himmler aus der berüchtigten, damals geheimen, Posener Rede vor 92 Generälen der *SS* vom 4.Oktober 1943.

174 Der berühmte Totenkopfring der *SS*, der von Himmlers zeitweilig wichtigstem Berater, *Karl Maria Wiligut*, genannt *Weisthor*, entworfen wurde. Wiligut war ein ehemaliger höherer Offizier der k.u.k. Armee – der Armee Österreich-Ungarns – und nach dem 1.Weltkrieg zeitweilig im Irrenhaus gewesen, der seiner Aussage nach über sogenannte Erberinnerungen verfügte, wodurch er Wissen über Jahrtausende zurückliegende Ereignisse zu besitzen meinte. Nachgewiesenermaßen war er zumindest telepathisch veranlagt, doch warf ihn Himmler letztlich hinaus, als er einen weiblichen Mitarbeiter Himmlers sexuell zu belästigen begann und dabei vorgab, im Auftrag seines Chefs zu handeln, um seine wertvollen Gene weiterzugeben. Er starb 1946.

175 Man denke da zum Beispiel an die sogenannten *Lichtdome* bei Nacht, die aus Scheinwerferstrahlen gebildet wurden.

176 Es handelt sich dabei um das sogenannte *Armanen-Futharc*, dass der österreichische Magier Guido von List während einer vorübergehenden Blindheit anlässlich einer Augenoperation entwickelte. Seiner Ansicht nach handelte es sich dabei um ein geheimes Originalsystem der Edda.

177 Dieses Symbol kann man in der Hauptordensburg der *SS*, der Wewelsburg bei Paderborn in Westfalen im Fußboden des Gruppenführersaals des großen Turms betrachten. Eigentlich besteht es aus grünem Marmor, aber der Name „Schwarze Sonne" setzte sich nach dem 2. Weltkrieg durch. Er wird meines Wissens erstmals von den ehemaligen SS-Führern Rudolph Mund und

Die nordische Symbolik des Nationalsozialismus ist letztlich nur Symbol für ein völlig ungermanisches, ariosophisches wie manichäisches Ideal: Der Krieg Gut gegen Böse, konkret in der Form des guten, gereinigten, edlen germanischen Übermenschen, der vom Nazitum erschaffen wird, während gleichzeitig die Verkörperung des Bösen, der jüdisch-kommunistisch-kapitalistische (!) Untermensch, ausgerottet wird. Der Prophet[178] - und genau diese Aufgabe übernahm der sogenannte Führer – Hitler, wie auch Himmler, Heß und andere Anführer, waren Anhänger der manichäischen Welteislehre *Hörbigers*[179], die besagt, dass das gesamte All im Wesentlichen aus Eis und Feuer besteht, deren ewiger Kampf die Galaxien formt. Hitler sah sich und seine Bewegung als Verkörperung des heiligen Feuers, die zum Kampf gegen das jüdisch-kommunistische Eis 1941 zum Russlandfeldzug ohne Winterausrüstung[180] antrat. „Der Winter ist meine Sache!" ist das berühmte Hitlerzitat, dessen Gedanke in der postulierten Überlegenheit des Feuers über das Eis, weswegen vor den marschierenden Soldaten wohl auch die Kälte weichen müsste, begründet liegt. Es ist erwähnenswert, dass der Winter 1941 besonders früh und besonders stark eintrat. –

Es fällt auf, dass manichäische Religionen häufig von benachbarten Staaten ausgerottet werden.

Wilhelm Landig in den 50er Jahren des 20. Jh. in ihrem okkulten Zirkel verwendet und später von Landig in einer sehr langatmigen Romantrilogie literarisch umgesetzt.

Die Bedeutung des Zeichens für die SS ist leider trotzdem nicht genau überliefert, fest steht, dass es aus Mesopotamien aus völlig un-indogermanischer Zeit stammt. Es erinnert meines Erachtens an eine zertretene Spinne und hat mit seinen zwölf Strahlen wohl astrologische Bedeutung, wie auch die Wiege der komplexeren Astrologie in Mesopotamien liegt. Möglich, dass eine Verbindung zu *Helena Petrovna Blavatskys* „Zentralsonne", ein von ihr definierter Mittelpunkt des Universums, vorliegt, immerhin war die Wewelsburg von Himmler als Mittelpunkt eines unglaublich gigantischen Gebäudekomplexes als Mittelpunkt der Welt geplant und von Hitler auch bewilligt worden, mit einer geplanten Bauzeit von 20 Jahren. Vielleicht gibt es aber auch eine Verbindung zum erloschenen Stern Sirius B, den mit freiem Auge unsichtbaren Zwilling des leuchtenden Sirius, der erst im 20. Jh. mittels Teleskop entdeckt wurde und der dennoch in alten afrikanischen Mythen beschrieben wird. Eine Kombination aus beiden Bedeutungen erscheint sinnvoll, aber auch viel Anderes.

178 Von griechisch *prophetes*: Verkünder, Deuter (der Orakelsprüche).

179 Diese vom Wiener Ingenieur *Hans Hörbiger* entwickelte naturwissenschaftliche These wurde von Seiten der Physik zwar abgelehnt, erreichte aber ab 1913 große allgemeine Anerkennung. Es handelt sich dabei um eine physikalische Version der alten nordischen Lehre, wobei Feuer und Eis aber in ewigen Krieg liegen, also ein manichäisches Grundkonzept - dargelegt in einem komplexen Werk, das 800 Seiten umfasst. Hörbiger selbst soll durch ein Erleuchtungserlebnis dazu inspiriert worden sein – wenn dem so war, hat er vielleicht irgendetwas verwechselt.

180 Mit Ausnahme der deutschen Luftwaffe – die Flieger froren nicht.- Grund dafür war Generalfeldmarschall *Erhard Milch*, der, aus einem Urlaub zurückkehrend, von den Vorbereitungen für einen neuen Feldzug – eben Russland – hörte. Sein erster Kommentar soll: *„Völlig Verrückt!"* gewesen sein, und ebenso seine Einschätzung, die Sowjetunion in wenigen Wochen, also vor Winterbeginn, niederwerfen zu können. Er veranlasste trotz gegenteiliger Anweisung die Anschaffung von Wintermonturen, ausdrücklich auf eigene Verantwortung.

Die Lehren des Manichäismus stürzen den Menschen in einen postulierten, aber, weil selbst erzeugt, deutlichen und tobenden kosmischen Konflikt, der per definitionem noch nicht entschieden ist. Das bedeutet aber, dass man sich mit mindestens der Hälfte des Universums verfeindet. Die Wahrscheinlichkeit, das Kräftegleichgewicht zu seinen Ungunsten zu verschieben, ist also recht groß.
Der Magier sollte sich gründlich überlegen, ob er manichäischen Lehren folgen will. Wenn man überhaupt ein religiöses Weltbild als unweise bezeichnen darf, dann dieses.

Die Gradeinteilung der Magie

Gradsysteme der Magie dienen der Unterscheidung in Individuen mit mehr und in Individuen mit weniger Kenntnissen und Macht. Als vor Urzeiten die ersten Könner der Magie ihre ersten Schüler aufnahmen, war damit das erste Gradsystem der Magie erschaffen, nämlich das Zweiersystem Lehrer-Schüler, welches im Sanskrit *Guru-Chela* lautet.
Im Laufe von Jahrtausenden wurden die verschiedensten Gradsysteme entwickelt, wie das 33 - Grad - System der Freimaurerei, das ursprünglich das System Lehrling – Geselle – Meister aus den weltlichen Zünften war, das 10 - Grad - System der kabbalistischen Magier, das 8 - Grad - System des Leary/Wilsonkultes und viele andere mehr. Der Weg der Magie lässt sich in alle Zahlen als einzelne Stationen unterteilen, und alle diese Systeme dienen primär dem Zweck, Magie zu erlernen und die eigene Kunst strukturiert darzustellen.
In der Tradition des Reiki, ein Erleuchtungs- und Heilstil, der auf den Japaner *Mikao Usui* zurückgeht, existiert eine Dreierstruktur von Graden, die so einfach ist, dass man ihr leicht folgen kann, andererseits gerade komplex genug, um wichtige verschiedene Inhalte getrennt voneinander darstellen zu können. Es handelt sich dabei um die Unterscheidung in einen 1° *Shoden*, 2° *Okuden* und 3° *Shinpiden*, in der westlichen Welt *3° Meister/Lehrer* genannt. *Reiki* wurde auf seinem Weg in den Westen aber kulturell an diesen angepasst, und so kommt es, dass diese Gradeinteilung, die erst in Hawaii von Frau *Takata* vorgenommen wurde, wieder den europäischen magischen Orden abgeschaut ist. –
Jedenfalls wird dieses „Lehrling – Geselle – Lehrer“ – System hier übernommen, zusätzlich jedoch ein 0° Grad vorangestellt. Dieser ist, wie an dem mathematischen Wert Null erkennbar. – Null bedeutet Anwesenheit aller Möglichkeiten, aber ohne konkrete Ausformung – der schwierigste Grad von allen, weil er ja kein Grad ist: Er ist die Kennzeichnung eines Menschen, der will, aber noch nicht kann, ergo einen Grad verdient, aber natürlich noch keinen Grad hat...
So sind dann also durch diese Zählweise letztlich vier Grade entstanden, auch wenn die Struktur des Reiki (nämlich 1° bis 3°) verwendet wird.

Die dazugehörigen Bedeutungen sind:

- 0° Neophyt = wörtlich: Der Neugepflanzte. Ein Anfänger, der sich auf die Magie und Mystik vorbereitet,
- 1° Initiat = wörtlich: der Eingeweihte. Also Einer, der dazugehört, der mit dem Gelernten eigenständig arbeitet,
- 2° Adept = wörtlich: Einer, der etwas erreicht hat. Ein fortgeschrittener Schüler, demnach ein Magier oder Mystiker, der schon Einiges kann, und
- 3° Magus Major = wörtlich: Besserer Magier. Einer, der seine Kenntnisse nur noch vervollständigt und lehren kann, wenn er will. Demnach ist auch die Bezeichnung Lehrer sinnvoll.

Dieses Gradsystem, wie übrigens viele Andere auch, ist so zu verstehen, dass die Einweihung in den jeweiligen Grad zeitlich vor der Erlangung der Fertigkeiten, die der Grad angibt, steht. Dies ist genau umgekehrt wie in Schulen und Universitäten, wo der Grad einen Abschluss markiert – *Magister* (lateinisch: Meister) wird bekanntlich der, wer schriftlich und mündlich bewiesen hat, dass er ein wissenschaftliches Buch schreiben und danach erklären kann. Anders formuliert: Man soll seinen Grad durch beständiges Wirken und Üben erst ausfüllen.

Die Einweihungslehre

Rituelle Veränderungen der Wirklichkeit über nichtmaterielle Kausalitäten nennt man Ritualmagie, und Einweihungen sind ganz besondere Akte der Ritualmagie, weil man sich selbst verändert oder direkt selbst verändert wird.
Das Konzept der *Initiation*, lateinisch: Einweihung, besagt, dass ein Mensch durch einen rituellen Akt permanent an ein Energiefeld, Bewusstseinsfeld oder ein sonstiges Kraftfeld[181] angeschlossen werden kann. Das bedeutet, dass der so geweihte Mensch nun von dem betreffenden Feld automatisch Kraft und Energie bezieht und beziehen kann, was seine Arbeit erleichtert. Gleichzeitig bereichert er dieses Feld durch jeden magischen Akt mit seinen Erfahrungen, was dieses Feld stärkt. Diese Beziehung ist subtiler und symbiontischer Natur, man könnte auch sagen, Feld und Magier wirken jeweils wie ein Katalysator aufeinander.
Das große Werk, und nichts anderes ist das Begehen des Pfades der Magie, ist in der Darstellung des Liber Draconis in vier Grade unterteilt, und jeder Grad beinhaltet die Möglichkeit, sich selbst aktiv und bewusst in den jeweiligen Grad einzuweihen. Durch jede Einweihung wird die Aufgabe, die Kenntnisse und Künste des jeweiligen Grades zu verinnerlichen, erleichtert.
Einweihungen können zu bestimmten Zeitpunkten durchgeführt werden, die aus Sicht unseres Planeten kosmische, physikalische Ausnahmesituationen darstellen, um an einer solchen Situation rituell teilzuhaben. Diese Zeitpunkte nennt man die Acht Heidnischen Jahresfeste.

[181] Vergleiche dazu obiges Kapitel: Die 4 Funktionsmodelle der Magie.

Die Acht Heidnischen Jahresfeste

Unser Planet Erde kreist nach allgemein akzeptierter Ansicht[182] einmal im Jahr um die Sonne, einen strahlenden Stern, der das Zentrum unseres sogenannten Sonnensystems bildet, um den noch die Planeten Merkur, Venus, Mars, Jupiter, Saturn, Uranus, Neptun, Pluto und Transpluto[183] kreisen, eine Sonderstellung nimmt, zumindest aus irdischer Sicht, der Mond ein[184]. Diese Himmelskörper werden, wie an den Namen erkennbar, mit bestimmten göttlichen Kräften oder Göttern assoziiert, was für die Astrologie und noch andere Magiestile von großer Bedeutung ist. Doch auch ohne diese Planetenkollegen allein ergeben sich aus der elliptischen Bahn der Erde und ihres Neigungswinkels zur Sonne Vier, mit einer Feinunterscheidung insgesamt Acht, kosmische Ausnahmesituationen für den Planeten Erde. Dies sind die Acht Heidnischen Jahresfeste[185].

Vier davon sind echte Sonnenfeste, was bedeutet, dass sich die Sonne aus Sicht der Erde in einer Extremposition befindet, und die anderen Vier markieren jeweils die halbe Zeit zwischen zwei Sonnenfesten, und werden deswegen manchmal als Mondfeste bezeichnet, weil sie den vier wichtigsten Phasen unseres uns beeinflussenden Trabanten, dem Mond, zugeordnet werden können. Die Namen der Feste sind, soweit überliefert, der germanischen und keltischen Tradition entnommen.

Ostara, Sonnenfest am 20.- 23.3., Frühlingsäquinox.

Ostara ist die germanische Göttin des Frühlings, ihr Name wurde im 19. Jahrhundert von den Brüdern Grimm rekonstruiert und ist nicht überliefert, eine andere Version ist *Eostre*. Verwandte Wörter sind Osten, Österreich, Austrien, Ostern und so weiter, sie alle bedeuten so viel wie aufgehendes Licht.

Zu diesem Zeitpunkt befindet sich die Sonne aus Sicht der Erde in einer Position, die für einen gleichlangen Tag wie Nacht sorgt. Danach werden die Tage länger und der Frühling beginnt, weswegen dieser Termin bei den Germanen als Jahresbeginn galt[186].

Ostara ist damit als ein Fest des Aufbruchs und des Wachstums deutbar. Ein klassisches Symbol von Ostara ist der Hase, dies wegen seiner unermüdlichen

---

[182] Manche Ariosophen, immer für obskure Weltanschauungen zu haben, sind der Ansicht, dass die Welt eine Hohlkugel sei, in deren Mitte sich die Sterne befänden. Und viele Menschen glauben auch heute noch, dass die Welt flach ist. –

[183] In jüngster Zeit nach einer bestimmten hawaiianischen Göttin benannt – die kommenden Jahrzehnte des neuen Jahrtausend n. d. Z.. werden zeigen, ob dieser Name passend ist.

[184] Der Mond, kein Planet, sondern der Trabant der Erde, hat, so wie die Sonne auch, in diesen Magiestilen einen ganz besonderen Wert als eigener Planet – von der Erde aus gesehen benimmt er sich ja auch wie Einer. Er gehört also auch in diese Aufzählung. –

[185] Aufgrund der kugelartigen Gestalt der Erde treffen sie in der beschrieben Form nur auf die Nordhalbkugel zu, im Süden müssen sie genau um vier Feste verschoben gedacht werden – wie auf der Südhalbkugel im Dezember ja auch Sommer ist.

[186] Mehr Sinn als der 1.Jänner macht das allemal. –

sexuellen Aktivität. Er hat es sogar zum Rang einer niederen Gottheit gebracht, die im Mythos (Hühner-)Eier legt und versteckt – klassische[187] Symbole des Lebens.

Belta(i)ne/Walpurgis, Mondfest (Vollmond) am 30.4./01.5.
Der keltische Name *Beltane* bzw. *Beltaine* bedeutet helles Feuer, wobei *Bel* ein keltischer Gott des Feuers ist. Die latinisierte Version des Gottes lautet *Belenus*, eine ältere, schon von den irischen Kelten dämonisierte Version ist wahrscheinlich *Balor*. Nach keltischer Vorstellung beginnt zu Beltaine der Sommer, wie zu *Samhain* der Winter beginnt, vielleicht ist deswegen dieses Fest dem Bel geweiht, mit dem Gedanken Feuer = warmer Sommer. Aber zu Beltaine werden auch Hügelfeuer zum Schutz entzündet, denn die Beltaine-Nacht gehört den Feen und Elfen[188], da die Tore zur Anderswelt offen sind, und diese Nacht gehört auch den Menschen, die gelernt haben, mit solchen Wesen umzugehen: den Hexen.[189] –
Zu Beltaine blüht und wächst die Natur, ein aktives sexuelles Geschehen findet innerhalb allen organischen Lebens statt. Deswegen wird dieses Fest dem Vollmond, dem Planet der Verliebten, der Lustvollen, der Betrunkenen und der Mondsüchtigen gewidmet. Die Folklore – Brauchtum und Aberglaube! – weiß noch darum, deswegen ist der 1.Mai nach wie vor ein beliebter Hochzeitstermin. Der sogenannte Maibaum war wahrscheinlich einst ein gigantischer kultischer Phallus, der oben angebrachte Ring, durch den der Maibaum ragt, wohl eine kultische Vagina oder ein kultisches Hymen[190].
Beltaine ist also traditionell ein Fest der sich selbst darstellenden Fruchtbarkeit und des Reichtums. Sein typisches Symbol sind Maibaum und Hexenbesen[191].

---

187 Ein weiteres klassisches Symbol des Lebens sind *Äpfel.* Diese tauchen bei der germanischen Idun auf, beim germanischen Juleber im Maul, aber auch am Baum der Erkenntnis im Alten Testament... erinnert man sich, dass der Apfel von einer Frau einem Mann geschenkt wird, und mit welcher Bedeutung das Wort „Erkennen" in der Bibel verwendet wird, wird die eigentliche Bedeutung dieses Mythos klar.

188 In diesem Zusammenhang sind Elfen vielleicht als wildgewordene Geister der Pflanzen, Vegetationsgeister, zu verstehen.

189 Im deutschen Sagenschatz tanzen die Hexen zu Walpurgis auf dem Blocksberg im Harz.

190 Man fragt sich in diesem Zusammenhang, warum junge Männer traditionell den Maibaum erklettern, um am Ring angebrachte Leckereien, wie Brezeln, zu holen? Klettern sie als Akt symbolischer Potenz oder demonstrierter Geschicklichkeit als Balzverhalten einen Phallus empor, um symbolisch an die Freuden eines weiblichen Geschlechtsteils, verkörpert durch Naschereien, also besonders gute Nahrung, zu kommen?
Dazu angemerkt, bezieht sich das Wort „Naschen" sowohl auf ernährende wie geschlechtliche Freuden.
Jedenfalls ist im Leben eines jungen Mannes ein weibliches Geschlechtsteil, ob erreichbar oder nicht, ob bewusst oder verdrängt, *immer* das zentrale bestimmende Element seines eigenen Seins.-

191 Wie auch an anderer Stelle erwähnt, eigentlich ein kultischer Holzdildo, mittels dem halluzinogene Salben auf die Schleimhaut weiblicher Geschlechtsteile übertragen wird.

Litha, Mittsommer/Sommersonnenwende, Sonnenfest am 20.- 23.06.
Die Bedeutung des Namens *Litha* ist unklar. Zur Sommersonnenwende erlebt man den längsten Tag und die kürzeste Nacht des Jahres. Es ist das Fest der Macht des Lichts und der Sonne schlechthin. Traditionell ließ man Feuerräder die Hügel hinab rollen, anscheinend als Analogie für die starke Sonne, die ab nun täglich etwas weniger am Himmel steht, also abwärts rollt. Nach der Sommersonnenwende werden die Tage wieder kürzer, der Vormarsch der Dunkelheit beginnt. Mittsommer kann damit als ein Fest des Bewusstseins und der Erleuchtung gedeutet werden. Das typische Symbol ist das Feuerrad.

Lughnasad/Lammas, Mondfest (abnehmender Mond) am 31.7./1.8
Der keltische Name dieses Festes bedeutet wörtlich: das Gedenkfest des *Lugh* = Licht. Er ist ein Sonnengott, der mit anderen indogermanischen Göttern des Lichts, des Feuers oder der Sonne in Entsprechung gebracht werden kann, wie *Loge/Loki* oder *Luzifer*, es dürfte tatsächlich derselbe Wortstamm sein. Man denke auch an das lateinische Wort *Lux* = Licht. Zu *Lughnasad* stirbt *Lugh*, was das Ende der Sonne und damit das Ende des materiellen Aufstiegs bedeutet – und damit den Beginn transzendenter Entwicklung.
In der Natur werden die ersten Ernten eingefahren, ob von Bauern oder Tieren, also hat der Tod Einzug gefunden in die Pracht des Sommers. Wie wohl jeder Adept aus eigener Forschung weiß, ist der Tod eine Verwandlung in einen anderen Seinszustand[192]. Zu Lughnasad ist dies eine Verwandlung von weltlicher Tätigkeit zu spiritueller Tätigkeit, und so kann dieser Termin dem abnehmenden Halbmond zugeordnet werden – die Verwandlung von Sichtbar in Unsichtbar, von Weltlich zu Spirituell.
Lughnasad ist als Fest der beginnenden Magie deutbar.
Doch als Symbol dieses Festes ist ein Gesicht aus Blättern und Ranken verwendbar, das Gesicht des sogenannten *Grünen Mannes*, der nachvollziehbarer Weise den Gott der Vegetation darstellt, die im August in unseren Breitengraden ihren absoluten Höhepunkt erlebt. Die Vegetation ist letztlich von der Sonne Licht abhängig[193], deswegen auch der Name Lughs in diesem Fest.

Mabon, Herbsttagundnachtgleiche/Erntedankfest Sonnenfest am 20.- 23.9.
Die Bedeutung des Namens *Mabon* ist unklar[194]. Zum Erntedankfest sind Tag und Nacht gleich lang, mit der Entwicklung dahin, dass die Nächte immer länger

---

[192] Im Sinne eines totalen Endes existiert er NICHT.

[193] Natürlich braucht die Vegetation zum Wachsen auch Regen – aber unsere Vorfahren, Germanen und Kelten, lebten in den Ländern, in denen wir auch heute leben, Nord-, Mittel- und Westeuropa. Und *da* ist Regen etwas Selbstverständliches – Sonne nur bedingt, weswegen so viele von uns in den Süden auf Urlaub fahren

[194] Der Name bezieht sich wahrscheinlich auf den irischen Helden *Mabon*, der eingekerkert wurde, entkam, und einem Dämon einen goldenen Kamm abnahm. Dahinter mag der ältere Mythos eines Gottes stecken: *Maponius*, den die Römer mit dem griechisch-römischen Licht- und Sonnengott *Apollo* identifizierten.-

werden. In den letzten Wochen haben die Menschen Ernten eingebracht, Ernten, die sie haltbar machen und sogar dauerhaft verwandeln können[195], was als großes Wissen gewertet werden muss, da nun im folgenden Winter niemand Hungers sterben wird. Die abgeernteten Felder werden zuweilen abgebrannt, um mit der Asche das Feld für das nächste Jahr zu düngen. Die Herbsttagundnachtgleiche kann damit als ein Fest des Wissens um die Verwandlung, als Fest der aktiven Magie genutzt werden. Ihr Symbol ist der große *Wickermann*[196], eine überlebensgroße Strohpuppe, die als Erntedank verbrannt wird.

Samhain/Halloween Mondfest (Neumond) am 31.10./1.11.
Samhain (sprich: „Sau-ihn“) ist der Name der Kelten für den Monat, den wir November nennen. Zu Samhain beginnt der Winter, bei den Kelten sogar das neue Jahr, während bei den Germanen Ostara der Neujahrsbeginn ist.
Halloween bedeutet „All Hallows Eve“, also Aller Heiligen Abend, wahrscheinlich ein christlicher Name.
Zu Samhain sind die Tage kurz und werden immer kürzer, die Ernte ist eingebracht, und Vieh wurde einst an diesem Termin als Vorrat für den Winter geschlachtet, nicht früher und nicht später, man schlachtete es also, solange es fett war und bevor es kein Futter mehr finden konnte. Passend dazu sind die Tore zur Unterwelt offen, die Toten kommen uns besuchen, mancherorts wird zu Samhain immer noch ein Teller mehr an den Esstisch gestellt. Wegen der immer kürzer werdenden Tage und der Abwesenheit von Fruchtbarkeit ist Samhain das Fest des dunklen, abwesenden = toten Neumonds. Um sich vor böswilligen Verstorbenen oder auch Dämonen zu schützen, werden zahlreiche Schreckensmasken, wie von innen mit Kerzen erleuchtete, auf einer Seite mit lachenden Fratzen geschnitzte Kürbisse, sogenannte Schädelkürbisse, aufgestellt.
Samhain ist traditionell das Fest der Toten. Sein Symbol ist der von innen leuchtende Schädelkürbis.

Yule/Mittwinter/Wintersonnenwende Sonnenfest am 21./22.12.
Der nordische Name *Yule* (sprich: „Juhl“) bedeutet Nachtmutter. Dies ergibt Sinn, weil zu Yule die Nacht am längsten und der Tag am kürzesten ist. Yule ist der Mittwinter, alles ist kalt und dunkel. Dennoch werden danach die Tage länger, das Licht hat seinen Tiefpunkt erreicht und wächst danach wieder. Nach den Mythen wird die Sonne also wiedergeboren, ein Neuanfang, der rituell gut nutzbar ist, sekundär aber auch Raum für divinatorische[197] Praktiken bietet. Im germanischen Heidentum ist Yule auch der Beginn der Rauhnächte, zwölf Tage und

---

[195] Verfallfreudiges organisches Material wird zu haltbarem Bier, Met, Wein, Cidre, Schnaps und dergleichen verwandelt. Diese Stoffe sind auch noch medizinisch und magisch einsetzbar.

[196] *Wickermann, Wicca, Witch* (englisch: Hexe), *Wizard* (englisch: Magier, eigentlich: Hexer) und *Wicke* (deutsch: Zauberer/Hexer; heute nur noch als Nachname, nicht mehr als Begriff gebräuchlich) sind Worte, die aus derselben Wurzel wie das englische *Wisdom* (Weisheit) und das deutsche *Wissen* entspringen.

[197] Weissagungspraktiken.

Nächte, in denen besonders gut Magie gewirkt werden kann, da dieser Zeitraum als zeitlose Zeit, also frei von herkömmlicher Ordnung, gilt. Im Winter ist eine himmlische, weil nie am Boden wachsende Pflanze zwischen den trockenen Zweigen der laublosen Bäume grün: Die Mistel. Sie war den Druiden heilig und ist als Symbol des Himmels und des nicht vernichtbaren Lebens, wieder einmal mit Licht gleichgesetzt, erklärbar.
Yule ist traditionell ein Fest des völligen Anfangs oder Neuanfangs. Sein Symbol ist die Mistel.

Imbolg Mondfest (zunehmender Halbmond) am 2./3.2.
Der Name des Festes bedeutet „im Bauch", man vergleiche das deutsche Wort „Balg". Der neue Vegetationszyklus, und damit das neue Jahr, ist zwar noch nicht geboren, zeichnet sich aber durch die länger werdenden Tage unverkennbar ab. Deswegen sind zu diesem Termin divinatorische Praktiken besonders angebracht. Das Licht nimmt deutlich zu, und deswegen ist Imbolg das Fest des zunehmenden Mondes. Dementsprechend gilt Imbolg als Beginn der immanenten Entwicklungsphase im Jahreszyklus, also Entwicklung vom Spirituellen ins Materielle.
Imbolg ist also als ein Fest der Vorbereitung für Weltliches und der Divination deutbar.
Sein Symbol ist die einzelne, in der Laterne geschützte Kerze – als Mittel der Divination[198] und Zeichen des schwachen, aber wiederkehrenden Lichts. Am 4.2. ist übrigens das chinesische Neujahrsfest. –

Abschließend ist zu erwähnen, dass offiziell zwar der Sommer am 21.6. und der Winter am 21.12. beginnt[199], dies aber landwirtschaftlich und damit heidnisch keinen Sinn ergibt. Die intelligentere heidnische Einteilung legt den Sommerbeginn auf Beltaine und den Winteranfang auf Samhain.

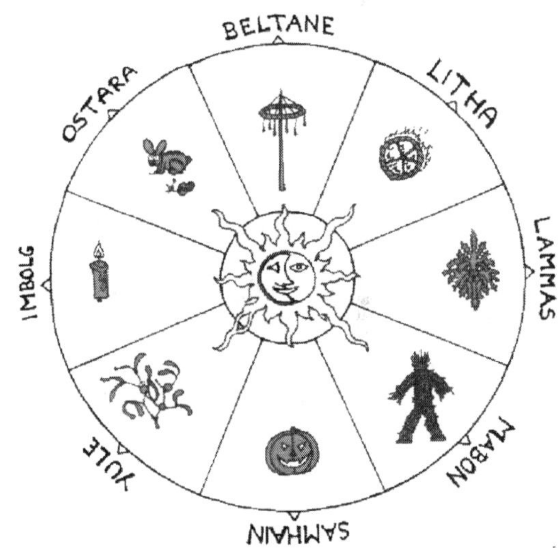

Bild 13 - Graphische Darstellung des heidnischen Jahreskreises.

Weiter ist der Jahresbeginn am ersten Januar sinnlos, wie auch das christliche Weihnachten, die Geburt des Heilands, nicht an den 24. Dezember gehört – es

---

198 In eine Kerzenflamme zu starren ist eine hochwirksame Technik der Trance-Induzierung.

199 Frühling und Herbst sind ursprünglich keine eigenen Jahreszeiten, sondern Übergangsphasen, das Jahr wurde als aus Sommer und Winter bestehend gedacht. –

wurde in den ersten Jahrhunderten bewusst auf Mittwinter gelegt, um konkurrierende Sonnengötter, wie *Balder/Baldur* und vor allen Anderen, *Mithras/Sol Invictus*, zu verdrängen. Das gelang, aber bei späteren Kalenderreformen muss irgendetwas schief gegangen sein: Denn es liegt Weihnachten nun auf einem kosmisch bedeutungslosem Zeitpunkt, will sagen, statt am 21. auf dem 24. Dezember. Solche Dinge sind eklatante Hinweise auf einen seit Jahrhunderten fortschreitenden Verfall des okkulten Wissens im Christentum.

Magische Gegenstände

Die Zauberei, der Einsatz von materiellen Substanzen zum Zweck der Magie, anders formuliert: der Einsatz magischer Gegenstände, ist Teil der Arbeit des 1°Initiaten. Dennoch gibt es zwei magische Gegenstände, die schon jetzt für den Magier von Nutzen sein können, vor allem dann, wenn er einen Hang zur Selbstdarstellung hat. Diese beiden Gegenstände sind die Robe und der Ring. Werden sie verwendet, unterstützen sie die Psyche – das Gemüt – des Magiers, und sie laden sich im Laufe der Zeit energetisch auf. Deswegen werden sie, neben der moralischen Unterstützung, zu magischen Verstärkern, durchaus in der Funktion eines Katalysators. Und eines Tages werden sie, von selbst und unerwartet, vielleicht noch mehr für ihren Herrn tun[200].

Die Robe:

Der Neophyt kann sich ein typisches magisches Gewand fertigen, das primär zu magischer Tätigkeit getragen wird. Man sollte es selbst fertigen, wenn nur irgendwie möglich. Vorgeschlagen wird an dieser Stelle eine Robe oder Kutte mit Kapuze, wie sie Mönche und eben europäische, aber auch arabische und persische Magier tragen[201]. Die Farbe der Robe ist natürlich frei wählbar, aber zwei Farben bieten sich besonders an: *violett*, die Farbe des Steines Amethyst[202], und *feuerrot*. Ihre Wirkungen auf den Magier sind folgende:

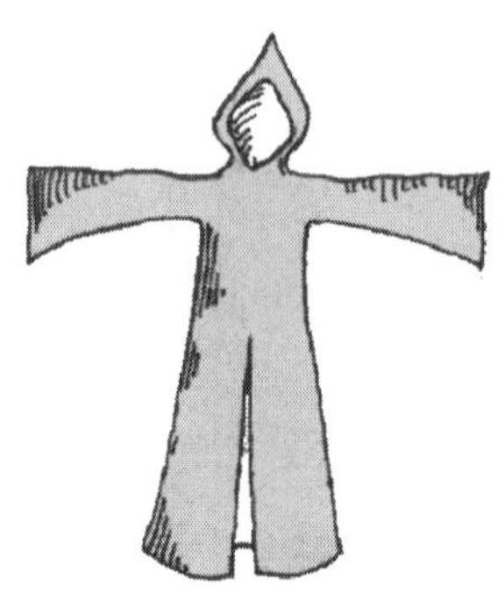

Bild 14 - Eine magische Robe.

---

[200] Man entsinne sich des „Spiritistischen Modells" innerhalb des Kapitels: Die 4 Funktionsmodelle der Magie. Und dann denke man an all die Sagen von magischen Gegenständen, wie von singenden Hellebarden, von sprechenden oder auch tanzenden Schwertern, von wandernden Ringen, usw.

[201] Ein spitzer Hut in Form eines 25 bis 60 cm langen Kegels ist ergänzend einsetzbar, sofern er nicht vom eigenen Geschmack als lächerlich empfunden wird. Solche Hüte oder Kopfpyramiden regen die Tätigkeit des Schädelchakras an. Kirchtürme und spitze Pagoden verfolgen den gleichen Zweck für ganze Gebäude, die dann übertragend die Kronenchakras der Besucher aktivieren sollen. Siehe dazu das Unterkapitel: Die Chakrenlehre, in der Arbeit des 1° Initiaten.

[202] Man kann in einem Stoffgeschäft die richtige Farbe leicht dadurch finden, dass man einfach einen solchen Halbedelstein zum Vergleichen der Farben mitbringt.

Rot ist sowohl in der germanischen Magie als auch im chinesischen Feng Shui die Farbe, die Veränderungen und Magie bewirkt. Blut und Feuer sind auch rot, beides Dinge, die permanent Veränderungen verursachen. Und Veränderung ohne materielle Ursache ist eine Definition für Magie.
Rot ist also *die* Farbe der Magie.
Violett und Indigo sind nach der Chakrenlehre, siehe 1° Die Arbeit des Initiaten, und nach der Kirlianfotografie die Farben der Spiritualität, die Farben des *Stirn*- und des *Kronenchakras*. Die beiden Energiezentren sind für Einsicht in energetische Strukturen und Einswerden mit dem Göttlichen selbst zuständig.
Violett ist also *die* Farbe der Mystik, die Farbe der Kunst, die befähigt, die Geheimnisse des Universums zu erkennen.
Magier, die sich rot kleiden, wie beispielweise die germanischen *Vitki* mit ihren roten Hosen, sind an größtmöglicher Wirkung ihrer Zaubereien interessiert.
Die Magier, die sich violett kleiden, wie beispielsweise Franz Anton Mesmer im 18. Jh. n. d. Z., sind an größtmöglicher Wahrnehmung ihrer Zaubereien interessiert –vielleicht wollen manche damit auch nur sicher gehen, dass sie sich mit ihrer Magie nicht versehentlich selbst, oder auch Anderen, schaden.

Andere Farben sind traditionell schwarz und auch weiß – Schwarz für *Yin*, die Materie (das räumliche Universum), die verändert werden soll, und schwarz wird in Europa traditionell mit dem Tod assoziiert, was für einen Magier – Macht über dieses Leben hinaus – natürlich interessant ist. Schwarz kann auch als die Farbe des Universums vor der Schöpfung gedeutet werden[203], also die Funktion, die jeder Magier vor einer magischen Tätigkeit einnimmt, der ja auch Teil des Universums ist. Da Schwarz Licht absorbiert, sammelt es Energie und macht damit stark. Das könnte Hauptgrund für die zahllosen schwarzen Roben in magischen Zirkeln sein.
Weiß: Weiß steht für Yang, die Idee, die erschafft, die Reinheit[204], das Licht, die Erleuchtung, die schaffende Macht oder das Wissen des Göttlichen.

Es ist kein Zufall, dass Robe und spitzer Hut dem Zauberer des europäischen und zum Teil orientalischen[205] Märchens[206] entspricht, auch wenn die Farbe von Robe

---

[203] Es gibt da einen etwas überstrapazierten Text, in dem heißt es: „und Gott sprach: es werde Licht – und es ward Licht."

[204] Dazu passend tragen ariosophische Orden wie der *ONT* oder *Klu Klux Clan* weiße Roben. Die SS schwarz, aber die war ja auch für den Tod zuständig, für den Tod all dessen, was der Nationalsozialismus ablehnt, und für den eigenen Tod, falls dies als Teil des Kampfes notwendig sein sollte. Dies kam recht häufig vor, die Verluste der Verfügungstruppe, später *Waffen-SS* genannt, waren entsetzlich, denn sie lagen in den ersten Kriegsjahren bei 70%. Als der Krieg (ab 1942) länger wurde, wurde das Fehlen diese Männer deutlich spürbar. –

[205] Orient: von lateinisch *sol oriens*, Ostsonne. Ein geografisch-kultureller Begriff, der auch Morgenland - im Osten geht die Sonne bekanntlich auf – genannt wird. Unter Orient wird in den letzten dreißig Jahren durchgehend der islamische Raum verstanden, wo also arabische, persische und einige der Turkvölker leben. Indien, östliches Zentralasien, Nordasien und östlichere Gebiete zählen aufgrund völlig anderer Kulturen NICHT zum Orient, wurden aber im 19. Jh. n. d. Z..

(und Hut) bei den Kelten anscheinend weiß, zuweilen blau[207], war. Das liegt daran, dass diese Kleidung tatsächlich die für Europa, Indogermanien, unsere westliche Welt, typische Magierkleidung ist, die seit der Bronzezeit nachweisbar ist.[208]

Der Ring:
Ebenso kann sich der Magier einen Ring als Zeichen seiner Magie besorgen, der stets zu magischer Arbeit oder auch zusätzlich im Alltag getragen wird. Dieser kann, als Symbol, zum Beispiel eine Schlange oder einen Drachen in irgendeiner Form darstellen oder tragen. Das kann allerdings problematisch sein, denn sobald eine Gruppe von Leuten mit einem ähnlichen oder sogar gleichen Ring irgendwo auftaucht, wird sehr rasch eine politische oder magische Gruppierung vermutet – und das zieht leicht schadenswünschende Gedanken der Mitmenschen, im Übrigen die einfachste Form schwarzer Magie[209], nach sich. Das kann lästig werden. Das typische Zeichen für europäische Magie ist beispielsweise das Pentagramm, und inzwischen ist es auch das Hauptsymbol des Wicca geworden. Deswegen können Pentagrammringe ohne energetische Belästigung durch die eigenen Mitmenschen leider kaum noch getragen werden. Sinnvoller ist es also wohl, einfach einen Ring mit einem großen Halbedelstein, nämlich Amethyst oder Bergkristall,[210] zu verwenden. Solche Ringe können keiner Weltanschauung direkt zugeordnet werden.
Sämtliche Probleme dieser Art erspart man sich, wenn man den magischen Ring ausschließlich zu magischer Arbeit trägt.

Der Lehrer

Es ist möglich, in jeder Kunst ohne Lehrer auszukommen, und so ist der Weg des Autodidakten auch in der Magie begehbar.
Allerdings weiß jedes Kind, dass man ohne Lehrer auf Alles selbst draufkommen muss – und Bücher, als Alternative, sind auch nur ein schwacher Ersatz für die

---

noch dazu gezählt. Witziger weise rechnet man die so weit westlich gelegenen arabischen Staaten Tunesien, Algerien und sogar Marokko aufgrund ihrer unleugbaren Zugehörigkeit zum islamischen Kulturkreis auch zum Orient. –

[206] Ich erinnere mich da an ein Puppenspiel in einer Fernsehsendung meiner Kindheit, in der ein Magier mit dem unsterblichen Namen *Tintifax* vorkam. Seine Robe und sein spitzer Hut waren blau und mit Sternenzeichen bestickt oder bemalt. Im Übrigen verlor dieser Magier beständig seine Kämpfe gegen *Kasperle*, den Narren. Tarot-Kenner wissen warum. –

[207] Siehe das Kapitel „Die Magie der Farben im 1°, Die Arbeit des Initiaten.

[208] Es wurden Darstellungen der Kleidung gefunden, und zuweilen sogar diese Dinge selbst. Berühmt sind bronzezeitliche kegelförmige Hüte aus getriebenem Gold.

[209] Schwarze Magie in Form eines Gedanken wie folgenden: „Ist das schon wieder so ein Typ aus einer Sekte?... Ich hasse diese Spinner! Ich wünschte, die würden alle verrecken, die Welt würde dadurch nicht ärmer!“

[210] Siehe dazu das Kapitel: Die Kraft der Steine, im 1° Die Arbeit des Initiaten.

Gruppenunterweisung durch einen Lehrer, und die ist nur ein schwacher Abglanz direkter persönlicher Unterweisung[211].
Ohne Lehrer neigt man dazu, das Rad neu zu erfinden. Mit einer Zeit, die mit einem Lehrer verbracht wird – und da können drei Jahre schon reichen – kann man im besten Fall eine kometenschnelle Entwicklung durchlaufen. Und wozu braucht ein Komet ein Rad, selbst an einem Rennauto?
Auf der anderen Seite ist es wichtig, einen Lehrer nicht als letzte Instanz zu betrachten. Europa verdankt der Aufklärung des 18. Jahrhunderts die Erkenntnis, dass man einem Menschen niemals göttliche Verehrung zukommen lassen soll – was im Übrigen der schlimmste Fall von dummem Verhalten einem Lehrer gegenüber ist. Auch die Ansicht, ein Mensch wäre im Besitz der absoluten Wahrheit, oder auch nur zu meinen, ein Mensch wäre viel mehr wert als man selbst, führt langfristig immer zu Unheil.

2. Praktischer Teil

Die Arbeit des Neophyten teilt sich in eine einmalige Tat und vier Bereiche: Einweihung, und dann Energiearbeit, Geistarbeit und Gemütsarbeit, und die erste echte magische Tätigkeit: Divination.

Einweihung

Die Einweihung in den Grad des Neophyten wird die Übungen, um sich selbst zu entwickeln, einfacher werden lassen. Es ist nicht zwingend nötig, eine solche Einweihung zu erleben, aber es ist sinnvoll.
Der Magier findet einen ungestörten Ort, an dem er allein[212] ist. Das kann auch das eigene Arbeitszimmer sein, aber ein Platz in der Natur bei Nacht ist bedeutend wirksamer. Zusätzlich sollte eines der Acht Heidnischen Jahresfeste gewählt werden, um die Einweihung zu optimieren.
Der Magier kleidet sich in seine magische Robe und steckt seinen magischen Ring an.
Er ruft eine würdevolle oder feierliche Stimmung in sich hervor.[213] Er zeichnet mit Kreide oder Salz einen doppelten Kreis auf den Boden, sodass ein Band von 20cm Breite entsteht, das aber einen Kreis bildet, der 1,5 bis 3m Durchmesser hat. Diese Vorbereitungen abschließend, legt er in das Band in regelmäßigen Abständen Amethyste oder Bergkristalle[214].

---

[211] Dies gilt also auch für dieses Buch. –

[212] Es ist interessant, dass das Wort „allein“, meist in der Bedeutung „einsam“ oder „ungestört“ verwendet, de facto „Einheit mit dem All“ bedeutet.

[213] Falls man nicht weiß, wie das geht, denke man einfach daran, dass man im Begriff ist, etwas sehr Wichtiges zu tun. –

[214] Sogenannte Trommelsteine beispielsweise.

Dann setzt er sich in diesen Kreis, in einer Art von Schneidersitz, Drachensitz[215], Hocken oder etwas Ähnlichem, was bequem ist – auch ein Jägerstuhl[216] oder Hocker ist möglich. Er beruhigt sich, das heißt, Körper, Geist und Gemüt werden ruhiger.
Dann spricht der Magier mit deutlicher und klarer Stimme in etwa folgende Worte, die er auch ablesen kann:

„Ich, (voller Name ohne Titel)**, *geboren am*** (Datum)**, *bin jetzt hier.***
Ich will das Große Werk der Magie vollbringen.
Ich weihe mich selbst zum Neophyten und damit in den 0° der Magie ein.
Ich bitte die Kräfte, die dem Menschen auf dem Pfad der Magie freundliche Unterstützung und wohlmeinende Hilfe angedeihen lassen, um Hilfe.
Dafür stelle Ich meine Erfahrungen auf dem Pfad der Magie, Vergangene wie Zukünftige, gerne zur Verfügung.“

Nun legt der Magier seine Handballen, Hände und Finger nach oben geöffnet, in Höhe seiner Schläfen oberhalb seiner Ohren an das Haupt, die Finger können leicht nach außen zeigen. Dadurch wird eine Art Krone gebildet.
Nun stellt er sich vor, dass von oben direkt durch die eigene Schädeldecke, aus den Weiten des Alls, Energie in ihn einströmt, die sein ganzes Sein erfüllt, aber ihn durch seine Dammleiste[217] wieder verlässt. Er stellt sich also auch vor, wie diese verlassende Energie in den riesigen Planeten Erde einströmt und in ihr, der Erde, verschwindet. Dabei atmet er sehr tief und ruhig ein und aus, unter Bewegung des Bauches.[218]
Nach einigen Minuten nimmt er die Hände weg und lässt von der Vorstellung ab.
Dann stützt der Magier die Handgelenke in die Hüften, direkt auf den Hüftknochen, aber lässt die Hände dabei nach außen geöffnet, sodass die Hände und Finger nach außen geöffnet sind und leicht nach unten zeigen, wodurch nach unten zeigende Wurzeln nachgestellt werden.
Nun stellt er sich vor, dass von unten direkt durch seine Dammleiste Energie aus der riesigen Erde in ihn einströmt, sein ganzes Sein erfüllt, ihn aber durch seine Schädeldecke wieder verlässt und in den Weiten des Alls, weit über ihm, verschwindet. Auch hierbei wird die sogenannte Bauchatmung eingesetzt.
Es ist also genau der umgekehrte Vorgang von vorhin.

---

215 Man lege seine Schienbeine und den Rist beider Füße einigermaßen parallel auf den Boden und setze sich auf seine Fersen.

216 Das ist ein dreibeiniger, gut transportabler Hocker, weil zusammenlegbar – die Sitzfläche ist nur weiches Leder, die drei Beine bilden einen Stern, da nur in der Mitte aneinander befestigt. Zusammengelegt ist der Jägerstuhl ein Bündel dreier Stäbe.

217 Das ist die Zone zwischen Ausscheidungs- und Geschlechtsorganen.

218 Das bedeutet, beim Einatmen wölbt sich der Bauch nach außen, es wird in den Bauch geatmet, weil sich die Lungen nach unten weiten. Beim Ausatmen geht der Bauch nach innen, da der umgekehrte Vorgang stattfindet. Das alles geschieht entspannt und ohne größere Anstrengung. Man nennt diese Atemtechnik Bauchatmung, sie gilt als die gesündeste Atemmethode überhaupt.

Nach einigen Minuten lässt er von der Vorstellung ab und legt seine Hände in den Schoß oder auf den Bauch in der Nabelregion.
Nun sagt er: „Es ist geschehen."
Er spürt daraufhin einige Minuten schweigsam in sich hinein.
Letztlich steht er auf und verlässt den Kreis, den er zerstört.
Erläuterungen:
Der Kreis, indem sich der Magier befindet, ist ein Symbol der Unendlichkeit und des Universums, in dessen Mitte sich der Magier befindet.
Der Zauberspruch wirkt auf den Magier ebenso wie auf das Universum.
Die Handstellungen, verbunden mit der Atmung und der Vorstellungskraft, sind echte magische Tätigkeit, man kann sie auch als Energieübungen oder auch Chi Gong bezeichnen.

In den 0°Neophyt darf oder sollte der Magier sich nur selber einweihen, niemanden anders.[219] Erst ab dem 3° Magus Major soll und kann er andere effektiv einweihen[220]. Noch einmal: Einweihungen anderer Menschen sollten im besten Fall nur von Lehrern vollzogen werden.

I. Energiearbeit

Der Magier benötigt Energie – sei es, um die Kraft zu finden, sich aus den Stressfesseln des Alltags zu befreien, sei es, um überhaupt magische Übungen zu vollziehen, sei es, um sein Gemüt zu stärken und Ruhe zu finden, sei es, um direkt Magie zu wirken.
Es ist notwendig, nahezu jeden Morgen eine bestimmte Übungsfolge körperlich zu tätigen. Folgende Methoden seien hier favorisiert:

Tai Chi Chuan (chinesisch) - Die Kampfkunst des Äußersten Letzten
Der Magier sucht sich eine betreffende örtliche Schule und erlernt die einfache waffenlose Abfolge eines beliebigen Tai Chi-Stils, sei es die Yang Stil 37(bzw. 38) Bewegungen-Form von *Cheng Man Ching*[221], oder die Grundbewegungen des *Chen*-Stils, oder etwas Vergleichbares.

---

[219] Würde ein Neophyt andere Menschen einweihen, wird er wahrscheinlich arrogant werden, was die eigene Entwicklung strahlend blockiert. Zusätzlich macht man sich, wenn sich das herumspricht, *sehr* lächerlich – ähnlich einem Gelbgurt-Träger oder sogar Weißgurt-Träger im Judo, der Prüfungen abnimmt...
Zur Erklärung des Vergleichs: Im Judo und anderen zahlreichen, meist japanischen Kampfkünsten wird der Grad der Fähigkeit durch farbige Gürtel dargestellt. Weiß: Anfänger, Gelb: Erste geringfügige Kenntnisse, verschieden bunte Töne: verschiedene Stufen von wenig bis mehr Kenntnissen. Braun: direkter Schüler des Lehrers, Schwarzer Gurt (1.Dan): Lehrer. –

[220] Man fragt sich vielleicht, wer einen dritten Grad einweihen soll? Nun, man selbst, oder: Lehrer weihen Lehrer ein. Siehe dazu das Kapitel 3° Die Arbeit des Magus Major.

[221] Ein gutes Lehrbuch dazu ist CHENG Man-ch´ing/SMITH Robert W., T´ai Chi The „Supreme Ultimate" Exercise for Health, Sport, and Self Defense, North Clarendon 2004. Wie bei allen

Dadurch wird der Neophyt innerhalb kürzester Zeit mit seinem eigenen Astralkörper konfrontiert, in Form von energetischer Bewegung, meist erlebt als kühler Lufthauch innerhalb eines Bereich von einer Unterarmlänge um den Körper herum.
Gleichzeitig, aufgrund der Verbundenheit des Astralkörpers mit dem Gemüt, ist der psychotherapeutische Effekt des Tai Chi beachtlich. An dritter Stelle wird über die dieser Kunst eigene Bauchatmung der feste Körper geheilt und oder gestärkt, auch positive Auswirkungen auf die Sexualkraft sind feststellbar.

Ba Duan Chin (chinesisch) - Die 8 Brokatübungen
Durch das Erlernen von *Ba Duan Chin*, der 8 Brokatübungen, von einem Video oder einem Lehrer, entdeckt der Schüler seinen eigenen Aetherkörper, in Form von energetischer Bewegung wie zähes Wasser oder Vibrieren, in einem Bereich von wenigen Zentimetern um den Körper herum. Statt dem Wort Brokat, eine etwas hinkende Übersetzung, könnte man auch „wertvolles Gewebe“ sagen - ein interessanter Hinweis auf die Dichte des Aetherkörpers und des Wyrd.

Die 5 Tibeter
Diese Übungsfolge zeitigt ein ähnliches Ergebnis wie die 8 Brokatübungen, sie scheint aber über den Aetherkörper primär gerade erschöpfte Sexualkraft zu regenerieren. Das ist sicher nichts Schlechtes.

Sonstiges Chi Gong
Es gibt Dutzende Systeme des Chi Gong, wobei Ba Duan Chin, Reiki und Tai Chi Chuan nur spezielle, sehr bekannte Disziplinen innerhalb dieses riesigen Wissensbereiches darstellen. Alle diese Künste stärken erfolgreich den Astral– und oder den Aetherkörper, häufig auch noch mehr. Gleichzeitig ist der gesundheitsfördernde Aspekt des Chi Gong gigantisch. Und körperliche Gesundheit ist unbezahlbar.[222] Vieles ist zur Energiearbeit einsetzbar, aber der eigentliche Zweck derselben soll nicht vergessen werden – was auch immer uns ein Lehrer erzählt, wie angenehm und kurzweilig das Trainieren von *San Shou* (Push Hands), Waffenlosen Formen, Schwertformen, Säbelformen, Stockformen usw. auch sein mag, für den Magier ist Tai Chi Chuan nicht Selbstzweck. Für den chinesischen Mystiker übrigens schon.

Kampfkünsten ist es allerdings nahezu unmöglich, ohne persönlichen Lehrer Fortschritte zu erzielen.

[222] Nach der Theorie des Taoismus wird diese Gesundheit soweit in alle Bereiche des Seins getragen, bis vollständige Gesundheit zum Einssein mit dem Tao führt. Der Weg der Magie hat dasselbe Ziel, ist aber vielleicht interessanter, da er die Erfüllung unserer Wünsche und faszinierende magische Fähigkeiten beinhaltet.

II. Geistarbeit

Der Geist, das Bewusstsein muss gestärkt werden, um die Fähigkeit zu erlangen, die Konzentration während magischer Arbeit aufrecht zu halten. Diese Konzentration, das Gewahr Werden nur einer Sache, ist der Moment magischer Tätigkeit, in diesem Moment wird das Universum verändert und Magie bewirkt. Der betreffende Zustand kann Gedankenstille, auch sinnigerweise Magische Trance oder, nach dem englischen Magier *Pete Carroll*, *Gnosis*[223] genannt werden. Gelingt es nicht, diesen Zustand zu erreichen oder über zumindest kurze Zeit zu erhalten, ist stets entweder Einschlafen oder das Abgleiten in endlose Gedankenketten über völlig andere Dinge die Folge. Das Erlernen der Magischen Trance erfordert Entschlossenheit, die entscheidende Übung zum Erlernen desselben ist die Konzentration auf den eigenen Geist – Meditation.

Meditation, die Übung zur Erlangung der Magischen Trance

Meditation, von lateinisch: *medius*, in der Mitte, ist im übertragenen Sinn die Kunst, die Mitte zu finden. Der Begriff wird meist mit Betrachtung, Versenkung übersetzt. Der erlangte Zustand ist die magische Trance, von lateinisch: *transire*: Hinübergehen (im **Sinn des Wortes** in einen besonderen Zustand). Man nennt die magische Trance auch Gnosis, griechisch: Wissen.
Gnosis oder Magische Trance bezeichnet das starke und intensive Bewusstsein von einer Sache.

Um dies zu lernen sind folgende Meditationen sinnvoll:

1. Die Meditation der Gedankenstille

Der Magier begibt sich in eine körperlich bequeme Stellung und schließt die Augen, eine einmal für gut befundene Stellung kann beibehalten und immer wieder verwendet werden, auch derselbe Platz oder sogar Tageszeit kann von Nutzen sein. Dann beruhigt er sich, er entspannt sich also, und beginnt seinen eigenen momentanen Gedanken zu beobachten, welcher das auch immer ist. Jedes Mal, wenn er seine eigenen Gedanken weiterdenkt, macht er geistig so etwas wie einen Schritt zurück und beobachtet aufs Neue seinen Gedanken, den Alten oder einen Neuen, welcher eben gerade aufgetaucht war. Jeder Gedanke wird so behandelt. Dadurch tritt eine geistige Klarheit mit gleichzeitiger Gedankenstille ein – Die Magische Trance, der gnostische Zustand. In solchen Momenten kann, siehe die Arbeit des 1° Initiaten, Magie bewirkt werden. Diese genannte Befind-

---

[223] Griechisch: Wissen, unterscheidet sich vom griechisch Pistis, Glaube. Zur Gnosis vergleiche auch CARROLL Pete, Liber Null und Psychonaut, York Beach Maine 1987, S.31.
Im Übrigen ist willentlicher, bewusster Glaube („Ich find jetzt gleich einen Parkplatz!“) meist die einzige magische Technik, über die ein Nichtmagier verfügt, und sogar diese Technik ist bei Nichtmagiern selten geworden. Gleichzeitig ist dies eine Technik der Hohen Magie – Magie aus dem Geist heraus, ohne weltliche Hilfsmittel. Siehe dazu das Kapitel Einführung und auch den 3° Die Arbeit des Magus Major.

lichkeit des Geistes wirkt, sobald sie funktioniert, auf den Menschen erfrischend. Gedanken während der Momente der Gnosis werden manchmal von außen als kleine graue Würmer oder etwas Ähnliches wahrgenommen – das ist dann die eigene Energiewahrnehmung der Energiekörper der Gedanken[224] im eigenen Geist. Sobald man plötzlich diese Würmer nicht mehr sieht, hat wahrscheinlich einer derselben das eigene Bewusstsein übernommen – das bedeutet, man hat wieder zu denken begonnen.
Es ist interessant, dass diese absolut wesentliche Übung der Magie und Mystik meist nicht *dezitiert* oder nur nebulös niedergeschrieben wurde, auch der österreichische Mystiker und Autor *Gustav Meyrink* meinte zur Gedankenstille: „Die nächsten Kämpfer, die dir dein Körper stellt, sind die ungreifbaren Fliegenschwärme der Gedanken. Gegen sie hilft das Schwert des Willens nicht mehr. Je wilder du nach ihnen schlägst, desto wütender umschwirren sie dich (...). Ihnen Stillhalten zu gebieten, ist vergebens, nur ein einziges Mittel gibt es, ihnen zu entrinnen: die Flucht in ein höheres Wachsein. Wie Du das zu beginnen hast, musst Du allein lernen.“[225]
Anscheinend wurde die Technik der Gedankenstille des Öfteren bewusst geheim gehalten. Das vielleicht deswegen, um die Mysterien vor etwaigem Missbrauch zu schützen.

2. Die Meditation der Geräusche
Es ist auch möglich, die Gnosis zu erreichen, indem man nicht seinen Geist beobachtet, sondern auf jede Veränderung in seiner Umgebung achtet. Diese Veränderungen sind wohl akustischer Natur, da man ja still sitzend die Augen geschlossen hält. Eine Variation dieser Übung ist das konzentrierte wie hingebungsvolle Lauschen auf Musik, die sogenannte Meditation der Musik. Sogenannte esoterische und vor allem klassische Musik sind besonders gut geeignet. Menschen, die in Konzerte gehen und dort in der Musik aufgehen, betreiben Musikmeditation, und das heißt, sie erlangen Gnosis durch Musik. Doch wissen nur die wenigsten, dass sie in solchen Momenten Magie bewirken könnten.

3. Meditation der eigenen Atmung
Ähnlich wie obige Meditation, doch ist das Objekt der Meditation der eigene Atem, das gleichförmige Einatmen... Ausatmen... Einatmen... Ausatmen....
Es ist wichtig, dabei die bereits erwähnte Bauchatmung einzusetzen.

---

[224] Da Gedanken also Körper haben, liegt der Schluss nahe, dass sie am Leben sind. In der Tat, das ist so. Der Grund, warum die magische Trance so schwer zu erreichen oder zu prolongieren ist, ist darin zu suchen, weil Gedanken unbedingt gedacht werden wollen. Verständlicherweise, denn werden sie nicht gedacht, sterben sie - auch wenn sie in identer Form wiedergeboren werden können. Ihre Aufdringlichkeit ist also reiner Überlebenswille. Wir sollten ihnen deswegen nicht böse sein.

[225] MEYRINK Gustav, Das grüne Gesicht. Ein okkulter Schlüsselroman, München s.T., S.173.

Eine spezielle, fortgeschrittene Variation ist der von dem Sufi *Reshad Feild* überlieferte sogenannte *Mutteratem* – oder auch 7-Atmung genannt.
Man nimmt eine Körperhaltung mit aufrechter Wirbelsäule ein, atmet dann 7 selbst gewählte Zähleinheiten[226] lang ein, hält für 1 solche Zähleinheit die Luft an, atmet für 7 Zähleinheiten aus, hält für 1 Zähleinheit die Luftleere, atmet wieder 7 Zähleinheiten ein... und so fort. Ebenso nützlich ist es, inmitten der Atemzüge immer eine Pause zu machen, also: Einatmen – Pause Einatmen, Ausatmen Pause Ausatmen...
Ist man damit erfolgreich, kann man den Atem in der eigenen Vorstellung mit Eigenschaften ausrüsten – mit dem Geruch bestimmter Blumen, mit einer bestimmten Farbe, zum Beispiel Blau, die Farbe der Heilung. Dadurch allein kann schon das eigene Selbst verändert werden. Drittens kann man den eigenen Atem an verschiedene Stellen im Körper schicken, wie zum Beispiel das rechte Knie, was richtig durchgeführt Heilung bewirkt.
Die Kunst des Atmens ist eine eigene Wissenschaft, und man tut gut daran, bei Interesse sich einen eigenen, guten Lehrer zu suchen. In Indien nennt sich die Wissenschaft des Atmens *Pranayama*.[227]

4. Meditation der Klangfolgen
Ähnlich, doch ist das Objekt der Meditation eine willkürliche Klang- oder Lautfolge, die im eigenen Geist permanent intoniert wird, wie zum Beispiel AAEEIIOOUU...

5. Meditation der Bilder
Ähnlich, doch stellt man sich vor dem geistigen Auge ein einfaches Bild, wie ein rotes Dreieck oder dergleichen, vor.

6. Meditation der Objekte
Ähnlich, doch sind die Augen offen und man starrt ein einzelnes einfaches Objekt an, wie einen Stein, eine Vase oder dergleichen. Gelegentliches Blinzeln ist natürlich notwendig. Das Starren auf einen Punkt auf weißer Fläche ist die klassische Variante dieser Meditation. In jedem Fall wird der Blick auf ein Objekt gebündelt.
Eine besondere Variante für Fortgeschrittene ist die *Traktak-Meditation*:
Das Wort *Traktak* bedeutet soviel wie Tränen. Man starrt dabei täglich eine Stunde in eine Kerzenflamme, und dies mehrere Monate lang. Dabei sollte man möglichst wenig blinzeln und mit bewegungslosem Körper und Augen die Ker-

---

[226] So eine Zähleinheit könnte ungefähr eine halbe Sekunde lang sein, zum Beispiel.

[227] Das ist interessant, denn „*Yama*“ heißt Beherrschung, aber „Prana“ heißt Energie. In Wahrheit geht es im Yoga gar nicht um den Atem, sondern um kosmische Energie, nur eben nicht Aether , Chi, Orgon oder Energie geheißen, sondern Prana. Steuerung und Lenkung derselben durch den Yogi ermöglichen beindruckende magische Ergebnisse, die in einem Bewusstseinsprozess namens *Samadhi*, grob mit Erleuchtung übersetzbar, münden.

zenflamme beobachten. Der Effekt kann großartig sein: das Öffnen des sogenannten Dritten Auges, also das Erwecken spiritueller bzw. energetischer Wahrnehmung.

7. Meditation der Sichtungen
Ähnlich wie 6., aber man fokussiert nicht den Blick, sondern umgekehrt: Der Magier fächert seinen Blick weit auf, sodass er bewusst nahezu 180° seines Blickfeldes sehen kann. Dieses Auffächern ist einfach und kann tatsächlich so erreicht werden, dass man sich einen geschlossenen Fächer vorstellt, der vor der eigenen Nasenwurzel liegt, mit dem Gelenk zum Gesicht, den Spitzen (noch geschlossen) nach vorne, vom Kopf weg gerichtet. Dann lässt man den geistigen Fächer sich langsam selbst öffnen, sodass er parallel zur Erdoberfläche schwebt. Mit der eigenen Aufmerksamkeit folgt man den beiden äußersten Gräten des Fächers, bis die erwähnten ungefähr 180° erreicht sind.
Ebenso ist es möglich, ein Objekt in der Ferne anzusehen und dann plötzlich dieses Objekt nicht mehr direkt anzuschauen, sondern gleichzeitig alle Objekte und Dinge rundherum – so wird auch der 180°- Grad-Blick aktiviert. In den Kampfkünsten heißt dieser Blick übrigens verständlicherweise häufig *Adlerblick*.
Mit der Meditation der Sichtungen starrt man am besten auf Landschaften, das Meer oder auch den Himmel, Wolkenformationen sind ein dankbares Meditationsobjekt. Einer bestimmten Erzählung zufolge[228] sollte man Gewitterwolken meiden.[229]

8. Meditation der Gedankenketten
Für intellektuell versierte Menschen könnte das die einfachste aller Meditationen sein. – Der Magier wählt sich ein Thema, mit dem er sich gedanklich beschäftigen will und begibt sich dann in seine bevorzugte Meditationsstellung. Mit geschlossenen Augen denkt er nun an sein Thema, und verfolgt jeden Gedanken, der nun assoziativ auftaucht. Dadurch entsteht eine Gedankenkette, die sehr lange werden kann. Der einzige konzentrative Aufwand besteht darin, bei dieser Gedankenkette zu bleiben. Die Gedankenkette kann an jeder beliebigen Stelle unterbrochen werden, um zu einem anderen Zeitpunkt die Meditation wieder aufzunehmen. Nach einigen Tagen oder Wochen tritt zwangsläufig eine Erschöpfung des Themas ein, was, metaphorisch gesprochen, zum Austropfen oder Ausflackern der Gedanken, zum Aufklaren des Geistes führt – die Gedankenstille, die Gnosis. In diesen leeren Geist dringen dann meist ruckartig Informationen aus dem, was man die mentale Ebene nennen kann, ein – und zwar Informationen zum behandelten Thema[230].

---

[228] Ein Hinweis von Carlos Castaneda.

[229] Die eigene Aufmerksamkeit könnte so stark sein oder werden, dass man ohne es zu erwarten einen Blitz anzieht. Und DAS ist dann wahrscheinlich recht ungesund.

[230] Nicht umsonst nennt man neue Ideen *Einfälle*.

Es ist sinnvoll, konkret magische und mystische Themen zu dieser Meditation zu wählen, die auch in diesem Buch behandelt werden – als erstes zum Beispiel Wasser[231], nach Abschluss dieser Kette die anderen Elemente, also Feuer, Luft, Erde und Energie.
Wie bereits angedeutet, kann gerade diese Meditation für Schachspieler, Akademiker und sonstige sogenannte Geistesmenschen so nett wie ein Spaziergang sein.

9. Meditation der Energien
Wer über mehr als nur Grundkenntnisse in Tai Chi, Chi Gong, Reiki oder einem sonstigen Energiestil verfügt, ist sich des Phänomens körpereigener Energieströme aus eigener Erfahrung heraus bewusst. Die Energiemeditation ist nichts anderes, als die eigene Aufmerksamkeit genau darauf zu richten. Die Meditation der Energien vertieft die Fähigkeit, diese Energien bewusst zu Erleben und zu Verwenden.

10. Meditation eines Problems
Eine Schwierigkeit zu erleben oder ein Problem zu haben, gehört zur Definition des Menschen an sich. – Interessanterweise sind sehr viele Menschen imstande, die Probleme Anderer einigermaßen zu lösen, sie versagen aber völlig, wenn es um die eigenen Probleme geht. Ein eigenes Problem lösen zu können, bewirkt diese Meditation: Wie bei jeder anderen Meditation auch, begibt sich der Magier an einen ungestörten Ort, nimmt eine bequeme Stellung ein, schließt die Augen, verharrt bewegungslos und beruhigt die Atmung. Dann, und erst dann, beginnt er langsam und konzentriert ausschließlich über sein Problem nachzudenken. Selbst wenn am Ende der Gnosis, beim Beenden der Meditation, noch kein Schluss oder eine Lösung für gut befunden wurde, soll nach bzw. außerhalb der Meditation nicht weiter an das betreffende Thema gedacht werden, sondern irgendetwas anderes getan werden. Was, ist völlig egal – nur das Problem gehört in die Meditation, nicht in den Alltag. In einer späteren Meditation, am nächsten Tag beispielsweise, kann das Thema ja wieder meditiert werden.
Diese Unterscheidung Alltag – Problemmeditation ist sehr wichtig. Der Magier wird durch diese Strategie sein Problem lösen, und nicht rund um die Uhr bis zur Verzweiflung grübeln, während er gleichzeitig andere Dinge tut. Grübeln und gleichzeitig etwas Anderes zu tun, also gleichzeitig zwei Dinge tun, führt zur Verzweiflung[232].

---

[231] Wasser als allererste Gedankenkette ist deswegen klug, weil der menschliche Körper zu 70 Prozent aus Wasser besteht und das organische Leben im Wasser entstanden ist. Wasser ist also für unseren Körper fast immer etwas sehr Gesundes, und muss nach den Lehren der Analogien – siehe dazu zum Beispiel die Tabula Smaragdina - auch für Seele und Geist gut sein.

[232] Wie der Name dieses Gemütszustandes schon sagt, hat man dann ein ernsthaftes Problem mit der Qualität der Zahl *Zwei*. Zahlen sind mächtig – sie sollten für, nicht gegen den Menschen arbeiten. Siehe dazu auch das Kapitel „Die Qualität der Zahlen - Der runische Zahlenschlüssel“ im 2° Die Arbeit des Adepten.

11. Dynamische Meditation

Diese Meditation wird vor allem in der westlichen Welt von jungen Menschen häufig praktiziert, aber interessanterweise ohne das Wissen, dass es sich um eine Meditation handelt. Die Rede ist von dem entspannten Zustand, den Discobesucher erreichen, wenn es ihnen gelingt, während des freien Tanzens zu rhythmischer Musik die Verstandestätigkeit auszuschalten, also körperlich direkt auf die Musik zu reagieren, ohne dabei an irgendetwas zu denken. Da Meditation nun einmal sehr erholsam ist, sind die Musiktempel, wie man Discotheken nicht zu Unrecht nennt, an Samstagen stets zum Bersten voll[233]. Indem er sich selbst beobachtet oder in der Gnosis des Tanzes Magie wirkt, kann der Magier die dynamische Meditation nutzen.

Allgemein ergänzende Bemerkung:
Bei sämtlichen Meditationen ist eine tiefe Atmung, die also die Lungen vollständig füllt, zu wählen – flache Atmung mit Bewegungslosigkeit führt immer nur zu einem Ziel, nämlich Schlaf! Es ist Wesentlich, sich das zu merken!
Weiter: Die meisten Meditationsformen trainieren den Geist, nicht die Intelligenz. Wenn Intelligenz die Fähigkeit wäre, ein Messer im Kampf zu führen, dann wäre Meditation das Schleifen des Messers. Die Meditationen der Gedankenbeobachtung und der Gedankenstille trainieren den Geist im allgemeinen, die meisten anderen Meditationsformen trainieren konkrete magische Tätigkeiten: Atmung für Energiebewegung, Klangfolgen für das Aussprechen von Zaubersprüchen, Bilder für den Einsatz von *Sigillen*, *Runen* und Energieaussendendungen, Objekte und Sichtungen für magische Wahrnehmung...
Die Übung der Meditation an sich zählt zu den wichtigsten Künsten des Magiers. Sie ist gleichzeitig die Grundübung des Mystikers, was wieder auf die Verwandtschaft der beiden Pfade hinweist. Magische Trance bildet die Grundlage jeder Magie – Gnosis ist die komplette Fokussierung des Geistes, der sich auf die Tätigkeit des Moments konzentriert. Dadurch werden die im Sein vorhandenen Kräfte auf oder in diese Tätigkeit übertragen, die dadurch so kräftig wird, dass sie die Realität ändert. Und das ist Magie. –

Selbstbeobachtung

Diese Übung wird im besten Fall täglich und immer wieder durchgeführt. Sie besagt einfach, dass der Magier sich selbst einfach fragt oder daran erinnert, was er gerade tut. In den meisten Fällen erlebt man dann die Erkenntnis, dass man gerade mit einer Tätigkeit beschäftigt ist, dabei aber an etwas ganz anderes denkt. Daraufhin soll man sich auf die betreffende Tätigkeit, die man gerade vollzieht, konzentrieren. Wenn man wieder denken will, soll man dann eben nur das tun.
Selbstbeobachtung ist Alltagsmeditation.

---

[233] Allerdings natürlich nicht nur aus diesem Grund allein. Weitere Gründe sind Balzdrang und die Wünsche nach Gesellschaft, fremder wie bekannter, und Abenteuerlust, selbstverständlicherweise.

III. Gemütsarbeit

Das Gemüt kann als Teil des Geistes gesehen werden, dennoch wird ihm hier ein eigenes Kapitel gewidmet: Es ist nämlich hochinteressant, dass in zahlreichen magischen Systemen und Büchern das Wort „Gefühl" überhaupt nicht vorkommt. Die Arbeit mit dem eigenen Gemüt und den darin befindlichen Emotionen, die stets stark durch die Erfahrungen der eigenen Kindheit geprägt sind, findet nicht statt! Wir haben es hier mit einem großen Defizit im betreffenden magischen Weltbild zu tun, welches zahlreiche Magier daran hindert, den Grad des Adepten, geschweige denn den des Magus Major, zu erreichen.[234]

Es ist sogar zuweilen die perverse Idee zu beachten, willentlich sein Gefühl, seinen Geschmack, seine Vorliebe oder Abneigung durch Zwang zu verändern. Dadurch wird aber nur eine psychische Verbiegung erreicht, die mittelfristig unglücklich macht.

Wer das große Werk[235] vollziehen will, sollte sich selbst in erster Linie kennen lernen, nicht sofort verändern wollen, wodurch sich die Möglichkeit zur Veränderung automatisch ergibt. Die „inneren Stimmen" (Zum Beispiel: *Mach das!)*, dem „starken Gefühl" (Zum Beispiel: *fahr-da-nicht-hin)* sollte Raum und Gehör geschenkt werden – ob man diesen Ratschlägen folgt, steht auf einem anderen Blatt, aber in den meisten Fällen wäre das die richtige Entscheidung. Je mehr man das „innere Gefühl" durch „Lauschen" und ein sogenanntes „Darauf eingehen" kultiviert, desto gesünder wird es funktionieren.

Es ist jederzeit möglich, jede persönliche Frage, die man sich ausdenken kann, sich auch zu stellen. Jede persönliche Frage, die man sich stellt, wird auch richtig beantwortet werden – wenn man sich nur ehrlich selbst zuhört. Zur Verstärkung dieser Technik kann man seinen Geist etwas beruhigen und sich die flache Hand knapp unterhalb des Nabels auf den Bauch, genauer gesagt auf das Dantien/Hara, legen. Das Gemüt ist eine hoch mystische Einrichtung. –

Die Rekapitulationsübung

Der Magier nimmt seine bevorzugte Meditationsstellung ein und entspannt sich, er beruhigt seinen Geist. Dann fasst er den Wunsch, sich an irgendetwas, was er erlebt hat und was ihn emotional bewegt hat, zu erinnern. Diese Erinnerung wird bis zum letzten Detail im Geiste nacherlebt, und das solange, bis ihn diese Erinnerung, egal ob sie angenehm oder unangenehm war, nicht mehr gefühlsmäßig bewegt. Die Erinnerung *ist dann gleich.* Automatisch taucht dann die nächste Erinnerung auf, die ebenso behandelt wird. Interessanterweise wird mit dieser Methode Alles, was der Magier seit seiner Geburt je erlebt hat, wieder in seinem

---

[234] Dabei tut es dann auch nichts zur Sache, ob man in irgendeiner bestehenden Organisation einen solchen oder ähnlichen Grad schon innehat.

[235] Wie schon in der Einführung erklärt: Die Übersetzung des lateinischen *Magnum Opus*, des alchimistischen Ausdrucks für die Herrschaft über die Materie und die gleichzeitige Transformation des Menschen in das Absolute.

Geist auftauchen, und soll wie beschrieben bearbeitet werden. Wer übrigens immer schon einen ergreifenden autobiografischen Roman schreiben wollte – hier ist das Mittel dazu. Die Rekapitulationsübung ist, neben der Fähigkeit zur magischen Trance = Meditation, die wichtigste Übung des Magiers. Sie wird bis zum Erlangen des Meistergrades durchgeführt, und sie ist damit die wichtigste Übung des Adepten, der die Arbeit seines Grades beherrscht. Die Rekapitulationsübung führt direkt über den *Abyssos*.[236]

Fröhlichkeit

Dieser Gemütszustand soll generell kultiviert werden, er ist der beste allgemeine Zustand, den ein menschliches Gemüt einnehmen kann. Er ist nicht mit Manie oder hysterischer Freundlichkeit zu verwechseln. Fröhlichkeit wird, gemütlich wie sie ist, durch einfaches Lächeln hervorgerufen. Diese Übung sollte mit den Meditationsübungen oder mit der Selbstbeobachtung immer wieder verbunden werden, um durch diese anstrengenden Übungen nicht schlechte Laune zu bekommen und oder die Fröhlichkeit dann ganz zu unterlassen. Diese Übung ist übrigens ein hervorragender Schutz vor Unfällen, sie ist die auch bereits die einfachste Übung der *Mentalik*, der Arbeit des 3° Lehrers.

Sollte man noch nie magisches Training, egal in welcher Form, absolviert haben, sollte man im Grad des Neophyten mindestens sechs Monate verweilen und dabei die betreffenden Übungen je nach persönlicher Vorliebe teils öfters, teils seltener durchführen. Danach erst macht es Sinn, 1°Initiat zu werden. Man kann über Jahre im 0° Grad verweilen. Der Weg ist das Ziel. –

IV. Beginnende Divination[237] oder Mantik[238]

Neben all den Übungen, die den Magier auf die Magie eher vorbereiten, denn sie durchführen zu lassen, gibt es eine echte magische Tätigkeit, die er immer, quasi täglich, durchführen kann – die Divination, die seine Intuition, dem Element Feuer zugehörig, wachsen lässt. Dazu sucht sich der Magier ein ihn ansprechen-

---

[236] In der Kabbalistischen Magie, einem wichtigen Part der westlichen Magie, der übrigens ursprünglich aus dem Judentum kommt, gibt es den Begriff des Abyssos – griechisch: *Der Abgrund*. Dieser trennt den hochentwickelten Menschen vom Göttlichen. Dieser Abgrund kann nur überschritten werden, wenn die eigene Persönlichkeit aufgegeben wird. Auf einer materiellen Ebene kann man den Vorgang mit dem völligen Ablegen von Kleidung vergleichen. Jedenfalls bleibt nur das reine Sein – man könnte auch sagen: *reines Werden* – übrig. Es ist eigenschaftslos, reines Bewusstsein. Wer den Abyssos mit oder nur mit Resten seiner Persönlichkeit behaftet zu überqueren versucht, stürzt in den Abgrund, was eine poetische Umschreibung für Wahnsinn ist. Der englische Magier Aleister Crowley soll dieses Schicksal erlitten haben. Crowley, ursprünglich Alexander E. Crowley geheißen, war heroinsüchtig und viele seiner Schriften erscheinen in der Tat völlig meschugge.

[237] Lateinisch: *Divinatio*, Weissagungskunst, Ahnung. Das Wort ist aus *divinus*, göttlich, und *Natio*, Geburt gebildet.

[238] Griechisch: Die Prophetie, die Kunst des Propheten.

des Divinationssystem, beispielsweise *Tarot, I Ging, Geomantie* oder *Runen. Astrologie* ist an dieser Stelle nicht gemeint – der intellektuelle Aufwand der Astrologie ist groß, auch wenn er zusätzlich auch dem Erwecken der Intuition des Astrologen dient.
Wichtig bei der Auswahl ist wie immer, ein Divinationssystem zu wählen, zu dem man sich hingezogen fühlt. –
Beim Divinieren selbst tritt der Magier in den Zustand der Gnosis ein, stellt eine Frage, die eine offene Frage sein sollte, und betätigt das System – das Werfen einer Rune, das Ziehen der Schafgarbenstengel, das Legen einer Karte oder dergleichen.
An dieser Stelle wird nur ein Divinationssystem in seinen Grundzügen dargestellt[239], der Tarot, der komplex genug ist, um Antworten sogar auf Alltagsfragen zu erhalten, und einfach genug, um ihn in kürzester Zeit zu bedienen.

Tarot
Dieses magische Kartenspiel besteht aus 78 Karten, von denen 16 redundant[240] sind. Diese Überflüssigen können getrost aussortiert werden, sie sind nur für Feinunterscheidungen gut, die man als Anfänger vernachlässigen kann, wenn man will. Es sind dies die den vier indoeuropäischen Elementen zugeordneten sogenannten Hofkarten, die Karten König (für Feuer), Königin (für Wasser), Prinz (für Luft) und Prinzessin (für Erde) der jeweils Stäbe (Feuer), Kelche (Wasser), Schwerter (Luft) und Scheiben (Erde). Sie stellen Elemente mit Unterelementen dar, so bedeutet beispielsweise der Prinz der Schwerter, Wasser der Luft, also Gefühle, die Gedanken hervorbringen. –
Die anderen Karten bestehen aus 22 *Großen Arkana*[241] und der Rest aus 40 *Kleinen Arkana.*

Die Bedeutung der Großen Arkana:
Die großen Arkana beschreiben von 0 zu 22 absteigend kosmische Zustände (nicht Kräfte), die immer weiter vom Göttlichen, unbeschreibbaren Ursprung entfernt sind. Der Tarot ist also auch ein System der Mystik, denn von 22 über 0 und darüber hinaus führt ein Weg zum Göttlichen zurück.

0. Der **Narr** oder **Schamane**[242]:Der Narr verkörpert die Unschuld, die Intuition, das innere Wissen und die damit verbundenen Fähigkeiten, die

[239] Alles andere würde den Rahmen des Buches sprengen.
[240] Überflüssig.
[241] Von lateinisch *Arkanum*, Mehrzahl *Arkana*: Geheimnis.
[242] Die Identifikation des Narren mit dem Schamanen an dieser Stelle findet meines Wissens das erste Mal in okkulter Literatur statt. Das ist erstaunlich, wenn man die geradezu offensichtliche Analogie oder sogar Identität der Bewusstseinszustände der Beiden betrachtet. Der Grund liegt vielleicht darin, dass der Tarot und der Schamanismus in voneinander weit getrennten kulturellen Strömungen anzutreffen sind – der Tarot kam vielleicht von den Zigeunern und fand den Weg in

noch nicht bewusst, aber dafür zugänglich sind. Wie Till Eulenspiegel, Der liebe Augustin oder ein spielendes Kind, ist der Narr in seiner Naivität unüberwindlich. Ein echter Schamane genauso – trotz oder gerade wegen naiver Erklärungsmodelle des Multiversums spielt er staunend mit dessen Kräften, die sich ihm dadurch völlig erschließen.

I. Der **Magier**: Der Magier strebt danach, Göttliches und Irdisches in sich zu vereinen, also strebt er nach Wissen und Macht. Er ist bewusst. Geschick, Magie, Fertigkeit.

II. Die **Hohepriesterin** oder **Päpstin**: Sie strebt danach, den göttlichen Einfluss durch sich selbst fließen zu lassen, für sich und Andere, um dasselbe Ziel wie der Magier zu erreichen. Sie ist Meisterin der Verwandlung. Sie fühlt. Veränderung, Schwankung, Wandel.

III. Die **Kaiserin**: Sie verkörpert die Natur, die Mutterliebe, die Schönheit. Schönheit, Glück, Vergnügen.

IV. Der **Kaiser**: Er verkörpert den weisen Herrscher, der im Einklang mit sich und dem Universum ein Reich und Untertanen leitet. Eroberung, Sieg, Ehrgeiz.

V. Der **Hohepriester**: Der Hohepriester vermittelt den Menschen das Göttliche, mittels einer Erzählung, eines Rituals oder etwas Anderem. Manchmal unterrichtet er und ist damit ein spiritueller Lehrer. Göttliche Weisheit, Lehre.

VI. Die **Liebenden**: Prinzipiell erklärt diese Karte sich selbst. Zwei Liebende sind aber auch die auf Erden vollzogene Spaltung der göttlichen Liebe, zuvor war die göttliche Liebe eine sich selbst liebende Einheit. Inspiration. Handlung, die dadurch ausgelöst wird. Zuvor, also bis V, war die göttliche Liebe ein sich selbst liebende Einheit.

VII. Der **Wagen**: Wie ein Wagen der Straße folgt, beschreibt diese Karte den Zustand des Menschen der seinen eigenen Weg gefunden hat. Dieser Zustand muss nicht endgültig sein, schließlich besteht der Lebensweg immer aus Etappen. An den Kreuzungen verirrt man sich am leichtesten. Triumph. Sieg. Gesundheit.

VIII. **Kraft** oder **Lust**[243]: Kraft macht so stark, dass man alles mit Lust erleben und erledigen kann. Mut, Stärke, Kraft.

IX. Der **Eremit** oder **Mystiker**: Der Eremit, also Einsiedler ist nicht einsam, er ist allein. Allein bedeutet all-ein, er findet in der Abgeschiedenheit zu sich und zum All, da er sich in der Mitte des Alls befindet und letztlich findet. Mystik.

---

die Magie der Renaissance, den sogenannten Westlichen Weg. Der Schamanismus war in Europa, mit Ausnahme von Lappland vielleicht, praktisch ausgestorben und wurde aus Asien und Amerika reimportiert.

[243] Aleister Crowleys Name für diese Karte.

X. **Glück** oder **Das Rad des Schicksals**: Diese Karte zeigt primär eine günstige Entwicklung an, der Mensch wird auf dem sprichwörtlichen Rad des Schicksals[244] nach oben mitbewegt. Um nicht danach wieder nach unten zu kommen, ist es sinnvoll, sich zur Radnabe zu bewegen – dann wird man nicht in einem Karussell gedreht, sondern die Welt dreht sich um einen, und man kann zugreifen, wenn etwas Interessantes vorbeikommt. Das Leben ist ewige Veränderung – man kann mitgerissen werden, was einem ewigen Auf und Ab entspricht, aber man sich auch in der Ruhe des Selbst zurücklehnen und die Show genießen. Schicksal, Karma.

XI. Die **Ausgleichung** oder **Gerechtigkeit**: Letztlich wird alles im Universum durch eine Gegenkraft ausgeglichen, diesen Prozess beschreibt diese Karte. Ewige Gerechtigkeit, Ausgewogenheit, das Spiel von Yin und Yang.

XII. Der **Gehängte**: Der Gehängte, meist an einem Fuß verkehrt hängend abgebildet, stellt einen Zustand dar, indem alle Voraussetzungen für Erfolg gegeben sind – doch ein innere Überzeugung, dass es nicht funktionieren wird, verhindert Diesen. Sich allein dessen bewusst zu werden, bedeutet, von dieser Ansicht auch ablassen zu können. Damit ist der Zustand des Gehängten auch schon beseitigt. Erzwungenes Opfer, Leiden, Blockade.

XIII. Der **Tod**: Der Tod ist immer das Ende einer Bekanntschaft zwischen zwei Menschen. Dies kann der tatsächliche Tod des Bekannten sein, oder, viel viel häufiger, eine Trennung. Ein Mensch, den man nicht mehr sieht, ist im Sinne der Bekanntschaft tot. Ungewollte Veränderung.

XIV. Die **Kunst**: Diese Karte erklärt sich von Selbst. Kunst ist zwecklos, aber sinnvoll. Nur bewusste Lebewesen können Kunst erschaffen. Verbindung von Kräften, Verwirklichung.

XV. Der **Teufel** oder **Pan**: Der Teufel, der sehr viele Namen hat, hat die Welt verstanden. Er ist gewitzt, humorvoll, liebt Sex, gute Geschäfte und Genuss. Er nimmt am Weltgeschehen teil, weiß aber um dessen Austauschbarkeit und damit relative Unwichtigkeit. Das Leben ist ein Spiel, das der Entwicklung dient, nicht eine Arbeit, um Materie zu verändern. Materielle Versuchungen.

XVI. Der **Turm**: Der Zerfall einer Weltanschauung oder einer Überzeugung wird Turm genannt, da auf dieser Karte meist ein zusammenstürzender oder vom Blitz getroffener Turm abgebildet ist. Kampf, Krieg, Gefahr.

XVII. Der **Stern**: In der Welt zu sein, und dennoch die himmlische Energie von oben durch sich durch, von Kopf zu den Füßen, fließen zu lassen und zu

---

[244] Erklärung: Das beständige berufliche, private, gesundheitliche und sonstige Auf und Ab des menschlichen Lebens wird in Europa seit vielen Jahrhunderten als Radbewegung verstanden.

spüren, beschreibt den Zustand des Sterns. Hoffnung, Vertrauen, Einklang.

XVIII. Der **Mond**: Der Mond ist der große Verwandler. Diese Karte zeigt den Zustand von Irrwegen, Täuschungen, Illusionen und deswegen Misserfolgen an. Diese sind alle Aufgaben auf dem Weg zur verschütteten Erkenntnis, Aufgaben auf dem Pfad der Selbstverwandlung. Irrtum. Lüge, Falschheit, Betrug.

XIX: Die **Sonne**: Die Sonne ist der Erfolg, Reichtum oder Ruhm durch Kraft. Gleichzeitig ist man aber von der Erkenntnis getrennt.

XX: Das **Äon** oder **Das Jüngste Gericht**: Dies ist der Zustand eines großer Wechsels oder einer abschließende Entscheidung. Urteil, Urteilsspruch.

XXI. Das **Universum**: Die gesamte Welt, die Wirklichkeit bzw. die Wahrnehmung derselben. Die gesamte Angelegenheit, Synthese.

Die Bedeutung der Kleinen Arkana:

Die kleinen Arkana beschreiben je 10 einfachere Zustände des Bewusstseins, in denen jeweils eines der vier alten indoeuropäischen Elemente (also ohne Quintessenz/Akasha) vorherrscht, und zwar in einer quantitativen Steigerung von 1 bis 10. Das macht zusammen 40 Bewusstseinszustände oder Karten.

Feuer	Wasser	Luft	Erde
As der Stäbe: *Neuanfang des Willens, einer Unternehmung*	As der Kelche: *Neuanfang des Gemüts, der Wahrnehmung*	As der Schwerter: *Neuanfang des Verstandes, einer Weltanschauung*	As der Scheiben: *Neuanfang äußerer Lebensumstände, der Arbeit*
Zwei der Stäbe: *Herrschaft*	Zwei der Kelche: *Liebe*	Zwei der Schwerter *Friede*	Zwei der Scheiben: *Wechsel*
Drei der Stäbe: *Tugend*	Drei der Kelche: *Freude*	Drei der Schwerter: *Kummer*	Drei der Scheiben: *Arbeit*
Vier der Stäbe: *Vollendung*	Vier der Kelche: *Üppigkeit*	Vier der Schwerter: *Waffenstillstand*	Vier der Scheiben: *Macht*
Fünf der Stäbe: *Streit*	Fünf der Kelche: *Enttäuschung*	Fünf der Schwerter: *Niederlage*	Fünf der Scheiben: *Quälerei*
Sechs der Stäbe: *Sieg*	Sechs der Kelche: *Genuss*	Sechs der Schwerter: *Wissenschaft*	Sechs der Scheiben: *Erfolg*
Sieben der Stäbe: *Durchhaltevermögen*	Sieben der Kelche: *Ausschweifung*	Sieben der Schwerter: *Vergeblichkeit*	Sieben der Scheiben: *Fehlschlag*
Acht der Stäbe: *Schnelligkeit*	Acht der Kelche: *Trägheit*	Acht der Schwerter: *Einmischung*	Acht der Scheiben: *Umsicht*
Neun der Stäbe: *Stärke*	Neun der Kelche: *Glückseligkeit*	Neun der Schwerter: *Grausamkeit*	Neun der Scheiben: *Gewinn*
Zehn der Stäbe: *Unterdrückung*	Zehn der Kelche: *Sattheit*	Zehn der Schwerter: *Untergang*	Zehn der Scheiben: *Reichtum*

Eine Legemethode[245] des Tarot: Die 7-Parabel

Diese Methode findet sich in den Schriften des deutschen Magiers *B. Gerd Ziegler* und bewährt sich in fast allen Fragestellungen.

Der Magier geht in einen entspannten Zustand, dann in die Gnosis über und mischt die Karten.

Er breitet die Karten in einem Fächer verdeckt aus.

Er stellt eine offene Frage.

Dann zieht er mit der linken Hand Sieben Karten, mischt erneut und legt sie verdeckt, beispielsweise in einem „V“, aus.

Danach deckt er die Karten der Reihe nach auf:

Position 1: Die Vergangenheit.
Position 2: Die Gegenwart.
Position 3: Die Zukunft.
Position 4: Was getan werden muss.
Position 5: Hilfreiche oder störende Energie von Außen.
Position 6: Größte Hoffnungen oder Befürchtungen.
Position 7: Der Schlüssel zum Ganzen.

Abschließende Bemerkung: Es gibt inzwischen (2005 n. d. Z.) zahllose Tarotdecks unterschiedlichster Ausführung. Meines Erachtens ist das sogenannte *Thot-Tarot*, gemalt von Frieda Harris, aber entworfen vom späteren Aleister Crowley, hervorragend zur Verwendung geeignet. Es scheint übrigens keine emotionale Verbindung zu allen anderen Werken und Schriften Crowleys zu besitzen.

Exerzitien

Exerzitien[246] sind Zeiträume selbstgewählter Übungen, die aber, einmal gewählt, auch vollzogen werden müssen. Zweck eines Exerzitiums ist einfach: Üben, um Praxis zu erlangen, „You have to go into the kitchen[247]“ oder „Probieren geht über Studieren“ sind dem zugrunde liegende Sprichwörter.

Exerzitienzeiträume sollten wohl nicht kürzer als drei Tage und zu Anfang nicht länger als drei Monate betragen, wenn man keine Enttäuschungen aufgrund überschätzter Willenskraft erleben will. Des Weiteren müssen Häufigkeit pro Woche und Tag festgelegt werden, wobei anfangs täglich einmal, und fünf Tage die Woche schon beindruckende Leistungen darstellen, wenn ein Exerzitium einen Monat dauert.

---

245 Im Tarot nennt man das Divinieren „Karten legen“.

246 Von lateinisch exerzitus, das Heer. Heere pflegen dauernd zu exerzieren, was ursprünglich ein Training für den Krieg war.

247 Englisch: Du musst in die Küche gehen. Sinngemäß: Probier es, Tu es, Übe.

Der Inhalt eines Exerzitiums ist frei wählbar, sei es eine bestimmte Meditation, eine Divinationsmethode, eine Chi Gong Übung, ein Ritual[248] oder etwas anderes. Exerzitien haben einen Anfang und ein Ende, an die der Magier sich halten muss! Das unterscheidet sie von anderen Übungen, die man beispielsweise jeden Morgen macht, auf unbestimmte Zeit, weil man ihre Wirkung so schätzt.
Trotz des festen Zeitrahmens ist eines von großer Wichtigkeit, nämlich, jede einzelne Übung so zu machen, als sei es die letzte – also mit größter Aufmerksamkeit. Viel zu üben und dabei an das nächste Frühjahr zu denken, wo man nach abgeschlossenem Exerzitium ja ein großer Magier sein wird, ist vollkommen sinnlos. Nicht nur das *Wieviel* ist wichtig, sondern auch das *Wie*.

---

[248] Ab dem 1° Die Arbeit des Initiaten, beispielsweise.

1° Die Arbeit des Initiaten

Bei der Magie muss man, ebenso wie auf der Geige, erst „seine eigenen Töne finden". Sie sind nicht bereits da, wie auf dem Klavier.

Dion Fortune[249]

Wenn einer, der mit Mühe kaum, geklettert ist auf einen Baum, schon glaubt, dass er ein Vogel wär – so irrt sich der.

Wilhelm Busch

Der Weg ist das Ziel.

taoistisch

Initiat (lateinisch) bedeutet Initiierter, der Eingeweihte. Er ist in okkulte Fähigkeiten und Wissen eingeweiht, er kann selbst bewusst Magie wirken. Das ist ein entscheidender Unterschied zum 0° Neophyten, der doch immer wieder von Zweifeln ob der Sinn- und Zweckmäßigkeit seines Tuns, und das als Zeichen eines gesunden Geistes, geplagt wird. –
Der Magus befindet sich nun nicht mehr in der Lehre, sondern in der eigenen Weiterbildung – in den weltlichen Zünften ist das der Unterschied zwischen Lehrling und Geselle. Um als Initiat zu arbeiten, sollte man eine Einweihung in den 1°Initiat erleben, von einem selbst oder einem Meister vollzogen. Sehr nützlich ist eine Einweihung in den 1° *Reiki*[250], den sogenannten *Shoden*[251]-grad, durch einen qualifizierten Reikimeister. Dies deswegen, weil dabei magische, primär aetherische Fähigkeiten im Schüler geweckt werden. Bei allen Einweihungen sollte man aber unbedingt einen undogmatischen Lehrer wählen, der einem selbst sympathisch ist. Dieser letzte Punkt ist sehr wichtig[252].

Die Arbeit des Initiaten ist, nach der Einweihung,
- die Aetherik, weiter
- die Zauberei, und drittens
- beginnende Traumarbeit.

---

[249] FORTUNE Dion, Die mystische Kabbalah. Ein praktisches System der spirituellen Entfaltung, Freiburg im Breisgau 1987, S.105

[250] Reiki ist ein System magischer Heilung und spiritueller Einweihung des Japaners Mikao Usui, das auf buddhistischen und shintoistischen Techniken basiert, die auf älteren, schamanischen Kulten aus China und dem Pazifik aufbauen. Es hat sich aufgrund seiner Einfachheit und Kraft rasant über die westliche Welt ausgebreitet. Der 1.Grad Reiki ist der unterste Grad und deckt sich mit Teilen des 1° im Liber Draconis.

[251] Japanisch: Eingangslehre.

[252] Vergleiche dazu den Abschnitt im 0° Die Arbeit des Neophyten: III. Gemütsarbeit.

Theoretischer Teil

Eines der einfachsten und praktikabelsten Modelle des Menschen ist das dreigestaltige Körper-Seele-Geistmodell[253], und das nicht nur aufgrund jenes Witzes unter Psychologen, welcher besagt, dass Menschen nur bis drei zählen könnten.

Die Unterscheidung des Menschen in drei Bestandteile ist eine anthropologische[254] Konstante, soll heißen, sie findet sich mehrfach und unabhängig voneinander auf der Welt. Der deutschen Unterscheidung sehr ähnlich ist die Triade **Body – Mind – Spirit**: *Body* deckt sich exakt mit dem deutschen „Körper", *Mind* heißt Geist inklusive Gedanken und Gefühle, ist also mit dem deutschen „Geist" ident. *Spirit* heißt Seele im Sinne von spiritueller Substanz, ohne irdische Gefühlswelt. Das deutsche Wort „Seele", wenn als spirituelles Sein inklusive Gefühle[255] verstanden, ist mit dem englischen *soul* völlig gleichzusetzen. Damit ist die englische Triade praktikabler als die deutsche, da im Englischen die Gefühle prinzipiell im mittleren Teil *mind* zu finden sind, im Deutschen aber der Begriff Seele zu ungenau ist – er kann die Gefühle und das Gemüt umfassen, wie das englische *soul*, oder das zentrale spirituelle Sein des Menschen meinen, wie das englische *spirit.*

Solche Unterscheidungen zwischen deutscher und englischer okkulter Philosophie zu kennen mag je nach Veranlagung kurz- oder langweilig sein. Prinzipiell wichtiger ist eine deckungsgleiche Unterscheidung des *westlichen Reiki*[256], die von

Innerem Kind – Alltagsbewusstsein – Höherem Selbst spricht.

Das Zweckdienliche an dieser Unterscheidung ist die Ansicht, dass alle drei Teile über ein eigenständiges Bewusstsein verfügen.

- **Das Alltagsbewusstsein** ist natürlich unser Geist und unser Gemüt – Gedanken und Gefühle, Erinnerungen und geistige wie emotionale Gewohnheiten und Veranlagungen (nichts Anderes ist der Charakter!), also der Teil an uns, den wir üblicherweise „Ich" nennen.
- **Das Höhere Selbst** ist individuelle Seele, *Spirit*, der kosmische Körper, es wacht mit seinem Bewusstsein nur über die Einhaltung des eigenen Lebensplans – wie genau, ist seinem zeitlosem Bewusstsein gleichgültig. Es kann al-

---

[253] Siehe dazu der 0°, die Arbeit des Neophyten.

[254] Von griechisch *Antropos*, der Mensch.

[255] Die man hauptwörtlich „Gemüt" oder auch poetisch „Herz" nennt.

[256] Im Gegensatz zum östlichen Reiki in Japan, das eifersüchtig in einer Art magischer Orden, namentlich *Gakkai*, gehütet wird und das kein Ausländer kennt.- Westliches Reiki stammt von einer Japanerin aus Hawaii ab, Frau Takata, die von einem Herrn Hayashi gelernt hatte, aber seine Lehren veränderte. Und auch Hayashi selbst hatte sich schon vom Stilgründer Usui und der Gakkai abgespalten und die Lehren verändert. Vergl. Dazu: PETTER Frank Arjava/LÜBECK Walter/RAND William Lee, Das Reiki-Kompendium Ein umfassendes Handbuch über das Reiki-System, Aitrang 2000, S.13-17.

lerdings jede gewünschte transzendente Information zur Verfügung stellen. Wer das höhere Selbst nicht an eine prinzipielle, sondern an eine konkrete Aufgabe knüpft („Ich bin von der Vorsehung dazu bestimmt, dass...!“) wird mehr oder weniger spektakulär in dieser Reihenfolge Besitz, Verstand und, bei andauernder Uneinsichtigkeit, letztlich Leben verlieren. Das höhere Selbst entledigt sich dann progressiv seiner außer Funktion geratenen, vergänglichen Verdichtungen – dem Bewusstsein und dem lebenden Körper – und wird irgendwann neu inkarnieren. Neues Spiel, neues Glück!

- **Das Innere Kind** ist der menschliche Körper mit einem eigenen archaischen, naiven Bewusstsein, daher der Name. Es verarbeitet bevorzugt konkrete Information, sei es kinästhetische, olfaktorische, gustatorische, akustische oder visuelle Impressionen, aber nichts Abstraktes. Das heißt: Bilder werden verstanden, Schrift nicht, Geräusche genauso, aber Sprache nicht, Musik teilweise. Gerüche, Geschmacksrichtungen, Farben, Formen und Gegenstände zum Anfassen sind interessant. Doch zusätzlich kann das Innere Kind eines, und das kann nur das Innere Kind: Magie wirken. Deswegen ist Magie unintellektuell, wer denkt, kann währenddessen so gut wie keine Magie wirken. Das ist auch der Grund, warum so viele gebildete Menschen Magie für unmöglich halten – ihr geschulter Verstand ist ja auch permanent aktiv, ein lebenslanger Redeschwall von Gedanken, sieht man von Zeiten des Unbewusstseins, also Schlaf, Narkose und Bewusstlosigkeit, ab. So sehr folgende Information dem Inhalt dieses Buches zuwiderläuft: Bildung ist unmagisch. –

Ich persönlich neige dazu, den Namen „Inneres Kind“ zu meiden und stattdessen „Totemtier“ zu sagen, was eine sehr interessante Feinunterscheidung über den eigenen Körper und sein Bewusstsein ermöglicht. Siehe dazu weiter unten.

Magier müssen das "Innere Kind" einsetzen, häufig scheitert ihre Kunst an zu langweiligen und intellektuellen Methoden, die ein Kind einfach nicht versteht und folglich die Mitarbeit verweigert. Beispielsweise begründen sich die Erfolge des Schamanismus auf Übungen, die auch ein Kind gerne täte: Trommeln, Tanzen, Singen, Augen verbinden und im Kreis drehen, Herumliegen und Träumen...

Mystiker versuchen dem Höheren Selbst Weisheiten zu entlocken, manchmal verwechseln sie es mit Gott, so manche Religion baut auf diesem Irrtum auf. Zahlreiche Mystiker der Neuzeit versuchten, Kommunikation mit dem eigenen Schutzengel, dem „Holy Guardian Angel[257]“ zu erlangen – das ist Umgang mit dem Höheren Selbst.

Sporadische Feindschaften zwischen Mystikern und Magiern begründen sich also auf dem Umstand, mit ähnlichen Methoden einen anderen Bereich des Seins zu entwickeln, was natürlich zu anderen Ergebnissen führt. Bei solchen Animositäten definiert der Mystiker die etwaige Verantwortungslosigkeit des Magiers als

[257] Englisch. Der heilige Schutzengel, um ihn dreht sich die Magie (eigentlich Mystik) des Abramelin und Abraham von Worms.

bösartig – dabei spielt dieser vielleicht nur, wie ein die Umwelt entdeckendes Kind es auch täte. Der Magier definiert die etwaige emotionale Verzückung des Mystikers als Wahnsinn – dabei erlebt dieser nur den berauschenden Effekt einer Information, die der Geist, also das Alltagsbewusstsein, per se nicht fassen kann.

Das Totem- oder Clantier (nicht zu verwechseln mit Krafttier[258])

Weltweit tritt in schamanischen und paganischen[259] Kulturen ein Konzept auf: Das Totemtier, auch Clantier, Seelentier usw. genannt. Bei den Germanen, den direkten Vorfahren der deutschsprachigen, skandinavischen[260] und englischen Völker, hieß es *Fylgia* – Das Folgende, die Angelsachsen sagen *Fetsch*. Das Wort „Totem" ist polynesischen Ursprungs – es bedeutet „Verwandtschaft". Und genau darum geht es, das Totemtier ist ein Tier, mit dem man auf transzendente Art verwandt ist. Deswegen soll man seine irdischen Vertreter auch nicht töten und nicht essen. Wenn man einem Vertreter der eigenen Art in der Wildnis begegnet, kann dieser Standpunkt auf Gegenseitigkeit basieren.
Das Totemtier entspricht genau dem sogenannten *Inneren Kind*, das ist der Körper mit dem ihm eigenen Körperbewusstsein, mit der zusätzlichen Ansicht von Geburt an, einer bestimmten Tierart ähnlich zu sein. Dies beinhaltet zahlreiche Aspekte:

1. **Tatsächliche körperliche Gemeinsamkeiten**: Männer mit dem Totemtier Keiler hatten, nach einer altfränkischen Quelle[261], Borsten auf dem Rücken, Wolfsverwandte haben häufig zusammengewachsene Augenbrauen, Bärenverwandte haben meist einen unverwüstlichen Magen und einen tapsigen Gang, Dietrich von Bern, ein Drachentotem, begann der Sage nach bei Zorn Feuer zu spucken... – Generell entspricht das körperliche Bewegungsmuster dem des Totemtieres.
2. **Körperliche Veranlagungen**: Ernährungsgewohnheiten, Schlafgewohnheiten, Paarungsgewohnheiten usw. sind dem des Totemtieres sehr ähnlich. So fühlen sich Maulwürfe in luftigen Hochbetten sicher unwohl.
3. **Charakter**: Mehrere charakterliche Eigenschaften scheinen auch auf das Totemtier zurückzuführen zu sein: soziales Verhalten in dem Sinne, ob man eher ein Rudel-, Herden- oder Einzelwesen ist, und auch die Unverträglichkeit mancher menschlicher Charaktere liegt im Totem begründet: Stiere vertragen sich nun mal nicht mit Wölfen. –
4. **Magieformen**: Die Magie, für die man die stärkste Begabung hat, passt zum eigenen Totemtier. So mag es einfacher sein, eine Astralreise in der eigenen

---

[258] Das Krafttier, im Gegensatz zum Totentier, ist ein hilfreicher spiritueller Begleiter innerhalb des Schamanismus. Es ist ein Familiar des Schamanen und entspringt, je nach Weltbild, dem Unbewussten oder einer anderen, nichtstofflichen Welt.

[259] Von lateinisch pagus, Gau. *Paganisch* bedeutet also *heidnisch*.

[260] Mit Ausnahme der Finnen und Samen, natürlich.

[261] Gregor von Tours.

Tiergestalt, beispielsweise als Hund, zu absolvieren als in menschlicher Astralform... Im Übrigen beginnt das Totemtier den Menschen zuweilen in Magie zu unterrichten.
Der Wiener Magier *Frater 717* beschreibt das Totemtier, hier mit der Bezeichnung *Clanwesen*, folgendermaßen:
„Anders (ist) das Clanwesen: Es besitzt uns. Es handelt sich um eine Art lebenslange Besessenheit, bei der die Persönlichkeit des Magiers teilweise in den Hintergrund tritt, obwohl seine Persönlichkeit nach außen immer stärker zu werden scheint. Was sich ändern kann, ist nur die Beziehung zum Clanwesen. (...)
Clanwesen sind innere Lehrer, die gegensätzliche Aspekte, Licht und Dunkel in sich tragen. Sie sind jedoch keinesfalls als flüsternde Stimmen im rechten Augenblick zu verstehen. Sie führen von innen und können auch direkt den Körper beeinflussen. Oftmals wissen wir nämlich von den Dingen, die wir bereits beherrschen, gar nicht so genau, wie sie funktionieren.
Fühlt man sich von der Kraft seines Clanwesens erfüllt, ist plötzlich Vieles möglich, das zuvor noch undenkbar war. (...)
Abschließend vielleicht noch folgendes: Leser, die sich angezogen fühlen, sollten bedenken, dass dieser Weg unwiderruflich ist. Wollen sie ihn wirklich beschreiten, werden sie einem Weg zu ihrem eigenen Clanwesen finden."[262]

Bild 15 - Kämpfende Totemtiere. Zeichnung von Isegrim.
Es gibt eine ähnliche Abbildung bei: FRIES Jan, Visuelle Magie, S. 161 (siehe Bibliographie).

Ich war sehr erstaunt, als ich in den kabbalistischen Lehrschriften des Golden Dawn quasi genau diese Unterteilung von Höherem Selbst – Alltagsbewusstsein – Innerem Kind/Totemtier wiederfand, und zwar unter den Namen *Neschamah – Ruach – Nephesch*. Ich gebe den dazugehörigen Text zwecks Vergleichs und für kabbalistisch Interessierte komplett wieder:

[262] FRA. 717, Handbuch der Chaosmagie, Soltendiek 1992, S. 135f.

„Dritte Lehrschrift"

Die Seele wird von den Kabbalisten in drei grundlegenden Teilen angenommen:

Neschamah – der höchste individuelle[263] Teil, entspricht der übernatürlichen Dreiheit und den höheren Seelenregungen.

Ruach – der mittlere Teil, entspricht den sechs Sephiroth[264] von Chesed bis Jesod einschließlich des Geistes und den Verstandeskräften.

Nephesch – der niederste Teil, entspricht Malkuth und den tierischen Instinkten."[265]

Dies ist übrigens weniger ein Hinweis auf die faktische Realität einer spirituellen Dreiheit des Menschen – ich erinnere daran, dass alle spirituellen Theorien als Landkarten, nie als das Territorium verstanden werden sollten[266] –, sondern ein weiterer Hinweis darauf, wie stark Reiki auf seinem Weg nach Amerika und Europa an den Westen angepasst wurde[267].

Das magische Tagebuch

Hierbei handelt es sich um die schriftlichen Notizen des Magiers um sein eigenes Tun.

Der englische Magier Pete Carroll schreibt über das magische Tagebuch:

„Das magische Tagebuch ist das wichtigste und wirkungsvollste Werkzeug des Magiers. Es sollte groß genug sein, um für jeden Tag eine Seite zur Verfügung zu haben. Darin sollten Zeit, Dauer und Erfolgsgrad jedes in Angriff genommenen Unterfangens festgehalten werden."[268]

---

[263] Es gibt darüber noch einen Teil des Menschen, der aber keine individuellen Züge aufweist – ähnlich wie das Autobenzin im Tank eines Autos sich in jedem fahrenden Auto findet, aber auch in jedem Anderen sein könnte. Dieser innerste oder höchste Teil heißt *Chia*, bei Austin Osman Spare und der sich partiell auf ihn berufenden Chaosmagie *Kia* genannt. –

[264] *Sephiroth*, einzeln *Sephira*: hebräisch: Schalen bzw. Schale. Aus ihrer zehn ist der kabbalistische Lebensbaum, also das Multiversum wie der einzelne Mensch, gedacht. Die Reihenfolge der Sephiroth ist *Kether, Chokmah, Binah, Chesed, Geburah, Tiphareth, Netzach, Hod, Jesod, Malkuth*. Parallelen zum nordischen Weltenbaum *Yggdrasil* (wahrscheinlich von **igwja* = Eibe und **dher* = stützen) mit seinen neun Welten sind konstruierbar.

[265] REGARDIE Israel, Das magische System des Golden Dawn, Breisgau 1987, Band 1, S.361.

[266] Vergleiche den 0° Die Arbeit des Neophyten.

[267] Es gibt nur einen Hinweis auf eine Dreier-Seelenstruktur im Reiki, die aber immerhin im Schriftzeichen auftaucht. Das Schriftzeichen Reiki besteht aus zwei einzelnen Zeichen, REI und KI. KI hat uns an dieser Stelle nicht zu interessieren, aber REI wird meist mit „Spiritualität" und „Göttliches Wirken" übersetzt, auch „Magie" ist richtig. Wörtlich übersetzt heißt es nämlich: „Ein Schamane mit drei Mündern beschwört Regen". Ich wiederhole: *drei* Münder. Alles weitere ist europäische Interpretation – aber witzig genug, dass die Dreierstruktur im Wort für „Göttliches Wirken/Magie" auftaucht.

[268] CARROLL Peter J., Liber Null – Praktische Magie Das offizielle Einweihungshandbuch des englischen Ordens IOT, Unkel 1986.

Das ist, so lästig es klingen mag, tatsächlich richtig. Wenn schon nicht als Neophyt, spätestens als Initiat muss ein magisches Tagebuch geführt werden, indem man spätestens nach sechs Monaten die ersten bzw. frühere Einträge immer wieder zu lesen beginnt. Dann wird man erstaunt sein, und der persönliche Wert des Buches wird beständig steigen.

Die Sieben Chakren und das I. Dantien/Hara

Jeder Magier, der mit dem Energiemodell arbeiten möchte, wird um die sogenannte Chakrenlehre nicht herumkommen. Sie wurde im Yoga Indiens entwickelt und wurde Teil mehrerer westlicher wie östlicher Systeme.

Das Wort *Chakra* kommt aus dem Sanskrit und bedeutet Rad. Es bedeutet einen Energiewirbel im bzw. am Menschen, wo mehr Energie umgesetzt wird als anderswo – zwischen Umwelt und Mensch, zwischen festem Körper und feinstofflichen Körpern. Ihren Hauptsitz haben die Chakren im Aetherkörper an den Stellen, wo die Wirbelsäule des Menschen verläuft. Ihre Gestalt ist trichterförmig, wobei die Öffnung nach außen, der Kanal ins Innere des Menschen führt, wobei der Trichter horizontal liegt und sich zur Vorderseite des Menschen öffnet, mit Ausnahme des 1. und 7. Chakras. An der Öffnung ist der Trichterdurchmesser circa 10cm groß.[269]

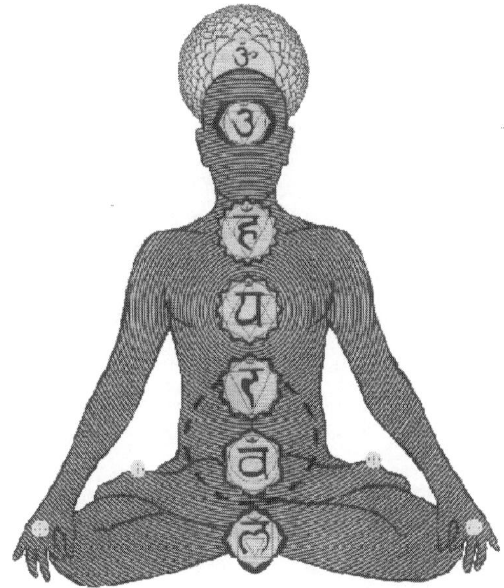

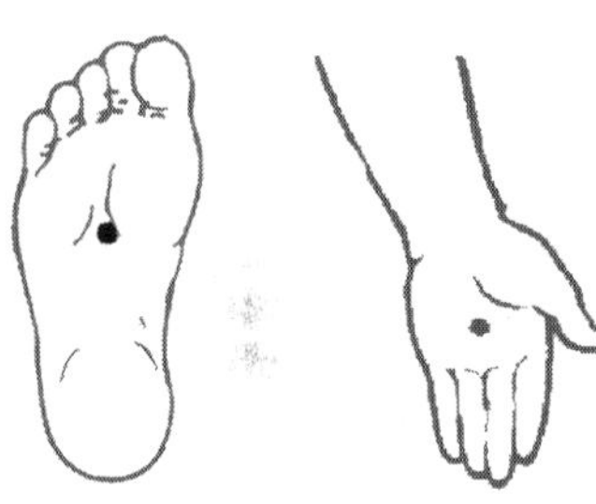

Bild 16 - Die 7 Hauptchakren dargestellt mittels kreisähnlicher Symbole mit darin geschriebenen Sanskrit-Schriftzeichen. Das I. Dantien/Hara ist mittels eines gestrichelten Kreises im Bauch dargestellt. Die Nebenchakren sind mittels heller Kreise an den Handflächen und Fußsohlen gekennzeichnet.

[269] Zu Größe und Gestalt der Chakren vergleiche SHARAMON Shalila/BAGINSKI Bodo J., Das Chakra Handbuch Vom Grundlegenden Verständnis zur praktischen Anwendung, Aitrang 1999.

Einer indischen Überlieferung nach gibt es 88.000 Nadis, Leitkanäle zwischen den Chakren – demnach besteht der Mensch letztlich nur aus Energiewirbeln und Energiekanälen.
Die wichtigsten Chakren sind die sieben Hauptchakren und 4 Nebenchakren.
Das *I. Dantien/Hara* ist kein Chakra, das heißt, es ist kein regulärer Energiewirbel, über den Kontakt mit dem Außen aufgenommen wird. Das I. Dantien ist Wirbel, Quell und Wurzel aller eigenen Energien, es ist eine Art ektoplasmatischer Ball im Unterbauch. Ohne Dantien/Hara gäbe es keine Chakren, keinen Energieaustausch, keine Energie und keinen Menschen.

Die Nebenchakren
Die wichtigsten Nebenchakren sind einfach zu verstehen und zu finden, sie befinden sich je an den Fußsohlen und je an den Handflächen. In ihren Zentren befinden sich, nach der taoistischen Akupunkturlehre, die Energiepunkte *Lao Gong* (Chinesisch: Palast der Arbeit) in der Mitte der Handflächen und *Yong Chuan* (Chin.: Sprudelnder Quell) an den Zehenballen – es ist sehr praktisch, dass die beiden wahrscheinlich bekanntesten Energiemodelle der Welt, das indische und das chinesische, hier deckungsgleich sind.

Zweck der

Hand-Nebenchakren
ist im Wesentlichen: Taten setzen, und das heißt auch: Magische Taten setzen, wie Energie ausschicken, Magische Zeichen schreiben, feinstofflich Wahrnehmen und dergleichen. Im Zentrum des Handchakras befindet sich der Akupunkturpunkt *Lao Gong*, der *Palast der Arbeit*. Zweck der

Fuß-Nebenchakren
ist ähnlich, aber sie sind, weil wir so viel Schuhe tragen, meist unterentwickelt. Vor allem dienen sie der Erdung: Das bedeutet, Kraft von Mutter Erde – auch tellurisches oder terrestrisches Energiefeld nennbar – aufnehmen und überschüssige Energie aus dem Menschen nach unten abgeben. Im Zentrum des Fußchakras befindet sich der Akupunkturpunkt *Yung Chuan*, der *Sprudelnde Quell.*

Die Hauptchakren
Die Sieben Hauptchakren sind entlang der Wirbelsäule aufgereiht und öffnen sich nach vorne, nur das Unterste öffnet sich nach unten, Richtung Erde, und das Oberste nach oben, Richtung Himmel.
Im Folgenden werden die Namen der Hauptchakren aufgezählt, dann eine körperliche Drüse, die die Aufgaben des Chakras im festen Körper umsetzt, zusätzlich allgemeine körperliche Entsprechungen des jeweiligen Chakras[270], die Aurenfarbe

[270] Krankheiten in einer solchen Entsprechung lassen sich über Aktivierung des betreffenden Chakras heilen, um eine mögliche Anwendung dieses Prinzips zu erwähnen.

des jeweiligen Chakra, zugeordnete Steine[271], aktivierende Räuchermittel, der passende hörbare Klang und das zugeordnete Element der indoeuropäischen 5-Elemente-Lehre.

Das 1. Chakra, Wurzelchakra
Sanskritname: **Muladhara** = (wörtl.): Die Wurzelstütze.
Drüsen: *Nebennieren.*
Körperliche Organe: *Alles Feste wie Wirbelsäule, Knochen, Zähne und Nägel. Anus, Rectum, Dickdarm, Mastdarm, Enddarm, Prostata. Blut und Zellaufbau.*
Farbe: *Feuerrot.*
Steine: *Granat, Blutstein, Rote Koralle, Rubin.*
Räuchermittel: *Zeder, Nelke.*
Klang: *U.*
Element: *Erde.*
Es ist der Sitz der *Kundalini*[272], der Schlangenkraft, was bedeutet, dass nach indischer Ansicht der Magier aus diesem Chakra Energie einer Schlange gleich emporsteigen lassen kann, um Magie oder Mystik zu wirken. Diese Methode nennt sich übrigens *Kundalini-Yoga.* –

Das 2. Chakra, Sakral/Sexualchakra
Sanskritname: **Svadhisthana** = (w.) Das Liebliche.
Drüsen: *Keimdrüsen, Eierstöcke, Prostata, Hoden.*
Körperliche Organe: *Beckenraum, Fortpflanzungsorgane, Nieren, Blase, alles Flüssige: Blut, Lymphe, Verdauungssäfte, Sexualflüssigkeiten.*
Farbe: *Orange.*
Steine: *Mondstein, Karneol.*
Räuchermittel: *Ylang Ylang, Sandel.*
Klang: *O (tief).*
Element: *Wasser.*

Das I. Dantien/Hara
Dies ist kein Chakra, die ja alle in der Wirbelsäule zu lokalisieren sind. Mit Dantien oder *Hara* bezeichnet man den ursprünglichen Energieball, der sich im Uterus der Mutter bildet, aus dem der neue Mensch entsteht. Er bleibt im Menschen Zeit seines Lebens aktiv und vorhanden und entspricht einem bauchgroßen Ball[273], dessen vorderster Punkt[274] mit dem Nabel identisch ist oder bis zu 2cm

[271] Mit dem betreffenden Halbedel- oder Edelstein lässt sich das jeweilige Chakra harmonisieren und stärken.
[272] Von Sanskrit *Kundala*, die Schlange.
[273] Man stelle sich dazu einen im Körper befindlichen Ball aus Energie vor, dessen eine Seite am Bauch, dessen andere Seite am Rücken anstößt.
[274] Der Akupunkturpunkt *Chi Hai*, zu Deutsch *Meer des Chi.*

weiter unten liegt. Der Bezug zum Nabel ist logisch, wenn man die organische Entwicklung des Fötus bedenkt.
Wie schon erwähnt, ist das Dantien/Hara Zentrum und Quell des Menschen, also ist es auch Quell seiner magischen Fähigkeiten. Es wird manchmal mit dem 2. Chakra gleichgesetzt.

Das 3. Chakra, Solar Plexus Chakra
Sanskritname: **Manipura** = (w .) Leuchtender Juwel.
Drüsen: *Bauchspeicheldrüse.*
Körperliche Organe: *Unterer Rücken, Bauchhöhle, Verdauungssystem, Magen, Leber, Milz, Gallenblase. Vegetatives Nervensystem.*
Farbe: *Gelb.*
Steine: *Tigerauge, Bernstein, Edeltopas, Zitrin.*
Räuchermittel: *Lavendel, Rosmarin, Bergamotte.*
Klang: *O (hoch).*
Element: *Feuer.*

Das 4. Chakra, Herzchakra
Sanskritname: **Anahata** = (w.) Das Unbeschädigte.
Drüsen: *Thymusdrüse.*
Körperliche Organe: *Herz, Oberer Rücken mit Brustkorb und Brusthöhle, unterer Lungenbereich, Blut und Blutkreislaufsystem, Haut.*
Farbe: *Grün, im Innersten Rosa oder zeitweilig – im Zustand der Verliebtheit – ganz Rosa.*
Steine: *Rosenquarz, Jade, Smaragd.*
Räuchermittel: *Rosenöl.*
Klang: *A.*
Element: *Luft.*

Das 5. Chakra, Kehlkopfchakra
Sanskritname: **Vishudda** = (w.) Das Reinigende.
Drüsen: *Schilddrüse.*
Körperliche Organe: *Hals-, Nacken-, Kieferbereich, Ohren, Sprechapparat incl. Stimme, Luftröhre, Bronchien, oberer Lungenbereich, Speiseröhre, Arme.*
Farbe: *hellblau.*
Steine: *Aquamarin, Türkis, Chalcedon.*
Räuchermittel: *Salbei, Eukalyptus.*
Klang: *E.*
Element: *Aether.*

Das 6. Chakra, Drittes Auge; Hugauga[275]
Sanskritname: **Ajna** = (w.) Das Wahrnehmende.

[275] Germanisch (w.): Geistauge.

Drüsen: *Hirnanhangdrüse (Hypophyse).*
Körperliche Organe: *Gesicht, Augen, Ohren, Nase, Nebenhöhlen, Kleinhirn, Zentralnervensystem.*
Farbe: *indigo, dunkles Violett.*
Steine: *Lapilazuli, Indigoblauer Saphir, Sodalith.*
Räuchermittel: *Minze, Jasmin.*
Klang: *I.*
Element: *feiner als Aether(Astral?).*

Das 7. Chakra, Kronenchakra
Sanskritname: **Sahasrara** = (w.) Das Tausendfache.
Drüsen: *Zirbeldrüse (Epiphyse).*
Körperliche Organe: *Großhirn.*
Farbe: *helles Violett und strahlend weiß (nicht mattweiß oder seidenweiß!) bzw. Sonnenlicht reflektierendes Gold (nicht gelb!).*
Steine: *Amethyst, Bergkristall, Diamant.*
Räuchermittel: *Weihrauch (Gum Olibanum), Lotus.*
Klang: *M* oder *OM.*
Element: *Noch feiner als Aether(Mental und darüber hinaus?).*

Bild 17 - Alte Chakrendarstellung aus Nepal, 17. Jh. n. d. Z.

Das 7.Chakra beziehungsweise ein funktionelles Äquivalent wurde in den verschiedensten Kulturen bewusst aktiviert. Dazu gehören die Federkronen indianischer Häuptlinge, spitze Hüte diversester Zauberer, wie die Kronen europäischer Herrscher[276]. Es fällt auf, dass eben nicht nur Magier, sondern auch politische Anführer mit magischen Gegenständen zur Aktivierung der Scheitelenergie ausgerüstet wurden – gerade

[276] Ältere Kronen sind oben offen, die Zacken umringen den Kopf und öffnen damit das Zentrum am Scheitel. Später, mit zunehmender Macht des Christentums, sind die Kronen oben meist geschlossen und tragen an der Scheitelstelle stets ein kleines christliches Kreuz, häufig auch an einem halbrunden, über den Kopf laufenden Querbalken befestigt. Es ist interessant, über die dadurch veränderte Wirkung nachzudenken, noch besser, es auszuprobieren. Aber nicht zu lange...

ein Anführer soll aus göttlicher Weisheit heraus handeln.
Das 7. Chakra, oder Verfeinerungen desselben, reichen nach Ansicht einiger Magier noch bis zu einem halben Meter über dem Kopf nach oben. –

Die Meridiane

Nach der taoistischen Lehre Chinas kreist die Lebensenergie des Menschen beständig durch seinen Körper, Stauungen und Hemmungen derselben führen zu Krankheiten aller Art oder letztlich zum Tod. Deswegen versuchen die chinesischen Ärzte der TCM, der traditionellen chinesischen Medizin, diese Energiekreisläufe zu harmonisieren, primär mittels Akupunktur/Akupressur[277], Moxibustion[278] und Ernährungsumstellung.
Diese Energie, das Chi oder primär aetherische Energie, fließt anhand von 12 Hauptbahnen, den sogenannten *Zwölf Hauptmeridianen*, durch den Körper. Diese zwölf sind nach den Organen *Lunge, Dickdarm, Magen, Milz/Pankreas, Herz, Dünndarm, Blase, Niere, Kreislauf, dreifacher Erwärmer*[279], *Gallenblase* und *Leber* benannt, was jeweils natürlich ein Hinweis für ihre therapeutische Anwendung ist.
Doch die eigentlichen Meridiane für den Magier, wie Mystiker, sind andere, insgesamt nur zwei Bahnen, die auch gesundheitlich wichtiger und elementarer als die 12 Hauptmeridiane sind, sie stellen die Basisbewegung des vom I. Dantien/Hara ausgehenden Energiesystems dar. Sie bilden gemeinsam eine Art Oval, der Länge nach über Rumpf und Kopf des Menschen, und sie heißen
Ren Mai und *Dun Mai*, auch das *Dienergefäß* und das *Lenkergefäß genannt*. Das Dienergefäß befindet sich zwischen einem Punkt hinter dem Nabel[280] und dem obersten Punkt am Scheitel, das Lenkergefäß zwischen Scheitel und jenem nabelnahen Punkt, wobei es die Geschlechtsorgane entlang läuft. Gemeinsam bilden diese Bahnen den sogenannten *Kleinen Energiekreislauf*.

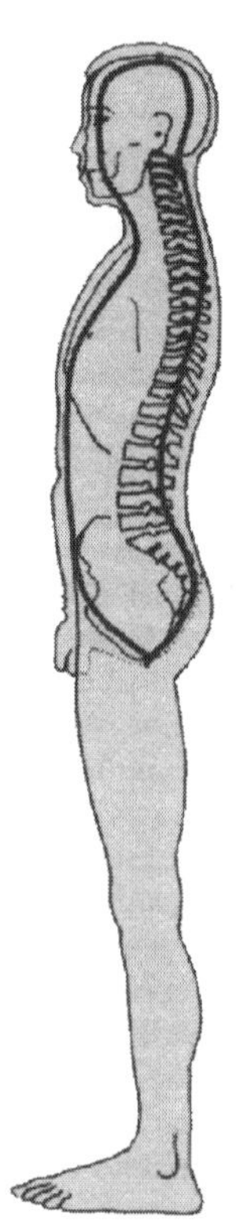

Bild 18 - Der kleine taoistische Energiekreislauf. Abbildung aus CHIA Mantak, Tao Yoga. Siehe Bibliographie.

277 Durch Stechen mit Nadeln oder Drücken mit Metallstäbchen wird der Energiefluss in den Bahnen verändert.
278 Glosende dicke Stäbchen werden in die Nähe der Energiebahnen gebracht, um das Fließen der Energie zu verändern.
279 Das ist kein Organ, eine Ausnahme also.
280 Gemeint ist tiefer im Körper.

Mantramistik, das Mantra OM und die Kunst des Vibrierens

Mantra ist ein Wort des Sanskrit, es bedeutet allgemein Zauberspruch und religiöse Formel. Ursprünglich rein indisch, wird der Begriff inzwischen auch allgemein für Sprüche, Silben oder Worte verwendet, die durch beständige Wiederholung aktiviert werden. Eines der bedeutendsten Mantren (auch aus Indien) ist die Silbe OM; über die ganze Bücher geschrieben wurden, weil mit dem Laut OM der Überlieferung nach das Universum erschaffen wurde. Interessant an dieser Silbe ist, dass es sich aus den Klängen des zweiten und des siebenten Chakras zusammensetzt – also das magische und das mystische Chakra anspricht.

Anders formuliert, aktiviert das Mantra OM unser Dantien/Hara – das energetische Sein und unsere magischen Fähigkeiten, die daraus erwachsen – als auch das Kronenchakra, unsere Verbindung zum Göttlichen an sich. –

Mit der Mantramistik verwandt ist eine eigene magische Disziplin, die **Kunst des Vibrierens**. Auch sie besagt, dass Klang Energie ist und damit magisch einsetzbar wird, beim Vibrieren wird jedoch zusätzlich bewusst Kraft in den Klang gelegt, und zwar dadurch, dass der Magier aus der tiefsten Bauchatmung heraus und aus tiefer tatsächlich vibrierender Kehle Laute von sich gibt, es handelt sich dabei um ein Mittelding zwischen Sprechen und Singen. Die Kunst des Obertonsingens, zuweilen in Volkshochschulkursen angeboten, ist zum Erlernen des Vibrierens sehr hilfreich. Der Magier spürt im besten Fall sogar im ganzen Körper Schwingen oder Vibrieren, ich rate aus eigener Erfahrung davon ab, diese Kunst im alkoholisierten Zustand durchzuführen, sie führt fast unweigerlich zu dominanter Übelkeit[281].

Vibriert werden heilige Namen und alle sonstigen Arten von Zaubersprüchen – wie in Bannungsritualen, siehe unten, oder im *Henochischen*[282].

Abschließend sei erwähnt, dass es die eine einzige richtige Art des Vibrierens nicht gibt. Jeder übende Magier wird seine eigene funktionstüchtige Version entwickeln.

Die Macht der Farben

Farben könne auch allein zur Einflussnahme eingesetzt werden, weil sie im wissenschaftlichen Sinn erwiesenermaßen Wirkungen auf den Menschen zeitigen – man denke an das Grün der Chirurgenkittel, deren Träger dadurch länger leistungsfähig sind, oder an bestimmte Zellen für Häftlinge, die aus starken Menschen zitternde Wracks machen sollen. Im Folgenden eine kurze Liste der Macht der Farben:

Rot: Macht aggressiv oder sexuell erregt, kurz: macht aktiv.

---

281 Ich spreche da aus leidvoller Erfahrung in Erinnerung an ein Herbstfest auf der Himmelhofwiese westlich von Wien.

282 Siehe dazu den 2° Die Arbeit des Adepten.

Orange: Macht fröhlich und sexuell entspannt.
Gelb: Macht selbstbewusst und regt damit das Denken an.
Grün: Macht friedlich und entspannt und damit ausdauernd.
Blau: Macht ruhig und fröhlich oder melancholisch.
Violett: Macht spirituell.
Schwarz: Macht stark oder depressiv.
Weiß: Macht rein.

Die Macht der Steine und Metalle

Über einen unvorstellbar langen Zeitraum lagen die Steine, die heute an der Oberfläche unseres Planeten liegen, tief in der Erde verborgen. Durch Hitze, Druck und jeweils bestimmte chemische Stoffe entstanden die einzelnen Arten – die aus diesem Grund nicht nur ein bestimmtes Äußeres wie Farbe oder Härte und eine unverwechselbare Struktur und chemische Formel besitzen, sondern auch eine unveränderbare, eigenständige magische Wirkung. Gleichzeitig haben sie auch eine gesundheitliche Auswirkung auf den menschlichen, säugetierischen Körper.
Am stärksten und interessantesten sind diesbezüglich die Halbedelsteine und Edelsteine, aber auch Metalle haben starke Wirkungen.
Sie lassen sich als Schmuck am Körper tragen, wodurch sie schon Wirkung zeitigen, und sie lassen sich hervorragend in Gegenstände der Zauberei einarbeiten, wie Fetische, Amulette oder Talismane, um diese in ihrer Wirkung zu stärken.
Prinzipiell gilt: Anhand der Farbe lässt sich eine Grobzuordnung zu den Chakren und damit die groben Eigenschaften des Steins erkennen. Im folgenden eine Auflistung einiger Steine:

Amethyst: Violette Farbe, also dem 6. und dem 7. Chakra zugehörig. Gesundheitliche Auswirkung: Gegen Hautprobleme, Trunksucht und Depressionen. Magische Wirkung: Schenkt Einsicht bzw. Hellsicht.

Bergkristall: Durchsichtig, stärkt alle Chakren. Gesundheitlich: Erhöht alle Selbstheilungs- bzw. Regulationsprozesse. Magische Wirkung: Macht magisch und offen für energetische Einflüsse.

Bernstein: Gelb, also 3. Chakra. Gesundheitlich: Schenkt Lebensfreude, bei Kindern gut zum Zahnen, gut gegen Blasenerkrankungen. Magisch: Zauberstein für naturnahe Magie, Schutzstein.

Granat (roter Pyrop): Dunkelrot, also 1. Chakra. Gesundheitlich: Gegen alle Unterleibsbeschwerden, macht antriebsstark oder aggressiv. Magisch: Gut für sexuelle Magie.

Hämatit (Bluteisenstein): Sieht graumetallisch glänzend aus, ist aber beim Schleifen rot: 1. Chakra. Gesundheitlich: Regeneriert erschöpfte

Sexualkraft und damit die Vitalität, gut für die Prostata/Eierstöcke. Magisch: Stärkt den Aetherkörper und damit die Energie allgemein.

Jade: Grün, also 4. Chakra. Gesundheitlich: Niere, Immunsystem. Magisch: Der Stein der Kampfkünstler und der chinesischen Magie, öffnet und reinigt das Herzchakra, wodurch Weisheit und Kraft freigesetzt wird. Starker Schutzstein.

Lapislazuli: Blau mit goldenen Einschlüssen, also, 5. und 6. Chakra. Gesundheitlich: Halsbereich. Magisch: Schenkt die Redner- und Verkäufergabe.

Mondstein: Milchigweiß dennoch 2. Chakra. Gesundheitlich: Für alles Weibliche. Magisch: Verstärkt die Intuition und die Empathie. Für Verständnis der Frauen.

Onyx: Schwarz, also alle Chakren. Gesundheitlich: Stärkt alles Feste und die Haut. Magisch: Für Konzentration, Ordnung und Zeit.

Rauchquarz: Grau, aber 1. Chakra. Gesundheitlich: Gegen Depressionen. Magisch: Erdung.

Rosenquarz: Rosa, also 4. Chakra. Gesundheitlich: Gegen Blut- und Herzerkrankungen. Magisch: Hält Computerstrahlen ab. Macht lieblich und sanft.

Türkis: Himmelblau bis grünlich, also 4. und 5. Chakra. Gesundheitlich: Atemwege, Schmerzen, Krebs. Magisch: Stein der schamanischen Magie, sehr starker Schutzstein.

Silber: Der große Träger und Verwandler. Magie.

Gold: Erfolg, geistige Kraft, Göttliches. Mystik.

Diese Liste ist aus Platzgründen kurz, ich verweise auf die Literaturliste im Anhang.

Götter, Riesen und Egregoren

Götter

Einige Magiesysteme arbeiten mit sogenannten Göttern zusammen, es ist also notwendig, sich mit diesem Thema auseinander zu setzen. Als Europäer des 20. und 21. Jahrhunderts muss man sich als Erstes fragen: Was sind Götter überhaupt?

Götter bestehen primär immer aus den Menschen bekannten Erscheinungen, seien es Naturphänomene wie Wetter oder Berge, oder aus vom Menschen erlebten Bewusstseinsprozessen, wie starke Emotionen. Die meisten der als mächtig beschriebenen Götter bestehen aus mehreren Komponenten, die aber immer in diese zwei Kategorien fallen. Aber jede Gottheit besteht auch noch aus einem entscheidenden dritten Teil, was sie erst zu einer Gottheit macht: Ein eigenes Bewusstsein um das eigene Selbst.

Götter gibt es also nur in einem – wenigstens partiell – animistischen Universum: Existenz, egal was für eine, beinhaltet Bewusstsein.

Nebenbei bemerkt hat jede Kultur ihre eigenen Götter, die völlig unterschiedlich ausfallen. Nicht einmal die Trennung in einen himmlischen Vater, dessen Sperma – Regen – die Vulva – Ackerfurche – der Erdmutter füllt, ist international: Im alten Ägypten war der Himmel weiblich, die Göttin *Nuit*, und der Boden männlich, namentlich als Ackergott *Osiris*[283] und sein Bruder, der Wüstengott *Seth*[284].

Für den Menschen haben Götter immer einen positiven Sinn, selbst Todes- und Zerstörungsgötter. Das bedeutet, der theistische Mensch erwartet etwas von einem Gott. Andernfalls ist die Bezeichnung Dämon angebrachter. Nota bene[285]: Damit ist gerade postuliert worden, dass die Unterscheidung Gott/Dämon eine rein politische ist.

Praktischerweise kann der Magier mit Bewusstheiten kommunizieren und agieren, tut er dies für andere, nennt man ihn Priester.

Als Prinzip dieser Kommunikation dazu gilt: *Do ut des*, lateinisch: Ich gebe damit du gibst, womit Sinn und Zweck eines Opfers hinreichend erklärt wären. Die Beziehung zwischen Magier und Gott ist also immer, egal in welcher Form, genau eine Handelsbeziehung.

---

[283] Ein kurzer Ausflug in ägyptische Mythologie: Osiris ist ein Gott, der stirbt und wiedererweckt wird. Dieses Schicksal teilt er mit fast allen Ackerbaugöttern, inklusive Jesus Christus übrigens. Der Grund dafür liegt in dem Sterben der Ernte jeden Herbst, und der neuen Aussaat (Auferstehung, Wiedergeburt) im Frühjahr.

[284] Seth ist der kastrierte Bruder des Osiris – ohne Hoden ist er unfruchtbar, also wächst in der Wüste nichts. Aber ein Gott der Magie ist er auch – wie jeder ägyptische Gott. Die eigentliche Göttin der Magie ist allerdings Isis, Schwester und Gemahlin des Osiris.

[285] Lateinisch: Merke wohl.

Riesen

Als Bewohner germanischer Länder muss man sich mit einer mythologischen Konstante auseinandersetzen: Den Riesen. Wer oder was sind *die* denn?

Wie Götter auch, sind Riesen Teil des germanischen Heidentums – und das germanische Heidentum ist definitiv *animistisch*. Also erlaube ich mir diesen Standpunkt auch, wenn ich über die Bedeutung des Wortes *Riesen* und damit über den Realitätsgehalt einer sogenannten Klasse von Lebewesen nachdenke.

Riesen sind in den Erzählungen stark und dumm, üblicherweise *riesen*groß, obwohl sie nach Belieben sich selbst verkleinern können und dies zuweilen auch tun. Zuweilen geraten sie in einen *Riesen*zorn und agieren dann sehr destruktiv.

Zerstörung, Dummheit, Stärke, das sind die typischen Riesenmerkmale. –

Riesen tragen Namen wie *Jökull* („Gletscher"), *Kári* („Wind"), *Logi* („Feuer"), *Aegir* („Meer") und dergleichen, des Weiteren werden sie in Klassen wie Reifriesen und Feuerriesen unterschieden.

Riesen sind demnach als das Bewusstsein ungezügelter Naturkräfte deutbar. Wer eine Lawine den Hang hinunter donnern sieht, kann sich, wenn er mit der Lawine Kommunikation wünscht, sie als mit Bewusstsein ausgestattet definieren, das ist der animistische Standpunkt. Einfacher heißt das: „Lawine + Bewusstsein = RIESE", und das ist der heidnische Standpunkt.

Obwohl destruktive Naturkräfte, sind die Riesen deswegen nicht zwingend böse, denn ohne Destruktion kann es auch keine Konstruktion geben. Die konstruktiven Elemente des Universums, darunter die Götter (siehe dort), sind zwar die Gegenspieler der Riesen, sie beschützen die Menschen und sich selbst beständig vor Zerstörung und Vernichtung. Aber passenderweise sind sie bei näherer Betrachtung mit den Riesen nahe und nächst verwandt. –

Im germanischen Heidentum stammen alle Wesen und Götter von den Riesen ab, manche der wichtigsten Götter sind direkte Nachfahren von Rieseneltern, wie Wotan/Odin, Loge/Loki und Ziu/Tyr. Manche Riesen haben einfach im Laufe ihres Lebens eine derartige intellektuelle Komplexität erreicht und dann auch noch die politische Seite gewechselt, dass sie zu Göttern wurden oder als Götter bezeichnet werden, wie beispielsweise der Riese und spätere Gott des Meeres, Aegir. Andere Riesen haben göttliche Fähigkeiten und sind nur durch ihre Einstellung von den Göttern unterscheidbar, wie der Riesenherrscher und Zauberer *Utgardloki*. Der Gott der Kreativität selbst, Loki (siehe dort) ging den Weg hin und zurück: Von den Rieseneltern *Flabauti* („Feuerbohrer") und *Laufeyr* („Laub") geboren, zeigte er sich rasch als so intelligent und komplex in seinem Verhalten, dass er bei den Göttern lebte und auch als solcher angesehen wird, obwohl seine Taten stets ambivalent waren – ambivalent in dem Sinne, dass er manchmal zerstörerisch, manchmal aufbauend agiert (aber was will man von einem Gott der Umwandlung auch erwarten). Zuletzt überwog sein Hang zur Vernichtung, und er wurde von den anderen Göttern in Ketten gelegt und pausenloser Folter ausgesetzt. Zum Weltenende kommt Loki frei, um ein Heer von

Riesen gegen die Götter zu führen: Loki ging den Weg vom Riesen zum Gott und zu den Riesen zurück. –
Randbemerkung: Die nordischen Trolle sind nur Miniaturausgaben der Riesen, also kleine, schwächere Verwandte.
Zusammenfassend kommt man zu einem ganz einfachen Ergebnis: Die Riesen sind die Dämonen des germanischen Heidentums. Und Dämonen sind bekanntlich Götter, die für den Menschen primär gefährlich sind. –

Die Egregoretheorie

Es gibt eine Sonderform von Gottheit, den sogenannten *Egregore*. Diese Wesenheit entsteht bei kultischer, also magischer Aktivität mehrerer Menschen und kann als das gemeinsame Kraftfeld kultischer Handlungen mit sich entwickelndem eigenständigem Bewusstsein betrachtet werden. Mehrere magische Orden arbeiten mit diesem Prinzip, aber alle menschlichen Organisationen neigen dazu, den eigenen Egregore mit einer besonders wichtigen Gottheit zu verwechseln. Dieser Irrtum ist gleichbedeutend mit dem Fehler, einen Pförtner für den Firmenchef oder den Posten für den Feldherrn zu halten. Böse Zungen behaupten, dass letztlich alle Götter nur aufgeblähte Egregoren sind, aber selbst wenn das nicht stimmt, ist es ärgerlich, größenwahnsinnigen Egregoren zu begegnen, wie es beispielsweise an manchen katholischen Kultstätten vorkommt.
Egregoren können vampiristische Züge entfalten, man sagt dann auch *Saugtiere* oder *Larven* zu ihnen. Insbesondere Kulte, die von ihren Anhängern Entbehrungen verlangen, haben meist besonders scheußliche und lebensfeindliche Egregoren.

Die Theorie der Feinde des Magiers

Nach Carlos Castaneda, den vielleicht berühmtesten amerikanischen schamanischen Magier, begegnet der Magier im Lauf seiner Karriere oder Ausbildung vier abstrakten völlig unerbittlichen Feinden. Diese muss er besiegen, oder er wird besiegt werden – wobei am Ende der eigenen Niederlage stets ein üblicherweise unspektakulärer Tod als Abschluss einer unmagischen und unmystisch gewordenen Existenz steht.

Der erste Feind ist die Angst

Wer im 0° und 1° beständig übt, wird Ergebnisse zeitigen, die sehr erschreckend sein können – als Folge können entsetzliche Alpträume, körperliche Angstzustände, vorübergehende Atembeschwerden, Stimmungsschwankungen oder -störungen, also sehr beängstigende oder furchterregende Dinge, auftreten...
All diese Probleme lassen sich lösen, insbesondere sehr schnell, mit einem magischen Lehrer oder einem Heilmagier gemeinsam. Ich selbst habe beispielsweise 1997 und `98 an schweren Depressionen, einer beginnenden Lichtallergie und

beginnendem Asthma gelitten – bis ich mein tägliches *Chigong* Training änderte und eine befreundete Heilmagierin, eine Wienerin namens Bianca[286], konsultierte. Wichtig ist in dem Zusammenhang, dass der problembehaftete Zauberlehrling NICHT zu einem Psychiater/Psychologen/Psychotherapeuten läuft – der kann nicht helfen, er kann das Problem im besten Fall nur stilllegen. Wie denn auch? Chirurgen können auch keine Lungenentzündungen behandeln, schlimmer sogar: Sie können, aber bestimmt nicht erfolgreich. Das Schlimmste daran ist, der Therapeut wird erklären, dass man einer gefährlichen irrationalen Wahnvorstellung aufgesessen ist, nämlich dem Glauben an Magie. Diverse Seelenklempner bestreiten ihren Unterhalt durch gescheiterte Neophyten und Initiaten, die auf dem richtigen Weg waren – ein trauriges Phänomen.
Der Gegner Angst kann auch getarnt auftreten, und die gefährlichste dieser Tarnkappen ist die Sexualität! Es ist ein uraltes Geheimnis, das Magier häufig sehr libidinöse[287] Wesen sind – dies deswegen, weil die Erschaffungskräfte, die der Magier beständig trainiert und einsetzt, dieselben sind, die für die Erschaffung neuen Lebens zuständig sind. Die Sexualkräfte sind die magischen Kräfte, und die magischen Kräfte sind die Sexualkräfte. Der Unterschied liegt nur in der Kanalisierung und Zielsetzung dieser Urkraft.
Sobald also magische Effekte auftreten und die magische Kraft sich vermehrt, vermehrt sich gleichzeitig das sexuelle Verlangen. Das allein wäre kein Problem – aber wie jeder Psychologe weiß, ist Sexualität ein Mittel gegen elementare Angst, die ja durch magische Übungen oder Effekte hervorgerufen wird. Der Kreis schließt sich: Sehr viele Neophyten finden sich in stundenlanger, bekannt würdeloser Masturbation wieder, andere entdecken sich in Pornographie vergraben, und einige Wenige finden sich mit exzessiver Promiskuität zeitlich völlig ausgelastet[288].
In den westlichen monotheistischen Religionen wurde die Sexualität meist verteufelt, und damit das Kind mit dem Bade ausgeschüttet. In der Tat kann der Sturz von spiritueller Entwicklung in sexuelle Perversionen endgültig sein – ich selbst kenne persönlich seit langem einen Fall, einen befreundeten ehemaligen Magier aus Berlin, dessen Weltanschauung seit Jahren fast ausschließlich hedonistisch ist – dementsprechend der körperliche und intellektuelle Verfall. Schade eigentlich, denn auch hier hat die Angst gesiegt. Dennoch ist der exakt umgekehrte Weg,

---

[286] An dieser Stelle: Danke. Vielleicht liest Du ja diese Zeilen.

[287] Das ist wörtlich zu verstehen – ob ein libidinöser Mensch auf jemand Anderen aber *erotisch* wirkt, steht auf einem völlig anderen Blatt.

[288] Der Grund dafür, dass nur relativ wenige Magier in die Promiskuität verfallen, ist darin zu suchen, dass dazu zwei Eigenschaften notwendig sind: Menschliches Balzverhalten erstens, und kulturspezifisches Balzverhalten, inklusive Balzkleidung, andererseits. Diese beiden Eigenschaften sind erlernbar. Entgegen tausendenden anders lautenden Gerüchten, die von Einfühlungsvermögen, Gutherzigkeit oder gar Intelligenz sprechen, bedarf es KEINER weiteren Eigenschaften. Im Gegenteil – je komplexer das Balzverhalten, desto geringer die Aussicht auf Erfolg.

erzwungene und nicht freiwillige Askese, auch sinnlos, da er bekanntermaßen nirgendwohin führt, wie uns Armeen unglücklicher Priester und Mönche[289] seit vielen Jahrhunderten vorleben.
Nach dem amerikanischen Astralmagier *Robert A. Monroe* gibt es ein hervorragendes Mittel, den Klauen des Gegners Sexualität (getarnte Angst) zu entkommen – beim Auftreten starken sexuellen Verlangens bejaht der Magier seinen Trieb – *und verschiebt die Ausführung desselben auf Morgen.* Dieses Mittel ist tatsächlich unfehlbar.
Zusätzlich werden auch weiterhin die oben beschriebenen erschreckenden Momente auftreten, die es zu verdauen gilt. Hier gilt analoges: Der Magier bejaht seine Angst, und verschiebt ein panisches Flüchten oder blindwütiges Rasen auf später.
Lässt man sich von einem Schock oder Sexualakt jede weitere magische Unternehmung seines Lebens nehmen, ist man besiegt.
Die Furcht vor magischen Dingen, und insbesondere die Angst vor der Angst, die all dies bewirkt, wird aber, wenn man beständig weiter Magie betreibt, vergehen. Dann hat man den ersten Feind, die Angst, besiegt.

Der zweite Feind ist die Klarheit

Viele Magier, mindestens Initiaten, die den ersten Feind überwanden, scheitern am zweiten – sie kennen sich intellektuell so gut mit Magie aus, dass sie nur noch Seminare geben, Bücher schreiben, Erzählungen ausatmen... aber nicht mehr praktizieren.
Meistens halten sie sich für erleuchtet oder zu erfahren, um überhaupt irgendeine magische Tätigkeit durchführen zu müssen. Rückschläge oder Schicksalsschläge werden häufig als besondere Gnaden, die nur besondere Menschen erleben, interpretiert. Wie arrogant kann ein Mensch eigentlich sein?
Der Vorteil eines Grundverständnisses der „Dimensionen hinter dem Sichtbaren“, aus dem auch dieses Buch resultiert, kann den Nachteil generieren, nur noch über diese Dimensionen zu fachsimpeln.
Ein besonders beliebter Fallstrick des Feindes Klarheit sind magische Orden, in denen magische Grade verliehen werden – je höher und wohlklingender der magische Grad, desto größer die Wahrscheinlichkeit, sich auf illusionären Lorbeeren auszuruhen. Wer sich selbst „Meister“ oder gar „Großmeister“ nennt, steht am Abgrund des Feindes Klarheit, und der lautet Philosophieren anstatt Tun. Anders formuliert: Magie und Mystik ist die Meisterschaft über das Leben. Aber solange wir leben, haben wir das Leben nicht gemeistert! Wie sollen wir dann Meister sein? Und wenn wir keine Meister sind, müssen wir an uns arbeiten. –

[289] Der Vollständigkeit und Fairness halber seien die erfreulichen wohltuenden Ausnahmen, auch in den westlichen monotheistischen Religionen, erwähnt – aber die Askese jener spirituell erfolgreichen Mönche ist wahrscheinlich freiwillig und passt damit auch zu ihnen.

Wenn wir stets an uns weiterarbeiten, haben wir den zweiten Feind, die Klarheit, besiegt.

Der dritte Feind ist die Macht

Nur wenige Adepten werden so erfolgreich, dass sie diesem Feind überhaupt begegnen. Der berühmteste Mythos über den Feind Macht ließ einen *Anakin Skywalker* zu *Darth Vader* werden, bis dieser in der Stunde seines Todes diesen Feind doch noch besiegte[290].

Der Magier ist so stark geworden, dass sich für ihn nicht mehr die Frage nach der Wirksamkeit seiner Magie stellt, sondern die Frage nach der Verantwortung, was er mit seiner Macht anstellt. Entscheidet er sich völlig für den Einsatz zu egoistischen Zwecken und verwirft er die Kehrseite der Münze Magie, die Mystik, völlig aus seinem Geist, hat er verloren. Denn auch Magie ist nicht Selbstzweck allein – da ist noch etwas Anderes, was genau, muss jeder Magier selbst herausfinden, da es sich jeder verbalen Darstellung erfolgreich entzieht. Stellt er es doch verbal dar, geht er das Risiko ein, versehentlich eine Religion zu gründen. Das ist auch jenem begabten Zimmermannssohn aus Betlehem passiert, und massakriert wurde er dafür auch noch. Ob er das wirklich so wollte, wie uns die westlichen Priester erzählen...?

Verfällt der Magier nicht in reinen Egoismus, hat er die Macht besiegt. In anderen Worten bezeichnet man Sieg über diesen Feind auch als das Überschreiten des Abyssos.

Der vierte Feind ist das Alter

Dieser Feind lässt sich nach Castaneda nur für einen Moment besiegen – und falls nicht, wird man irgendwann ein seniler Narr. *Merlin*, der berühmteste Magier der Kelten, der sich als Greis in einem welken Körper von einer jungen Schönheit betören ließ, wurde vom Alter besiegt – im Vollbesitz seiner geistigen Kräfte hätte er ihre Intrige durchschaut und wäre auch, nämlich auf jüngeren Füßen, schnell genug gewesen, um dem magischen Kerker, der sich auf ihr Geheiß um ihn schloss, zu entgehen.

Will man nicht vom Alter besiegt werden, muss man rechtzeitig von dieser Welt abtreten – aber keinesfalls als Selbstmörder, sondern in einem bewussten der Akt der Transzendierung, der sich nicht wirklich beschreiben lässt. Nur wenige Handvoll Menschen überhaupt haben Dieses erreicht. –

---

[290] Sieh dazu George Lucas „Star Wars“ – Saga.

Praktischer Teil

Einweihung

Die Einweihung in den Grad des Initiaten kann magische Macht verleihen.
Der Magier findet einen ungestörten Ort, an dem er allein ist. Er kleidet sich in seine magische Robe, steckt seinen magischen Ring an und vollzieht dann ein Bannungsritual[291].
Dann zeichnet er den bereits beschriebenen Kreis auf den Boden[292].
Er stellt in das Band in regelmäßigen Abständen *eine* violette[293] Kerze.
Dann setzt er sich in diesen Kreis.
Er zündet die Kerze an und tritt in Gnosis ein.
Dann spricht der Magier mit deutlicher und klarer Stimme folgende Worte, die er auch gerne ablesen kann:

„***Ich,*** (voller Name ohne Titel), ***geboren am*** (Datum), ***bin jetzt hier.***
Ich vollbringe das Große Werk der Magie.
Ich weihe mich selbst zum Initiaten und damit in den 1° der Magie ein.
Ich bitte die Kräfte, die dem Menschen auf dem Pfad der Magie freundliche Unterstützung und wohlmeinende Hilfe angedeihen lassen, um Hilfe.
Dafür stelle Ich meine Erfahrungen auf dem Pfad der Magie, Vergangene wie Zukünftige, gerne zur Verfügung.“

Nun führt der Magier die bereits beschriebene einweihende Energieübung[294] durch, es werden allerdings deutlich stärkere Energien als im Neophytengrad fließen – eben die Energien des Initiaten.
Nach einigen Minuten lässt er von der Vorstellung ab und legt seine Hände in den Schoß.
Nun sagt er: „Es ist geschehen.“
Er meditiert nun eine frei wählbare Zeit, indem er den Fluss der Energien in und um seinen Körper wahrnimmt.
Danach steht er auf, verlässt den Kreis und löscht die Kerze von außen. –

Erläuterungen: Die eine Kerze steht für die erweckte Verwandlungskraft[295], die bewusste Magie[296], über die der Initiat nun verfügt.

---

291 Siehe dazu weiter unten im 1°.
292 Siehe das Kapitel: Einweihung, im 0° Die Arbeit des Neophyten.
293 Die Kerze soll die Farben der Robe haben.
294 Auch dazu siehe das Kapitel: Einweihung, im 0° Die Arbeit des Neophyten.
295 Siehe dazu das Kapitel: Die Bedeutung der Zahlen, im 1° Die Arbeit des Initiaten.
296 Ein Nichtmagier ist nur ein unbewusster Magier.

Der Lichtschwur oder die Verpflichtung zur lichten Seite der Macht

Mit dem ersten Grad der Magie, der – wie anhand der Nummerierung erkennbar – der erste echte magische Grad ist, öffnet sich für den Magier eine neue Welt – die sich völlig innerhalb seiner bis jetzt bekannten Welt befindet, aber bis dato einfach nicht oder nur sequentiell bemerkt worden war. Im Genauen: Es ist keine neue Welt, es ist eine Erweiterung innerhalb der alten. Diese Erweiterung lässt sich mit einem Menschen vergleichen, der pro Arm zwischen Schulter und Ellbogen ein weiteres, interessanterweise unsichtbares, aber völlig gesundes und funktionsfähiges Gelenk entdeckt, selbiges zwischen Hüften und Knie. Die neuen Einsatzmöglichkeiten muss man erst einmal entdecken! Der Vergleich ist, wie jeder Vergleich, hinkend.
Diese Welt bietet die Wahrnehmung metaphysischer Strukturen des Seins und die Macht, sich selbst, seine Umwelt und sogar seine Mitmenschen zu verändern.
Dies ist eine große Verantwortung.
Interessanterweise kommt es häufig vor, dass Missbrauch dieser Macht – also ein Einsatz zu egoistischen Zwecken auf Kosten Anderer – zum Verlust magischer Fähigkeiten führt. *Das* ist letztlich ein sehr gnädiges Schicksal. Spektakulärer und unangenehmer ist die langfristige Auswirkung des so angehäuften Karmas, welches gemäß der Karmatheorie ja irgendwann eintreten muss.
Um sich selbst von Anfang an eindeutig zu positionieren, ist es möglich, einen sogenannten Lichtschwur durchzuführen, eine Erklärung, die die eigenen Absichten klar umreißt.

Der Magier verwendet ein wertvolles Papier und violette Tinte, und schreibt sinngemäß folgende bindende Erklärung:

Ich (Name) ***geboren am*** (Datum) ***in*** (Ort) ***erkläre aus freien Stücken und bindend,***
dass ich sämtliche magischen und mystischen Fähigkeiten, die ich durchführen kann oder können werde, ausschließlich zum Wohl des Universums und seiner Bewohner einsetzen werde, sieht man von akuter Notwehr ab.
Unterzeichnet
(Unterschrift)
in (Ort), ***den*** (heutiges Datum).
Aufgerufene Zeugen: (Personen, Haustiere[297], Götter, Religionen, Schutzgeister oder wer und was auch immer).

Ein solcher Lichtschwur senkt die Wahrscheinlichkeit, schlechtes Karma anzuhäufen, beträchtlich. Spannenderweise erhöht er auch die Wahrscheinlichkeit, ein fähiger Magier zu werden.

---

[297] Nein, das ist kein Witz.

I. Geistarbeit

Weiteres zur Meditation: Es ist wirklich erstaunlich, in wie vielen Zauberbüchern strenge und detaillierte Anweisungen zu Meditationen gemacht werden – die dann genau in der betreffenden Version durchgeführt werden müssen, andernfalls drohe Versagen, und der Pfad der Magie bliebe verschlossen. Eine wohltuende Ausnahme bietet da der deutsche Magier *Jan Vries*[298], der so etwas wie individuelles Selbstentdecken vorschlägt. Meiner Erfahrung nach hat er vollkommen recht, mehr noch, gerade das sklavische Befolgen präziser meditativer Methoden führt gerade direkt ins Scheitern. Warum?

Magie ist vielleicht die individuellste aller bekannten Künste überhaupt. Bestimmte Prinzipien derselben sollte man erlernen oder gezeigt bekommen, aber die konkreten Ausführungen oder Methoden muss man für sich selbst finden oder sogar erfinden – um überhaupt Ergebnisse erleben zu können! Jedes menschliche Selbst ist im Kern ident, in den äußeren Schichten aber einzigartig. Dieser Einzigartigkeit muss, um diese Schichten und den Kern zu verstehen, Rechnung getragen werden – eine einzigartige Struktur verlangt ein einzigartiges Werkzeug. Um es in einem Beispiel zu sagen: Man kann mit einem Schraubenzieher Schrauben eindrehen, mit Geschick Nägel einschlagen, mit Gewalt und Glück eine Tür aufbrechen. Aber man kann keinen Brunnen graben.- Analoges gilt für eine Schaufel oder einen Hammer.

Mit der richtigen Meditation begegnet das Selbst dem Selbst.

Vier Prinzipien zur Meditation:

Prinzipiell sollte der Magier sich über seine Absicht im Klaren sein, was Meditation bezwecken soll – und hat er keine Absicht, ist die Absicht, herauszufinden, was beim Meditieren passiert. Natürlich ist die Meta-Absicht[299], Magie wirken und oder Mystik erleben zu können, aber folgende Absichten stehen zur Auswahl:

0) Meditation, um Konzentrationsfähigkeit zu entwickeln (siehe der 0.Grad).
1) Um transzendente Wesenheiten zu kontaktieren.
2) Um Information, zum Beispiel über das Selbst, zu gewinnen[300].
3) Um magische und oder mystische Eigenschaften zu entwickeln.

Diese Liste ist einerseits überschneidend, andererseits erweiterbar. – Letztlich wird in der Meditation genau das passieren, was der eigenen Absicht entspricht.

Abschließend kann man zum Thema Meditation noch zwei essentielle Dinge sagen:

1. Meditation ist sinnvoll.
2. Man soll freudig damit spielen.

---

[298] VRIES Jan, Visuelle Magie Ein Handbuch des Freistilschamanismus. Bad Ischl 1995.

[299] Die Meta-absicht ist die Absicht der Absicht. Man hat also die Absicht, eine bestimmte Absicht zu haben, um...

[300] Und sei es nur, um den vielbeschriebenen Energiefluss selbst zu erleben, zu spüren. –

II. Gemütsarbeit

Die 3 Instinkte des Überlebens, des Sexus und des Sozialen
Nach einer wissenschaftlichen Ansicht existieren im Menschen drei Instinkte, die befriedigt werden müssen, andernfalls wird er unglücklich. Diese drei sind, in absteigender Reihenfolge, 1. der Überlebensinstinkt, 2. der Sexualinstinkt und 3. der Sozialinstinkt.
Ad 1: Natürlich wird der Überlebensinstinkt in Momenten der Gefahr aktiviert und befähigt zu Höchstleistungen. Aber zusätzlich steuert er auch Ernährungs- und Schlafverhalten, muss also täglich befriedigt werden.
Ad 2: Der Geschlechtstrieb steht an zweiter Stelle. Ein Sprichwort sagt, dass Bordelle aus den selben Ziegelsteinen wie Kirchen oder Religionen erbaut sind, und das stimmt in mehrfacher Hinsicht – es kann keine Magie, Mystik oder Religion geben, die den Geschlechtstrieb nicht behandelt. Dies deswegen, weil die in uns wirkende Erschaffungskraft, die Sex und Kinder verursacht, dieselbe ist, die uns zur Magie und Mystik befähigt. Dieses Geheimnis ist auch die Bedeutung der mythischen Figur des *Teufels* wie auch der *Ingwaz*-Rune[301], die ein Scrotum[302] wie eine geöffnete Vulva[303] gleichzeitig darstellt.
Manche Systeme unterdrücken Sexualität, wie die verschiedenen Christentümer, manche steigern sie, wie Tantra, manche verweisen sie auf einen Platz im Alltag. Fakt ist, dass der Sexualtrieb ausgelebt oder erfolgreich kompensiert werden muss, andernfalls wird der Mensch unglücklich.
Ad 3: der Sozialtrieb steht an dritter Stelle – der Mensch braucht soziale Kontakte, von außen erzwungene dauernde Einsamkeit führt meist zu Wahnsinn.
Sinn dieser Dreieraufzählung ist, darauf hinzuweisen, dass trotz Magie der Mensch ein Mensch ist, und er sich um die Befriedigung dieser drei Instinkte immer aktiv kümmern sollte. Das bedeutet im Klartext: Ein Job, eine Wohnung, wahrscheinlich mindestens einen Geschlechtspartner und mehrere Freunde. Wird in dieser Liste etwas ausgelassen, wird es schwierig, Magie durchzuführen, weil man so unausgeglichen ist. Die, die aus ihrer Unausgeglichenheit kontrollierbare Kraft ziehen, sind selten. –

III. Energiearbeit

Aetherik
Der feste Körper des Menschen kann als verdichtete Energie bezeichnet werden. Der Aetherkörper ist nach dem festen Körper der dichteste Körper. Er ist direkt mit der körperlichen Gesundheit gekoppelt. Es ist die aetherische Energie, die uns magische Macht im materiellen Bereich verleiht. Meister dieser Kraft können

---

[301] Siehe dazu die Arbeit des 2°, die Arbeit des Adepten.
[302] Lateinisch: Hodensack.
[303] Lateinisch: Äußeres weibliches Geschlechtsteil.

über Wasser laufen, sich vor der Wirkung von Flammen und Hitze schützen, Gegenstände bewegen ohne sie zu berühren oder auch mit einem Blick töten. Im Wesentlichen lässt sich die Arbeit mit dem Aetherkörper in drei Bereiche unterteilen, nämlich die Bereiche *Heilung*, *Zerstörung* und *Verstärkung*. Vorab wird an dieser Stelle die vielleicht beste Übung zur Entwicklung aetherischer Ströme und damit des Aetherkörpers beschrieben – der sogenannte *kleine Energiekreislauf*, auch *Kleiner Himmlischer Energiekreislauf* genannt.

Der kleine Energiekreislauf

Diese Übung stammt aus den taoistischen Lehren Chinas. Diesen zufolge existieren am Körper zahlreiche Bahnen, sogenannte Meridiane. In diesen strömt *Chi*, primär aetherische Energie, die an bestimmten Punkten, sogenannten Akupressur- oder Akupunkturpunkten, manipuliert werden kann. Seitdem die technischen Instrumente der westlichen Welt elektrische Hautwiderstände in Ohm messen können, ist die Akupunktur in die westliche Medizin integriert worden – immerhin ein Anfang. –

Interessanterweise befinden sich die wichtigsten Akupunkturpunkte immer in der Nähe wichtiger Chakren der indischen Lehren, bzw. auch mitten darin. Dadurch lassen sich die Chakrenlehre und die Energiekreislauflehre in Bezug setzen.

Der kleine Energiekreislauf fließt anhand des Lenkergefäßes, das die Wirbelsäule entlanggeht, und des Dienergefäßes, das die vordere Rumpfseite durchzieht. Die aetherische Energie – das Chi – fließt den Rücken hinunter und die Brust hinauf, in einem ewigen Kreislauf, der anhand elektrischer Widerstände in Ohm gemessen werden kann. Um diesen Energiekreislauf anzuregen und damit seine aetheralen Fähigkeiten zu entwickeln, geht der Magier in die Gnosis und bewegt seine Aufmerksamkeit in umgekehrter Richtung – also den Rücken hinauf[304] und die Brust hinunter, wobei die Übung immer in der Nabelregion, dem Akupunkturpunkt *Chi Hai*, der vor dem *Dantien*[305]/*Hara* liegt, beginnt und endet. Der Zweck des Energieanregens in der umgekehrten Richtung ist vergleichbar mit dem Effekt, der eintritt, wenn man eine Katze gegen den Strich streichelt: Anregung, Aufladung und Aktivierung. –

Dieses „Energie bewegen" wird konkret dadurch vollbracht, dass der Magier in einer bevorzugten Meditationsstellung seine gebündelte Aufmerksamkeit, also im Zustand der Gnosis, auf den *Chi Hai* richtet und dann eine energetische oder feurige kleine Kugel, oder einen Wasserstrom, oder sonst etwas Sympathisches imaginiert, das die Bahn des kleinen Energiekreislaufes – siehe Abbildung –

[304] Zum Vergleich: Im *Kundalini-Yoga* lässt man die Energie den Rücken hinaufsteigen, allerdings *im* Rückgrat, wobei die Energie letztlich an der Schädeldecke austritt. Im Energiekreislauf läuft die Energie *außen am* Rückgrat, also unter der Haut – und in der anderen Richtung, also von oben nach unten.

[305] Der *Chi Hai*, wörtlich: „Das Meer des Chi" befindet sich 2-4 cm direkt unterhalb des Nabels und wird manchmal *Dantien* genannt, obwohl dieses sogenannte „*untere Dantien*" oder I. Dantien eigentlich das Energiezentrum im Bauch, auch *Hara* genannt, bezeichnet. –

herum abfährt, am besten mindestens neun Mal hintereinander pro Übung. Dabei praktiziert er die bereits beschriebene Bauchatmung. Kann der Magier bereits Energie spüren, wie durch Tai Chi Chuan-Praxis oder die Einweihung in den ersten Reiki-Grad hervorgerufen, ist der Trainingseffekt des kleinen Energiekreislaufes noch bedeutend stärker.

Eine Steigerung im Lauf der Jahre ist der sogenannte *große Energiekreislauf*, der die Arme und Beine mit einbezieht. Vom *Chi Hai* zum *Hui Yin*[306] gehend, spaltet sich die Bahn und geht die Innenseite der Oberschenkel bis in die Kniekehlen hinunter, von dort die Außenseite der Waden (also hinten am Unterschenkel) bis zum *Yung Chuan*[307]. Von dort strömt die Energie in die großen Zehen, dann vorne zu den Schienbeinen auf die Kniescheiben, und dann auf der Außenseite der Oberschenkel zum *Hui Yin* auf der Dammleiste zurück. Von dort geht der Weg bereits bekannter weise den Rücken hinauf, teilt sich zwischen den Schulterblättern und geht auf der Innenseite der Arme zum *Lao Gong*[308] auf den Handflächen, in den Mittelfinger, und auf der Außenseite der Arme zurück zum Punkt zwischen den Schulterblättern, von wo der Weg Richtung Kopf weiter fortgesetzt wird, wo am höchsten Punkt des Scheitels der *Pai Hui*[309] erreicht wird. Siehe dazu die Abbildung.

Der kleine und große Energiekreislauf sind der Universalschlüssel zu zahlreichen aetheralen Künsten.

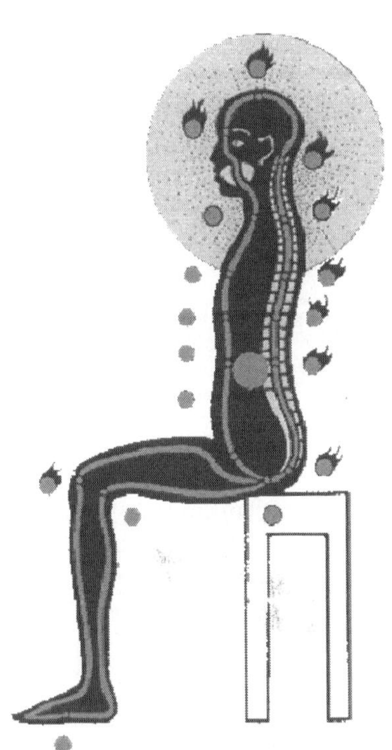

Bild 19 - Der große Energiekreislauf. In der Mitte des Bauches das I. Dantien/Hara, dort wie auch entlang der Haupt- und Nebenchakren sind die betreffenden Akupunkturpunkte im Energiekreislauf an Vorder- und Rückseite des Körpers eingezeichnet.

Yangpunkte sind Heilung: Einfaches Reiki und Anderes

Aetherale Heilung basiert auf dem Konzept, die aetherale Kraft, meist über die Hände, austreten zu lassen um sich oder ein anderes Wesen, von der Zimmerpflanze über die eigene Hausschlange oder

306 Dieser Punkt liegt im Zentrum des 1. Chakras.-

307 „Der sprudelnde Quell“, das Zentrum des Fußnebenchakras.

308 „Der Palast der Arbeit“, das Zentrum des Handnebenchakras.

309 „Die tausend Zusammenkünfte“, das Zentrum des Scheitelchakras.

Katze bis zum Menschen, zu heilen. Reiki[310], die vom japanischen Heilmagier Mikao Usui entwickelte Methode, bietet den entscheidenden Vorteil, dass die aus einem selbst austretende Kraft im selben Moment durch die in das eigene Kronen- oder Schädelchakra einströmende Kraft ersetzt wird, sodass man von einem Durchfluss von Energie sprechen kann.
Wirkliche Könner dieser Kraft heilen sich selbst innerhalb kürzester Zeit von den verschiedensten auftretenden Leiden oder Verletzungen, indem sie Energie an die beschädigten Bereiche des Körpers lenken.
Dies wird so vollzogen, dass der Initiat sich auf seine Energiewahrnehmung[311], beispielsweise an den Händen, konzentriert[312], wodurch ein deutlich stärkerer Energiefluss entsteht, als im Normalzustand üblich. Aufgabe oder Verlust der Konzentration führt verständlicherweise zu einem raschen Abbau der Intensität des Energieflusses, bis der Normalzustand wieder erreicht ist. Die klare Absicht des Magiers ist dabei die, zu heilen, aber genau dieser soeben beschriebene Vorgang kann auch zum Erlernen der unter *Dim Mak* und Chi-Kräfte beschriebenen Künste eingesetzt werden, mit einer jeweils passenden bewussten Absicht.
Es ist wichtig zu bedenken, dass Gesundheit und Krankheit zwei einander komplettierende Zustände sind, da sie nur gemeinsam Veränderung und Entwicklung ermöglichen: „Nichts ist für immer, keine Krankheit ist unheilbar, niemand bleibt ewig gesund."[313]
Ein Detail des Heilens ist es, jemanden oder sich selbst energetisch entgiften zu können. Dabei wird „Schlechtes" aus dem Patienten heraus-, und durch den Heiler in den Boden abgeleitet. Mit genügend Kenntnis und Übung lassen sich so sogar echte Vergiftungen beheben – man zieht die Energie des Giftes und damit letztlich das Gift[314] selbst aus dem Patienten heraus. Es ist ratsam, sich dabei einen Topf mit Salz vorzustellen, in den das Gift hineinfließt. Dadurch stellt der Heilmagier sicher, sich nicht versehentlich selbst zu vergiften.
Eine Übung kann der Heilmagier circa dreimal täglich durchführen und sollte es auch tun: Die Energetisierung seines Essens! Dazu legt er einige Sekunden lang einfach seine Handinnenflächen in die nächste Nähe der Speisen, beispielsweise um den Teller herum oder um das Trinkgefäß und lässt Heilenergie fließen. Nicht nur, dass die Nahrung dadurch deutlich bekömmlicher und giftfreier wird, der Magier übt dadurch permanent seine aetherischen Fertigkeiten.

---

310 Nur für den Fall einer Japanreise: Im Original wird es „Ley-Ki" (!) ausgesprochen. –

311 Diese bewusste Energiewahrnehmung wird durch die Energiearbeit des 0° hervorgerufen, eine Reiki-Einweihung ist allerdings sehr nützlich.

312 Diese starke Konzentrationsfähigkeit wird durch die Geistarbeit des 0° hervorgerufen.

313 PETTER Frank Arjava, Das Reiki Feuer Neues über den Ursprung der Reiki-Kraft Das komplette Lehr- und Arbeitsbuch, Aitrang 1997, S.87.

314 Nach der modernen Physik besteht ja alles aus Energie, nicht wahr?

Zerstörung: Dim Mak und Anderes

Die meisten der okkulten Kampfkünste verfügen über aetherale Techniken, mittels der der Energiehaushalt des Gegners essentiell beschädigt oder gestört wird. Ein wichtiger Sammelbegriff lautet *Dim Mak* oder auch *Dim Hsueh*[315].

Eine solche Zerstörungstechnik kann ein Chi-ball sein, der zwischen den eigenen Händen gehalten wird und im Kampf die Aura des Gegners verletzt[316], oder auch eine Menge feindseligen Aethers, die in die Energiekörper des Gegners, manchmal mit einem Schrei, hineingeschlagen oder hinein geschleudert wird. Ebenso kann mit energetischen Fingern der Energiefluss des Gegners geschwächt werden. Manche dieser Techniken bewirken, dass der Tod des Opfers sicherlich, aber um Tage verzögert, eintritt.[317] Solche Techniken, in denen Energie in den Gegner eingespeist wird, werden im *Pencak Silat*[318] sowie im *Kung Fu*[319] (in China eigentlich als *Wu Shu*[320] bezeichnet), *Giftige Hand* genannt.

Auch können die eigenen Hände so sehr mit verdichteter Energie umgeben sein, dass Schläge allein Holz, Stein oder eben Knochen zerbrechen. Die Kunst dieser sogenannten *Eisernen Hände* wird dadurch erlangt, dass der Initiat 100 Tage lang sehr konzentriert, nämlich im Zustand der Gnosis, seine Hand oder Faust aus ungefähr einem halben Meter Höhe auf einen Ziegelstein fallen lässt, und das 1.000 mal am Tag und pro Hand. –

Bösartiger ist der sogenannte *Böse Blick*, von den Theosophen *Jettatura* genannt, eine magische Technik, die ebenso wie viele andere Aetheraltechniken, in mehreren Kulturen unabhängig voneinander entwickelt wurde. Die Saga über den isländischen Magier Thorbjörn Schleifsteinauge bietet ein sehr anschauliches Beispiel dieser Kraft in ihrer ausgeprägtesten Form.[321] Heutzutage ist diese Kraft in Europa anscheinend nur noch Türken und Zigeunern vertraut, die beständig Kleider, Wohnungen, sogar Autoinnenräume mit zahlreichen kleinen, nur zentimetergroßen Spiegeln zum Schutz vor dem bösen Blick ausrüsten.

---

315 Chinesisch: Die Berührung des Todes.

316 Im alten Drachen Kung Fu soll es Techniken dieser Art geben.

317 Es gibt ein hartnäckiges Gerücht, dass Bruce Lee, der Gründer des Jeet Kune Do, an so einem verzögerten Todeshieb gestorben sein soll.

318 Indonesisch: Tanzkampf. Sammelbegriff für die südpazifischen Kampfkünste.

319 Chinesisch: Tiefe Arbeit.

320 Chinesisch: Gegen den Krieg.

321 Der, wie fast alle bösartigen Magier, unsympathische und hässliche Thorbjörn Schleifsteinauge – man beachte den Beinamen – tötete mehrere Menschen mit seinem Blick. Ihm wurde eine Falle in Form eines hübschen Mädchens gestellt, und, als er, seinen Kopf in ihrem Schoß liegend, eingeschlafen war, stülpten ihm seine Feinde einen Sack über den Kopf, um ihn fortzuschleppen und tot zu prügeln. Der Sack hatte ein Loch, aus dem Thorbjörn einen letzten Blick auf den grünen Hang eines gegenüberliegenden Hügels werfen konnte. Das Gras verdorrte augenblicklich und der Hügel blieb an dieser Stelle von nun an kahl. –

Verstärkung: Chi Kräfte und Anderes

Die Verstärkung des eigenen Aethers zählt zu den faszinierendsten, bekanntesten und von Nichtmagiern auch zu den am meisten angezweifelten Bereichen der Magie überhaupt. Diese Techniken werden üblicherweise dadurch trainiert, dass im I. Dantien/Hara die energetischen Fasern der Aura während Magischer Trance gestreckt und gestärkt werden – diese werden dann als Schutzschild, zur Wahrnehmung oder als Fortbewegungsmittel eingesetzt.

Durch jahrelanges Training erlangt der Magier die Fähigkeit, feuerresistent zu werden, wobei das Laufen über glühende Kohlen, von Physikern gern mit einer schützenden Luftschicht aus verdampfendem Schweiß erklärt, nur den ersten Einstieg in diese Kunst bedeutet.

Ebenso ist es möglich, über Wasser zu gehen, oder mit rasender Geschwindigkeit[322] über die Erde, oder auch unterirdisch durch die Erde[323].

Weites, hohes Springen und Schweben ist möglich.

Rundumsicht, Sicht mit verbundenen Augen und Sicht im Dunklen, wie es im okkulten *Ninjutsu* und *Ninpo* trainiert wird, gehört ebenfalls zu den Einsatzmöglichkeiten des Aetherkörpers.

Nordische *Berserker*, malaiische *Amokläufer* oder keltische *Riastrad*[324]-Krieger beherrschten die zeitweilige Unverwundbarkeit gegenüber Schnittverletzungen durch eiserne Klingenwaffen, diesen Zustand nennt man eisenfest.

Der Initiat sollte in mindestens einem der drei Bereiche, ob Heilung, Zerstörung oder Verstärkung, gut bewandert sein und über willentlich einsetzbare, deutliche Kräfte verfügen, in wenigstens einem der beiden anderen Bereiche sollten wenigstens rudimentäre Kenntnisse vorhanden sein, um ein umfassendes Verständnis des eigenen Aetherkörpers zu erreichen.

Es sei an dieser Stelle die Bemerkung angebracht, dass, soweit man nicht gerade einen Beruf als Geheimagent oder Attentäter ausübt, von den drei Bereichen die Heilkräfte die sinnvollsten und praktikabelsten sind, die man erlernen kann.

Einige interessante Künste der heilenden Aetherik

1. Chigong: Hirsch, Schildkröte und Kranich

Die energetischen Künste Chinas nennt man bekanntlich Chi Gong, und die meisten sind primär aetherale Übungen. Drei der wichtigsten Übungen des taoistischen Chi Gong sind die nach den Tieren Hirsch, Kranich und Schildkröte benannten Übungen. Zusammen können sie bei langjähriger morgendlicher und abendlicher Übung den Grundstock von Gesundheit und Spiritualität bilden, zwei

---

[322] Man erinnere sich des Märchens der Sieben – Meilen - Stiefel. Es gibt nur wenig in Märchen, das völlig frei erfunden ist.

[323] Belege für diese faszinierende Kunst finden sich in den Isländersagas, bspw. Der Grettissaga, und in chinesischen Märchen.

[324] Keltisch: Kriegsraserei. Der berühmteste Riastrad-Kriegsheld war übrigens der Ire *Slaine*.

Konzepte, die im Taoismus ja üblicherweise vereint auftreten. Im heidnischen Deutsch nennt man diese Einheit übrigens das *Heil.* –

Ad Hirsch:
Nach dem Wackeln des Schweifs eines Hirschen benannt, welches natürlich durch Muskulatur am Gesäß verursacht wird, vollzieht der Magier folgende Übung: Er zieht seine Dammleiste nach oben, solange es geht, entspannt wieder, zieht wieder nach oben... und so weiter. Dabei ist er in der Gnosis und aktiviert bewusst seine Energiewahrnehmung in diesem Bereich. Sobald die Übung unangenehm wird, ist sie abzubrechen, um am nächsten Tag weiter zu üben. Wird diese Übung nicht in der Gnosis, sondern hektisch durchgeführt, kann sie zu Prostataleiden führen. Richtig praktiziert hat sie den umgekehrten Effekt.[325]

Ad Schildkröte:
Benannt nach dem Ausfahren und Einziehen des Kopfes einer Schildkröte in ihren Panzer, wird diese Übung folgendermaßen durchgeführt: Der Magier zieht den Kopf hoch und das Kinn gleichzeitig zur Brust herab, dabei atmet er langsam und tief ein. Ausatmend legt er den Kopf weit in den Nacken und zieht die Schultern hoch. Das ist mindestens je zwölfmal durchzuführen. Die Übung ist in der Gnosis durchzuführen.

Ad Kranich:
Der Kranich gilt als ein Tier, das sehr gut Gift ausscheiden kann – Selbiges vollzieht der Magier über die Atmung. Dazu wird die bereits beschrieben Bauchatmung[326] eingesetzt. Das heißt, beim Einatmen wird der Bauch ausgewölbt, beim Ausatmen eingezogen. Die Atmung soll sehr ruhig sein, und die Aufmerksamkeit auf der ein- und ausgeatmeten Energie liegen, wobei Verschmutztes und Störungen des energetischen Bereiches ausgeatmet werden.
Diese drei Übungen können und sollen letztlich gleichzeitig vollzogen werden. Ihr energetischer Effekt kann exorbitant sein.

2. Der Chakrenausgleich
Eine hervorragende Übung für Magie, Energiefluss, Konzentration und Gesundung zugleich ist der sogenannte Chakrenausgleich. –
Hierzu begibt sich der Magier in seine bevorzugte Meditationsstellung oder auch Rückenlage und verstärkt seinen natürlichen Energiefluss, im konkreten Fall konzentriert er sich auf das Durchfließen kosmischer Energie beim Scheitel eintretend und zu den Fußsohlen hinaus. Dies wird natürlich in der Gnosis vollzogen, ohne Konzentration hat Magie bekanntlich keinen Sinn.
Dann legt der Magier eine Hand auf das Kronenchakra und eine zum Basischakra und verbindet diese dadurch, etwas später tut er Analoges mit dem Sakral- und

[325] Es ist erstaunlich, wie diese taoistische Hirsch-Übung den Übungen des Kundalini-Yoga ähnelt.
[326] Siehe das Kapitel 0° die Arbeit des Neophyten – die Einweihung.

dem Stirnchakra. Dann folgt das Solarplexus- und das Halschakra. Zuletzt legt er beide Hände übereinander auf das Herzchakra, welches ja die mittlere und vermittelnde Position einnimmt. Auch wenn manchmal, nur zu Anfang übrigens, kein Fluss der Energie wahrgenommen wird – sie fließt. Mit jedem Mal Üben wird der Effekt stärker – wie bei bekanntlich allen Dingen, die der Mensch übt.

3. Die Fußchakrenmassage

Interessanterweise sind die Chakren nicht nur direkt, sondern auch über die Fußsohlen kontaktierbar. Sinn dieser Technik ist, besonders schnell Entspannung und Erholung in einem Menschen wachzurufen. Es ist einfacher, diese Technik bei jemand anders, als an sich selbst, durchzuführen.

Dazu werden die unten abgebildeten Zonen auf den Füßen (links und rechts, auch gleichzeitig) mit den Daumen massiert, während sich der Magier gleichzeitig auf das betreffende Chakra konzentriert, das heißt, über die Daumen-Fußberührung Kontakt mit dem Chakra herstellt. –

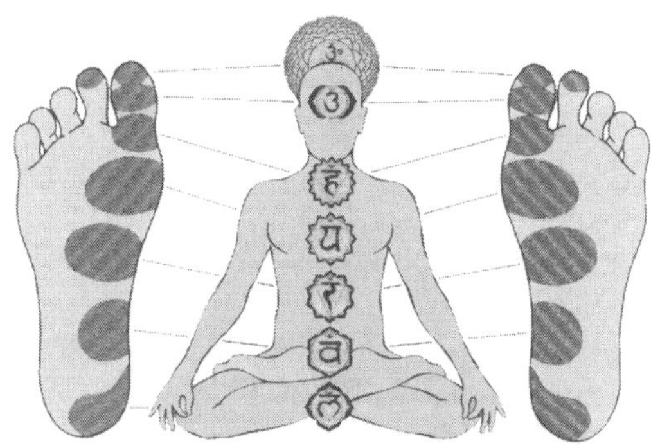

Bild 20 - Die Fußchakrenmassage. Nachbearbeitete Abbildung aus: SHARAMON/BAGINSKI, Das Chakrahandbuch. Siehe Bibliographie.

4. Der Gute Blick

Das Gegenstück zum obig beschriebenen Bösen Blick ist der sehr unbekannte Gute Blick, eine im Reiki geübte Heilungstechnik, auf Japanisch nennt man sie *Gyoshi-Ho*.

Der Magier geht in die Gnosis und visiert mehrere Minuten eine echte, schöne und frische Blume.

Dann blickt er passiv den zu heilenden Menschen bzw. Körperteil an, also nicht starrend, sondern indem er das Gesehene auf sich wirken lässt.

Entscheidend ist dabei das Bewusstsein um das eigene Tun. Ein verstärkender Effekt tritt auf, wenn man beginnt, die aus den Augen austretende Energie selbst zu spüren.

Zauberei (engl.: sorcery)

Zauberei ist Magie unter Zuhilfenahme fester Gegenstände. Die Zauberei ist absolut international, sie findet sich also bei wirklich allen menschlichen Kulturen dieses Planeten und begann als Bestandteil der ältesten und ersten Religion bzw. Wissenschaft der Menschheit, des *Schamanismus*.

Das deutsche Wort Zauberer selbst stammt vom germanischen *taufr* = „rot färben", es bezieht sich auf die bronzezeitliche und eisenzeitliche Praxis der Germanen, magische Gegenstände und Zeichen rot zu, färben – Rot wahrscheinlich deswegen, weil es die Farbe des Blutes, und, durch einen Analogieschluss, damit des Lebens, ist. Ebenso ist es die Farbe des Feuers, also der Veränderung an sich – denn kein Ding der Steinzeit veränderte andere Dinge schneller als das Feuer es tat. In der Runenmagie und im *Feng Shui*[327], beides ausschließlich am Erfolg orientierte magische Systeme, ist rot nach wie vor die magische Farbe.

Die Zauberei ist meistens Teil des energetischen und auch des spiritistischen Modells. Das bedeutet, die benutzten magischen Gegenstände sind Träger von Energie und sie sind manchmal mit Bewusstsein ausgestattet. Es macht an dieser Stelle keinen Unterschied, ob man annimmt, dieses Bewusstsein sei a priori[328] vorhanden, durch den Magier beigefügt oder schleichend im Lauf der Zeit irgendwie entstanden. –

Im Wesentlichen unterscheidet man vier Grundtypen magischer Gegenstände. Dies sind Magische Werkzeuge, Talismane, Amulette und Fetische.

Magische Gegenstände

Zuweilen irreführenderweise auch magische Waffen genannt, sind dies die Werkzeuge, mit denen, oder durch die, der Zauberer seine Magie wirkt. Sonderformen magischer Werkzeuge sind die drei unten genannten Kategorien:

Talismane[329] sind magische Gegenstände zur Erlangung eines bestimmten Ziels oder Zustandes. Talismane arbeiten selbständig. Man kann sagen, „Talismane sind immer *für*".

Amulette[330] sind magische Gegenstände zur Vermeidung oder Abwehr eines bestimmten Zieles oder Zustandes. Amulette arbeiten selbständig. Man kann sagen, „Amulette sind immer *gegen*".

Fetische[331] sind magische und üblicherweise lebende Gegenstände für mehrere Aufgaben und dienen der Kraftspeicherung. Doch so, wie die sonstigen magi-

---

327 Siehe jeweils dort, in diesem Kapitel weiter unten.

328 Lateinisch: Von vorne hinein, gemeint ist: von Anfang an, immer schon.

329 Von arabisch *Tilasm*, Mhz. *Tilisman*, Zauberbild. Ursprünglich ein griechisches Wort, *Telesma*, geweihter Gegenstand.

330 Von lateinisch *Amuletum*. Die Zuordnung ist unklar, wird aber im Sinne von „Glücksbringer" verwendet.

331 Von portugiesisch *Feitico*, Zauber(mittel). Ursprünglich nur für Götterbilder gebraucht, die religiös verehrt werden.

schen Werkzeuge direkte Verlängerungen des Willens und der Wahrnehmung des Magiers sind, sind die Fetische dafür gefertigt, primär selbständig und sogar kreativ zu arbeiten, *sie haben ein eigenes Bewusstsein*, das über das gewöhnliche Bewusstsein eines Gegenstandes (wie im animistischen Weltbild postuliert) hinausgeht. Man kann sagen, „Fetische sind *lebendig*". Amulette und Talismane entwickeln sich manchmal von selbst zu Fetischen, gemeint ist aber an dieser Stelle, dass der Magier von Anfang an ein Bewusstsein in den magischen Gegenstand hineinruft oder hineinversetzt.

Komponenten und Mittel

Magische Gegenstände können aus allen materiellen Komponenten verfertigt sein. Natürlich gewachsene Substanzen bieten sich an, wenn man eine Analogie zwischen Wunsch oder Zweck und dem Vorkommen in der Natur entdeckt, so könnte beispielsweise mit einem Zauberstab aus Erlenholz Wassermagie betrieben werden, weil die Erle gern am Wasser wächst. Halbedelsteine sind immer gut einsetzbar, sie haben starke magische Wirkung, Federn sind international als Überträger von Energie im Einsatz – über Wind oder Atmung nimmt eine Feder Energie auf und überträgt sie in den magischen Gegenstand. Althergebrachte Mythologische Zuordnungen wie Eibe = germanische Welteneibe[332], oder beispielsweise Birke = Baum der Muttergöttin, sind auch sinnvoll. Je durchdachter und gleichzeitig sympathischer dem Magier sein Werkzeug wird, desto besser wird es funktionieren. Genauso wichtig ist es aber auch, einen magischen Gegenstand beständig zu warten, sei es durch Ladung, Weihe oder Pflege, egal welches magische Modell man dafür verwendet. Ein Auto fährt auch nicht ohne beständiges Auftanken, und ohne mechanische Wartung auch nicht sehr lange. –
Häufige Mittel der Zauberei sind brennbare und, im weiteren Sinne, verdampfbare Substanzen wie Weihrauch oder Damiana-Öl. Sie sind Komponenten von großem Nutzen, die in fast jeder magischen Operation als Verstärker einsetzbar sind. Es gibt Zuordnungen solcher Substanzen zu diversen Kräften, wobei der Weihrauch aber fast immer für Energie oder Feuer, falls Energie nicht extra definiert wird, zugeordnet wird.

Beispiele für Magische Werkzeuge

Robe, Ring, Zauberstab, Magisches Tagebuch, Puppe, Runenset, Altar, Räuchermittel ...
Sogenannte Elementarwaffen: Stab des Feuers, Kelch des Wassers, Dolch der Luft, Pentakel der Erde; Altar, Sandalen, Öl, Lampe, Lamen[333], Stirnband, Krone, Kette, Geißel, Spiegel, Kristallkugel, Maske, Glocke, Krone, Haube, Klangschale u.v.m.

---

[332] *Weltenesche* für *Yggdrasil* zu lesen ist tatsächlich ein Übersetzungsfehler, das nebenbei.
[333] Eine Art Schürze.

Magische Werkzeuge finden in zahlreichen magischen Systemen Verwendung. Reine Systeme der Zauberei und sehr rituelle, also zeremonielle Systeme verfügen über die meisten Werkzeuge, was insofern interessant ist, weil es darauf hinweist, dass hohe Ritualmagie sich direkt aus der Zauberei entwickelt hat – der Londoner Aristokrat, der intellektuell extrem anspruchsvollen Magie des *Golden Dawn,* stammt direkt vom in der Heide lebenden, ungebildeten, Schafe züchtenden Zauberer und Hexendoktor ab. –

In der Arbeit des Liber Draconis können prinzipiell alle magischen Gegenstände Verwendung finden, folgende werden beschrieben:

I. Persönliche magische Gegenstände:

- Robe, Ring, Zauberstab (Sonderform: Hammer), Dolch, Kelch (Sonderform: Trinkhorn).

II. Allgemeine magische Gegenstände:

- Altar,
- Der Tempel oder der Hain.

III. Willkürlich gewählte Beispiele für spezielle magische Gegenstände:

- Stellvertreterpuppe: gegen schwarze Magie/Fänger schlechter Wünsche (Sonderform: Ent-odungspuppe),
- Traumfänger: für alptraumloses Schlafen,
- Fetisch des Egregore: um einer Gruppenwesenheit zu Eigenbewusstheit zu verhelfen (Sonderform: Der Tempelwächter),
- Verteidigungsfetisch: Um schlechten Ereignissen vorzubeugen,
- Türschutz: um Feinde draußen zu lassen,
- Tempelwächter.

I. Persönliche magische Gegenstände

Persönliche magische Gegenstände sind Katalysatoren und Anker der Magie. Folgende sind häufig:

Die Robe

Die Robe dient dazu, den Alltagsmenschen durch Anlegen der Robe in einen praktizierenden Magier zu verwandeln. Gemäß ihrer Farbe invoziert sie bestimmte Energien in den Magier, sie schützt ihn und verstärkt seine Arbeit.

Der Ring

Stellt die Arbeit, die Magie des Magiers dar, je nach Metall und Stein – soweit vorhanden – invoziert der Ring bestimmte Energien in den Magier. Auch der Ring verstärkt die Arbeit des Magiers sinnvoll, wenn er, wie die Robe ja auch, ausschließlich zur Magie getragen wird.

Der Zauberstab

Manchmal auch einfach „Zeiger“ genannt, ist ein magisches Werkzeug und kann vielerlei Form haben. Ist er wirklich ein Stab aus Holz oder Metall, hat er eine

Konnotation[334] zum Zeigen und Schlagen, und ist *das* klassische Werkzeug des Magiers, der die Magie der Renaissance verwendet. Der Zauberstab ist die Verlängerung des Armes, des Willens und ein Focus des magischen Willens des Magiers. Mit ihm kann jede magische Operation durchgeführt werden, wie Beschwören, Bannen, Kämpfen, Senden, Zerstören, Heilen und so weiter, er hat keine Spezifizierung, er ist ein Allroundwerkzeug. Häufig entwickelt sich der Zauberstab im Lauf der Zeit zu einem mächtigen Fetisch mit einer eigenen Persönlichkeit. Sein Vorteil ist die Verstärkung der magischen Fähigkeiten, sein Nachteil ein Gewöhnungseffekt: Ohne Zauberstab könnte die eigenen Magie schwach sein.

Eine Sonderform: Der Hammer

Der Hammer ist der Zauberstab des nordischen Magiers, weil der Gott Thor einen magischen Hammer namens *Mjöllnir* führt, der auch umfassende magische Eigenschaften hat, kriegerische, heilende, belebende, fruchtbarkeitsfördernde und so weiter, man vergleiche die nordischen Göttersagen.

Der Dolch

Der Dolch kann dieselben Aufgaben wie der Stab erfüllen, mit einer Konnotation für Schneiden und Stechen, chirurgisch entfernen. Man kann mit ihm ja auch wirklich in der Materie ritzen, schnitzen, schneiden und so weiter. Eine unhandlichere Version ist das Schwert.

Der Kelch

Prinzipiell ist es auch möglich, statt des Zauberstabes oder Dolches, oder ergänzend dazu, einen Kelch zu verwenden, dieser hat dann eine starke Bedeutung in punkto Aufnahme, Empfangen, aber auch Ausgießen, Sammeln, Hellsehen (in beinhalteter Flüssigkeit) und dergleichen. Materiell dient er beispielsweise der Aufnahme eines Sakraments zum Trinken oder als Träger einer magischen Substanz. Mit einer Neigung zu nordischer Magie empfiehlt sich anstelle des Kelches **eine Sonderform: Das Trinkhorn.**

Man erkennt an dieser Aufzählung, dass die Form und Art der persönlichen Gegenstände willkürlich ist. Auch eine Axt, ein Handschuh oder eine Haarspange sind denkbar.

II. Allgemeine magische Gegenstände

Allgemeine magische Gegenstände werden mit Schülern, Klienten oder Kollegen gemeinsam eingesetzt. Folgende sind häufig:

Der Altar

Der Altar dient als Arbeitstisch und Stauraum des Magiers – insofern ist eine Truhe, oder besser, eine Art Kredenz oder niedriger Kasten recht sinnvoll.

---

[334] Aus dem Lateinischen: gemeinsame, zusätzliche Notiz, also: Begriffsinhalt, Nebenbedeutung. –

Auf der Oberfläche befinden sich die wichtigen magischen Werkzeuge des Magiers – im Stauraum die gesamten sonstigen, weniger wichtigen Gegenstände, wie Räucherwerk, Federn oder ähnliches.
Auf und vor dem Alter kann Magie gewirkt werden. Das geht zwar überall sonst auch – aber der Altar erfüllt, wie übrigens der Tempel auch, die Funktion eines Katalysators, weil man durch seinen Gebrauch einen magischen Platz, der einfach magieförderlich ist, erschafft.

Der Tempel oder der Hain

Eine Steigerung des Altars ist der Tempel – ein eigener Raum in der Wohnung des Magiers, der nur für Magie genutzt wird, und es befindet sich nur der Altar in ihm. Es ist sinnvoll, ihn ganz in der eigenen bevorzugten magischen Farbe zu streichen – violett, rot oder etwas Anderes. In der freien Natur nennt man ihn meist *den magischen Hain*[335] – eine Lichtung im Wald, auf der man bei Tage oder bei Nacht Magie wirkt. Der magische Hain sollte erst als Adept eingerichtet werden – wenn man nämlich im Stande ist, mit den Bäumen, den nicht menschlichen Bewohnern und sonstigen Anrainern des Hains erfolgreich zu kommunizieren.
Im Übrigen arbeiten viele Magier erfolgreich auch ohne Tempel – aus Platzgründen.

III. Beispiele konkreter magische Gegenstände

Allgemeine magische Gegenstände sind alle verzauberten Gegenstände, die der Zauberer herstellt. Jeder Zweck und jede Form ist denkbar, als Anregung hier einige Möglichkeiten:

Die Stellvertreterpuppe

Mit einer gewissen Paranoia oder Vorsicht ist es sinnvoll, eine Stellvertreterpuppe herzustellen. Diese repräsentiert genau wie im karibischen Voodoo einen Menschen, aber in diesem Fall den Magier selbst! Ihr Zweck ist der, sämtliche schlechten Wünsche, Zaubereien, Flüche und dergleichen abzufangen und zu absorbieren, so dass diese den Magier nicht treffen können. Es ist sehr logisch, dass diese Puppe vom Magier in größter Sicherheit aufbewahrt werden muss. Auch muss sie von Zeit zu Zeit entladen werden, am besten in die Erde, oder der Magier tauscht sie überhaupt von Zeit zu Zeit gegen eine neue aus.

Sonderform: Die Ent-odungspuppe

Wie man sich mit einem Schwamm säubern kann, kann man auch eine Puppe verwenden, um schlechte Energien – schlechtes Od in dieser Bezeichnung – von

---

[335] Dieses Wort wird nur noch in der Poesie und der Magie verwendet und bedeutet bei den Dichtern „Wald, Lustwäldchen". Sein Ursprung liegt jedoch in den Anfängen der deutschen Sprache, nämlich in *Hag*, *Hagen* bzw. *Hagan*: umfriedeter Platz, Dornengestrüpp, Hecke. Damit ist der Hain der *Hagazussa*, der Zaunreiterin oder Heckensitzerin = Hexe verwandt. Sehr sinnig.-

sich abzureiben. Auch diese Puppe ist unter größtmöglichem Verschluss zu halten, da sie, wie die Stellvertreterpuppe, von verfeindeten Magiern als Waffe missbraucht werden könnte. Ich möchte aber an dieser Stelle hinweisen, dass Kriege unter Magiern zu den dümmsten Dingen gehören, die dieser Planet je gesehen hat – jetzt hat man schon außergewöhnliche, transmenschliche Fertigkeiten, und man hat nichts Besseres zu tun, als sich gegenseitig umzubringen?!?

Der Traumfänger

Aus der nativ nordamerikanischen, sogenannten indianischen Magie stammend, ist er ein ideales Werkzeug gegen Alpträume und für guten Schlaf.

Der Magier fertigt sich einen Holzring aus einem dünnen Ast, so ca. 40cm im Durchmesser, und flechtet mit einem Faden eine Art Spinnennetz hinein. An weiteren Fäden nach unten vom Kreis weghängend knüpft er Federn, die Fadenenden sollen mit kleinen Gewichten wie Steinen, Muscheln, Holzperlen (je nach gewünschter Spezifizierung!) verbunden sein, sodass die Federn quasi am straffen Faden frei schweben. Der Holzring kann durch Fellumwicklungen (Fell - weich...?) umwickelt werden

Der ganze Traumfänger muss an einem Faden, frei schwebend über dem Bett, circa Brustbereich über dem Schläfer oder Schläfern, aufgehängt werden – an der Wand ist er nutzlos, die Luft muss durch ihn durchstreifen können.

Vor dem Einschlafen wird der Traumfänger durch Anhauchen – die Federn bewegen sich, er dreht sich – aktiviert, über die Atmung wird Energie übertragen.

Das Funktionskonzept besagt, dass der Astralkörper im Schlaf durch den Traumfänger hindurchgeht (wie ein Geist durch eine Wand, zum Vergleich) und dadurch von den grobstofflicheren, nämlich unangenehmen Emotionen gereinigt wird – im Klartext, man hat keine Alpträume.

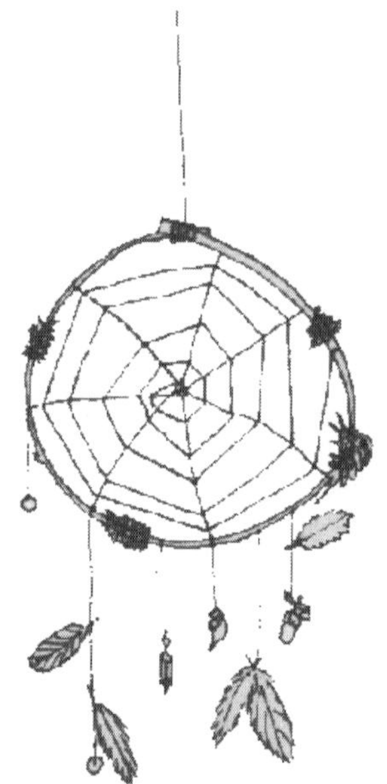

Bild 21 - Der Traumfänger.

Der Fetisch des Egregore

Arbeiten mehrere Magier regelmäßig zusammen, ist die Beeinflussung des entstehenden gemeinsamen Kraftfeldes, des sogenannten Egregore, sinnvoll – eine Beeinflussung in Richtung Effektivität und, viel wichtiger, Harmonie und Symbiose. Im Lauf der Zeit können telepathische, empathische und ähnliche interessante Phänomene zwischen den Magiern auftreten.

Die materielle Form des Fetischs, der dem Egregore als Focus dienen soll, ist willkürlich. Dieser Focus kann und sollte geweiht, geladen, energetisiert,

besprochen, kurz: immer wieder in gemeinsamer magischer Arbeit eingesetzt werden. Am besten funktioniert so ein Fetisch des Egregore, wenn er scheinbar gar nicht gebraucht wird. Dennoch soll man weiter mit ihm arbeiten, solange die Gruppe existiert. Wichtig ist zu bedenken, dass der Fetisch dem Egregore Eigenbewusstsein verleiht. **Sonderform: Der Tempelwächter.**
Ein magischer Gegenstand kann auch gefertigt werden, um den Tempel vor unbefugten Personen oder Einflüssen zu schützen.

Der Verteidigungsfetisch
Es ist immer sinnvoll, einen solchen magischen Gegenstand im Haus zu haben, er übernimmt den Schutz des Hauses und der Familie. Wie bei den meisten Gegenständen ist die Form frei wählbar, aber die Anbringung von kleinen Spiegeln, die Böses zurückwerfen, mag sinnvoll sein. –

Sonderform: Der Türschutz
An der Tür des Hauses oder der Wohnung kann ein geschlossener Kreis mit abwehrenden oder schützenden Symbolen[336] angebracht werden. Im ländlichen Bereich ist dieser Kreis meist aus Blumen oder Pflanzen geflochten. Das ist sinnvoll, man denke an die bewahrende Macht der Fauna.

Schutzrituale: Der magische Schutz
Das mit Abstand Dümmste, was ich je über nichtorganische Lebensformen – also Geister, Gespenster, Engel, Dämonen, Verbündete, Elementare, sogenannte „Spirits" der Esoterikszene und dergleichen – gelesen habe, war die Ansicht, dass diese Lebensformen, da ja ohne materiellen Körper, näher bei Gott sein müssten, und deswegen nicht bösartig handeln könnten. Dies ist ebenso logisch wie: Aristoteles atmet, Kröten atmen auch, also ist Aristoteles eine Kröte. –
Als ich den Autor jener „Sie haben uns lieb - These" persönlich kennen lernte, machte er körperlich einen sehr ungepflegten und psychisch einen sehr unglücklichen Eindruck, und ich fragte mich nach seinem mehrstündigen Vortrag, ob er nicht besessen sei. Ich hoffe, dass es ihm inzwischen besser geht oder, noch besser, ich mich getäuscht habe. –
Viel sinnvoller ist meines Erachtens die Überlegung, das Konzept von Jäger und Beute, oder einfacher, von Nahrung und Nahrungssucher, als wichtiges Grundprinzip im Universum zu vermuten.
An dieser Stelle auch die Frage, ob beispielsweise die ganzen Vampir - Geschichten wirklich nur aus den literarischen Übertreibungen des 19. Jh. n. d. Z. entstanden sind, angeregt nur durch eine seltene Blutkrankheit namens Porphyrie[337] und die überlieferten Taten eines wahnsinnigen siebenbürgischen Fürsten[338]...?

---

[336] Siehe zum Beispiel die Runen im 2° Die Arbeit des Adepten.

[337] Die Symptome dieser Krankheit sind tatsächlich Lichtscheuheit, Rückbildung des Zahnfleisches, Vergilbung der Zähne und eine Knoblauch-Allergie.

[338] *Vlad Tepesch*, genannt *Dracul* (der Drache). Deswegen: *Dracula.*

All Critters have knives, think about it![339] Eines ist sicher: Der Magier berührt Dimensionen jenseits des Sichtbaren. Und er sollte sich gegen das schützen, das dort wohnt und dem er vielleicht schmeckt. –

Beispiele der Schutzmagie

Wer Probleme mit dem Aufrechterhalten seiner Verteidigung hat, kann sich an erster Stelle Jade oder Türkis, beide seit Jahrtausenden (!) in der Schutzmagie verwendeten Halbedelsteine, zulegen, die er am Körper trägt, sei es als Ring, Anhänger oder anderweitig. Eine der schnellsten Methoden *aktiven* magischen Schutzes, beispielsweise bei Kontakt mit direkter Verzauberung, ist die

0. Spiegelaura; Variation: Blaue Aura

Dazu öffnet der Magier sein Kronenchakra, um möglichst viel Energie eintreten zu lassen, und stellt sich dann um sich herum ein nach außen verspiegeltes Kokon, oder seine Ausstrahlung (Aura) als nach außen verspiegelt vor, sodass er also magisch wie ein mannshohes verspiegeltes Ei aussieht. Der konzentrative und magische Aufwand wird durch die von oben eintretende Energie gespeist. Hinweis: Gelingt dies nicht, wählt man keine Verspiegelung, sondern eine tiefblaue Farbe.

Etwas länger und damit vor und nach magischen Ritualen einsetzbar sind die drei folgenden Rituale, ein Westliches (also Europäisch/Amerikanisch), ein Nordisches und ein Reikianisches (also Japanisch/Amerikanisch). Sie sind völlig gleichwertig und in jedem kulturellen Kontext als ultimativer magischer Schutz einsetzbar, soll heißen, ein Nordisches Bannungsritual hält auch die kreolischen Werwölfe im Dschungel Mauritius ab, um ein plastisches Beispiel aus meinem eigenen Erfahrungsschatz zu wählen. Die Auswahl sagt nur etwas über momentane Vorlieben des Magiers aus. Bannungsrituale dieser Art helfen gegen *jede* Art von Bedrohung, ob weltlich oder magisch, gesundheitlich, persönlich oder finanziell, und sollen *vor und nach* jeder größeren magischen Operation stehen, insbesondere bei Operationen, die das Beschwören anderer Wesenheiten beinhalten. *Warnung: Das Nichtbeachten letzteren Hinweises führt unweigerlich zur Besessenheit.*

Bild 22 - Der Spiegelschutz: Der Magier erzeugt um sich ein verspiegeltes – oder blaues – energetisches Ei, das durch kosmische Energie von oben gespeist wird.

[339] Englisch: alle Kreaturen haben Messer, denk darüber nach! – Und in der Tat: Es gibt kaum höher entwickelte Lebewesen, die nicht Hörner, lange Zähne, Krallen, Hufe oder dergleichen besitzen.

1. Das einfache Pentagrammritual

Bild 23 - Zugrichtung und Anfangspunkt des Zuges („1“) des Pentagramms beim einfachen Pentagrammritual.

Dieses ist eine Vereinfachung des „Gnostischen Pentagrammrituals“[340], welches schon eine Vereinfachung des „Kleinen Pentagrammrituals“ des Golden Dawn ist. Solche Nachfahren von Golden Dawn Elementen finden sich in vielen europäischen Magiesystemen, üblicherweise leider meist ohne Hinweis auf den Ursprung.

Im einfachen Pentagrammritual zieht der Magier, mit Fingern, Dolch, Zauberstab oder dergleichen, je ein mannshohes Pentagramm in die vier Himmelsrichtungen und eines über und eines unter sich, also insgesa mt sechs. Als Hommage an die Ursprünge der westlichen Magie in Medien, Indien und Ägypten sowie zur Anrufung der Mächte des Lichts (Sonnenaufgang) wird das erste Pentagramm im Osten geschlagen, dann folgt Süden, Westen, Norden, dann oben und unten. Nach jedem gezogenen Pentagramm sticht der Magier in die Mitte des Pentagramms, wodurch er es aktiviert – er lässt es dabei Aufflammen oder Aufblitzen. Dann dreht er sich nach rechts, und beginnt das nächste Pentagramm. Dann zieht er die beiden vertikalen Pentagramme, an Hand eines vertikalen Kreises, und zieht zuletzt einen lateralen Kreis. Es ist wichtig, dass der Magier die Pentagramme vor seinem geistigen Auge sieht, zumindest kurzfristig. Dadurch ist dann ein horizontaler Kreis mit vier Pentagrammen entstanden, und ein lateraler wie ein vertikaler Kreis, auf denen jeweils vier Pentagramme liegen, obwohl es insgesamt nur sechs sind, siehe Abbildung. Es ist wichtig, dass der Magier die Pentagramme vor seinem geistigen Auge sieht, zumindest kurzfristig.

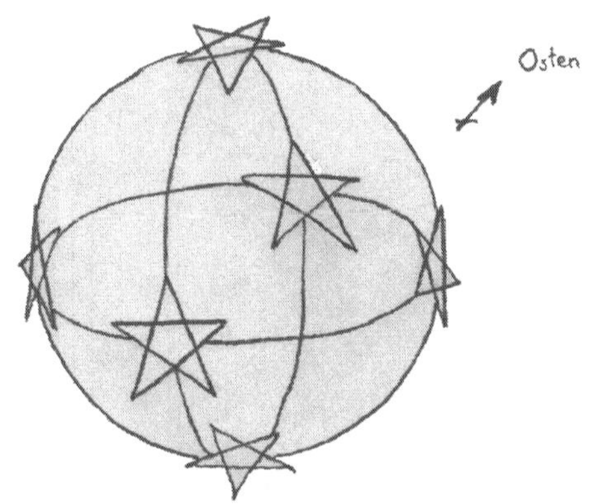

Bild 24 - Die Pentgrammsphäre, die der Magier um sich aufbaut.

Zusätzlich soll während des Ziehens eines jeweiligen Fünfsterns die Vokalreihe *AAAA –EEEE – IIII – OOOO – UUUU*[341] vibriert[342]

[340] Siehe CARROLL Peter James, Liber Kaos Das Psychonomikon, Bad Ischl 1994, S.129f.

[341] Das heißt, der Herzvokal beginnt, da A dem Herzen zugeordnet ist. Im Gnostischen Pentagrammritual beginnt man mit I, also dem Laut des Geistes. Ich halte es für sehr sinnvoll, ein Bannungsritual voller Imbrust und nicht mit geistiger Überlegenheit einzuleiten – die ist beim Bannen nicht gefragt, wie im Kampf, und Bannen ist eine kämpferische Handlung, wo ja auch nicht mehr diskutiert wird.

werden, und zwar je ein Vokal pro Pentagrammseite, und demnach sechsmal die Vokalreihe im ganzen Ritual. Es gibt die Tradition, die Pentagramme mit der Spitze nach oben zu ziehen, und dabei aber *an der linken unteren Ecke („1") zu beginnen und dann zur obersten Spitze zu ziehen*, und folglich nach den fünf Strecken auch wieder links unten zu enden![343] Der Grund hierfür klärt sich während der Studien des 2°Adepten, im Kapitel: Elementemagie und Astromagie. Ebenso nützlich, jedoch Teil der Nordischen statt der Renaissancemagie ist der

2. Einfache Hammerritus

Dieser Schutzzauber ist eine vereinfachte Version des Hammerrituals des amerikanischen Magiers *Edred Thorsson.*

An sechs Stellen, nämlich vorne, rechts, hinten, links, oben und unten, also dieselben Stellen wie im einfachen Pentagrammritual, wird ein auf dem Kopf stehender mannsgroßer Hammer – *Mjöllnir*[344], der auf Wunsch zerstörende oder fruchtbarkeitsspendende und wie ein Bumerang funktionierende Hammer des Bauern- und Wettergottes Donar/Thor[345] – gezogen, jeder einzelne Hammer soll während des Ziehens Aufflammen oder Aufblitzen. Die Gestalt des Hammers ist die eines umgek ehrten T. Der erste Hammer wird immer gen Norden gezogen – als Hommage an die Urheimat der Germanen und als Anrufung der Kräfte des Lichtes (Mitternachtssonne), danach folgt Osten, Süden, Westen, oben und unten. Es sind keine Verbindungslinien zwischen den Hämmern erforderlich, diese würden die Form der Hämmer, wenn tatsächlich nur als umgekehrtes T abstrakt dargestellt, auch geometrisch auflösen.

Bild 25 - Der Magier in Robe vollzieht den Hammerritus.

Folgende Zaubersprüche in Altnordisch werden pro Hammerzug vibriert:

---

342 Vibrieren bedeutet, mittels Klang und Sprache Energie zu transportieren. Siehe dazu oben, das Kapitel Mantramistik, das Mantra Om und die Kunst des Vibrierens.

343 Das ist auch der entscheidende Unterschied zum sogenannten *Gnostischen Pentagrammritual* der Chaosmagie, das die Pentagramme an der Spitze zu ziehen beginnt.

344 Altnordisch: wahrscheinlich „Blitzer, Blitzmacher". Da der Hammer eines Schmiedes Funken schlägt, ist die altgermanische Mythe nachvollziehbar, dass Blitze durch einen göttlichen Hammer erzeugt werden.

345 Der Name des Gottes bedeutet tatsächlich *Donner*. –

Im Norden: *Hammar i Nordhri helga ve thetta ok hald vördh!*
Im Osten: *Hammar i Austri helga ve thetta ok hald vördh!*
Im Süden: *Hammar i Sudri helga ve thetta ok hald vördh!*
Im Westen: *Hammar i Westri helga ve thetta ok hald vördh!*[346]
Oben: *Hammar yfir mer helga ve thetta ok hald vördh!*
Unten: *Hammar undir mer helga ve thetta ok hald vördh!*[347]
Danach vibriert der Magier abschließend, während er im Zentrum steht und alle Hämmer noch einmal aufflammen:
Hammar Mjöllnir helga ve thetta ok hald vördh!

Als Reikianer ist zum Schutz auch Folgendes einsetzbar:

3. Das CR-Ritual
Hierzu wird in die beschriebenen Richtungen einfach eines der drei Symbole des 2° Reiki, nämlich das CR, gezogen, welches dabei Aufflammen oder Aufblitzen soll. Dazu wir das Wort CR, also der Name des Symbols, vibriert.
Hinweis: Die drei anderen magischen Symbole sind zu Schutzzwecken ungeeignet. –
Da ich die Arkandisziplin[348] des Reiki wahre, zeichne ich das Ritual mit seinen Symbolen nicht auf.

Das Schutzritualexerzitium
Übung macht den Meister, sagt ein altes Sprichwort, und das ist bei den so notwendigen Schutzritualen nicht anders. Ein Schutzritual muss tatsächlich im Schlaf[349] gekonnt werden, und dazu ist nur Eines notwendig: beständige Wiederholung, Üben über einen langen Zeitraum. Das Schutzritualexerzitium besagt, dass der Magier über drei Monate, fünf Tage die Woche, ein bestimmtes (eines der Obigen oder ein Selbstentworfenes) Schutzritual durchführt. Es ist wichtig, dass es immer das gleiche Ritual ist, ein Wechsel zwischen verschiedenen Ritualen im Lauf dieser Zeit ist nicht sinnvoll.

---

346 Altnordisch: Hammer des Nordens (Ostens, Südens, Westens), weihe Stätte und halte Wacht!
347 Altnordisch: Hammer über mir (unter mir) weihe diese Stätte und halte Wacht!
348 Aus dem Lateinischen, die Disziplin des Geheimnisses. Die meisten magischen Stile verlangen Geheimhaltung, zumindest im Detail, meines Erachtens deswegen, um die Wirksamkeit der eigenen Magie zu erhöhen. Die Arkandisziplin des Reiki sucht die vier magischen Symbole des Reiki möglichst selten außerhalb des eigentlichen Einsatzes niederzuschreiben oder auszusprechen. Deswegen finden sich im Liber Draconis wie in diversen Reiki-Büchern auch stets nur die Abkürzungen, und nie ausgeschriebene Namen.
349 Siehe dazu das Kapitel Astralik im 2° Die Arbeit des Adepten.

Eine eigenständige Sonderform der Zauberei: Die Sigillenmagie

Die Theorie

Die Sigillenmagie ist eine Art der Zauberei, denn auch der Sigillenzauberer verwendet Gegenstände, um Magie zu wirken. Konkret sind das auf Papier geschriebene Symbole, die jedoch nicht energetisch geladen werden müssen, wie ein Adept dies tut. Es sind auch jedes Mal andere Symbole, die er verwendet.

Die Sigillenmagie ist eine kybernetische Methode der Magie. Konkret erfindet der Magier für jede Zauberei eigene Informationsträger, die er abschließend vergisst.

Die Sigillenmagie geht auf den englischen Magier und Zeichner Austin Osman Spare zurück.

Spare zeigt sich in seinen hochgradig kryptischen Werken, die teils Zeichnungen, teils Texte sind, als zorniger Mann und von sehr sexuellem Charakter. Zugleich wird er von seinen Bekannten als wortkarger Magus, der sich seiner Inkarnationen entsinnen und mittels seiner Sigillen, innerhalb von Minuten, willentlich das Wetter (!) ändern konnte, beschrieben. Aufgrund seiner Forschung kann er als einer der wichtigsten Magier des 20. Jh. n. d. Z. bezeichnet werden – die Sigillenmagie ist vielleicht die direkteste und einfachste Form der Zauberei überhaupt, sieht man von der *Leeren-Hand-Magie* ab.

Das lateinische *sigillum* bedeutet kleines Bild oder kleine Figur.

Eine genauere Erklärung: Die Sigillenmagie ist Teil des psychologischen Modells, da das Unterbewusste des Menschen seine Wünsche magisch erfüllt. Gleichzeitig ist die Sigillenmagie Teil des Informations- oder kybernetischen Modells der Magie, das bedeutet, dass der richtigen Struktur des Universums die richtige Information eingespeist wird, wonach sich der Willen des Magiers automatisch erfüllt[350].

In der Sigillenmagie ist diese Struktur das Unbewusste.

Die Information ist die Sigill.

Wenn im Folgenden von einer *Ladung der Sigill* gesprochen wird, bedeutet das nicht, dass, wie in der herkömmlichen Zauberei, ein Gegenstand (zum Beispiel eine Sigill auf einem Blatt Papier) mit Energie (zum Beispiel durch Handauflegen im Zustand der Gnosis) aufgeladen wird. Hingegen bedeutet es, dass eine Information (codiert als Sigill, niedergeschrieben auf ein wertloses Blatt Papier) im Moment der Gnosis in den Informationsprozessor (das eigene Unbewusste) hinein – geladen wird.

Es ist von entscheidender Wichtigkeit, dies verstanden zu haben.

---

[350] Siehe dazu genauer die Arbeit des 0° Neophyten, das Kapitel: Die 4 Funktionsmodelle der Magie.

Die Praxis:
Der Prozess der Sigillenmagie findet in 4 Schritten statt.

1. Ein Wunsch wird zum Willenssatz
An erster Stelle steht, wie immer, der Wunsch des Magiers –

- Was wird gewünscht?
- Was soll sein?
- Was hat zu passieren?

Auch wenn man meint, das soeben Gesagte sei selbstverständlich für jeden Magier – und in der Tat, das sollte es wirklich sein –, muss in der Magie immer Klarheit herrschen, warum Magie praktiziert wird:

- Nämlich erstens, um eine Veränderung der Realität herbeizuführen,
- und zweitens, welcher Art diese Veränderung sein soll.

Der Magier schreibt seinen Wunsch in Worten nieder, so ausformuliert nennt man ihn Willenssatz. Als Beispiel schrieb Spare:
„Dies mein Wunsch, die Stärke eines Tigers zu erlangen."[351]
Negationen werden interessanterweise *nicht* verstanden, demnach nicht bearbeitet und bewirken also das ursprünglich verneinte Gegenteil. Das bedeutet, in einem Beispiel formuliert:
„Dies ist mein Wunsch, nicht mehr schwach zu sein" ist eine Zielbestimmung, die, sofern die Sigill erfolgreich ist, schwach machen wird. –

Es sei mir gestattet, folgende Überlegungen hinzuzufügen: Wichtig ist es, primär konkrete Inhalte auszudrücken, da diese vom Unbewussten leicht verstanden werden können. Wie es scheint, arbeitet dieses nämlich in den Darstellungsmustern unser Sinnesorgane, also primär Bilder, Geräusche, Gerüche, Geschmacksrichtungen und Berührungsreizc.
Abstraktes wird schwer verarbeitet.
Das bedeutet:
„Ich erlange Tigerstärke" beinhaltet nicht das abstrakte Konzept eines Wunsches und kann eventuell vom Unbewussten leichter umgesetzt werden.
„Erlangung von Tigerstärke" ist ein noch interessanterer Willenssatz. Er beinhaltet nicht einmal die Einschaltung eines eigenen Ich[352]. Diese Technik ist sinnvoll, wenn man sich selbst per se einen bestimmten Zustand nicht gönnt, also die Erfüllung des Wunsches unbewusst blockiert. Unter Umgehung des „Ich" im Willenssatz wird also der bei vielen Menschen unbewusst vorhandene Wunsch, dem eigenen Ich bestimmte Dinge nicht zu gönnen, nicht aktiviert.

---

[351] Im Original:„This my wish to obtain the strenght of a Tiger."
[352] Es kann nützlich sein, häufiger darüber nachzudenken, was dieses „Ich" eigentlich sein soll.

2. Die Herstellung der Sigill

Der Willenssatz wird in eine Sigill verwandelt. Dazu gibt es mehrere Methoden, am bekanntesten ist die sogenannte Wortmethode. Diese besagt, dass aus dem Willenssatz alle mehrfachen Buchstaben gestrichen werden, dann die übrig gebliebenen zu einer optischen Struktur zusammengefasst werden, und letztlich diese zu einer Zeichnung verarbeitet wird. Diese ist die fertige Sigill.

Beispiel:

- „ICH ERLANGE TIGERSTAERKE" (der Willenssatz).
- „ICHERLANGTSK" (Willenssatz nach der Streichung mehrfacher Buchstaben).
- (Die Buchstaben zu einer Zeichnung gefasst, Sigill unter Konstruktion).
- (Nach erfolgter ästhetische Bearbeitung, Fertige Sigill)

Abschließend erfolgt noch das Verdecken des Willenssatzes: Der Willenssatz wird ins eigene magische Tagebuch geschrieben, reversibel überklebt und mit einem Datum versehen, zu diesem der Willenssatz wieder geöffnet wird, um eine Erfolgskontrolle zu ermöglichen. Der Zeitraum bis zur Öffnung ist willkürlich gewählt, er kann beispielsweise vier Wochen oder sechs Monate reichen. –

3. Die Ladung der Sigill

Das ist die eigentliche magische Arbeit. Spare verwendete zur Ladung die sogenannte Todesstellung, der unheimliche Name bezieht sich auf die – natürlich kurzfristige – absichtliche Nichtzufuhr von Sinnesreizen und der Verweigerung von Atmung, was für den körperlichen Organismus, den stofflichen Körper, ja tatsächlich die Erfahrung des Todes sein dürfte.

Der Magier begibt sich in irgendeine Körperhaltung, schließt die Augen und hört auf zu atmen.

Wenn dann der Luftmangel wieder zum Atmen zwingt, reißt der Magier Mund und Augen auf, saugt Luft ein und blickt die Sigill an, starrend oder schnell blinzelnd. Sein Geist befindet sich dabei im Zustand der Gnosis, auch Gedankenstille oder magische Trance genannt. Dann schließt er die Augen wieder und erlebt einige Sekunden die Gnosis der Gedankenstille. –

4. Die Schließung

Die Schließung ist das absichtliche und rasche Schließen des Kanals zum Unbewussten, um der Sigill die Möglichkeit zu geben, ihre Arbeit zu beginnen. Es ist völlig analog dem Aufhäufen der Erde eines Gärtners auf den in einer gerade gegrabenen Grube liegenden Samen.

Der Magier wirft das Papier mitsamt der darauf befindlichen Sigill weg – er soll die Sigill, als Ersatz für das Vergessen des Wunsches, nämlich völlig vergessen! Auch an den Wunsch sollte, zumindest für die eine kurze Zeit nach der Sigillenladung, nicht mehr gedacht werden. Sofort anschließend vollzieht der Magier irgendeine aktive Tätigkeit – Kochen, ein Buch schreiben, Musizieren, Umkleiden

oder mit Freunden feiern. Meditation ist recht unpassend, weil die Gefahr, an den Wunsch zu denken, groß ist.

5. Das Sigillenexerzitium
Alle Künste im Leben verlangen nach Übung, sofern man sie erfolgreich praktizieren will, und mit der Sigillenmagie ist es nicht anders.
Das Selbstgewählte Kleine Sigillenexerzitium besagt, dass der Magier sechs Monate lang wöchentlich mindestens eine Sigill abfeuert, was seine Fähigkeit zur Verzauberung sich großartig entwickeln lässt. Anfang und Ende wie die Erfolge sind im magischen Tagebuch festzuhalten.
Solche Exerzitien sind natürlich frei entwickelbar.

Alternative zur Zauberei: Die Hexerei (engl.: witchcraft)[353]

Hexerei ist die Magie mittels einnehmbarer Substanzen. Sie kann von Initiaten anstelle der Zauberei betrieben werden.
Unter die Hexerei fallen die Hexensalben des Mittelalters, sämtliche pflanzlichen psychoaktiven Pflanzen und alle Drogen, sogar alle legalen Stimulanzien und Medikamente und letztlich jede Nahrung, alle Lebensmittel und jede Speise und jedes Getränk. Die mystisch aktive Religion des Hippietums[354] drehte sich nicht nur um den Einsatz der Sexualenergie zur Erlangung mystischen Bewusstseins, sondern auch um die psychogenen Mittel Haschisch und LSD. Damit sind die Hippies in die Tradition der Hexerei einzuordnen.
Das berühmteste Hexenmittel sind die *Flugsalben*, an die Schleimhäute aufzutragende pflanzliche narkotische Substanzen, die einen sogenannten Astralaustritt verursachen. Da sich auch Schleimhäute an den Geschlechtsteilen befinden, ist der Mythos über zu reitende Besenstiele verständlich. Abgesehen davon sind die meisten dieser Mittel höchst toxisch, was sich meist am Hautbild äußert, weswegen der Mythos der warzigen Hexe des Märchens existiert. Aber letztlich sind so viele Hexer und Hexen elendiglich an falsch dosierten Flugsalben verstorben, sodass vom Gebrauch solcher Rezepturen dringendst abgeraten wird. –
Noch einmal: Zauberei ist Magie mittels Gegenständen, mit denen der Magier sich umgibt, und Hexerei Magie mittels Substanzen, die der Magier einnimmt. Weitere Erklärungen und spezielle Methoden der Hexerei werden hier aus Platzgründen nicht aufgeführt.

---

[353] Dieses permanente Verweisen auf die meinerseits gewünschte Gleichsetzung und für etwaige englische Ausgaben bitte zu wählende Übersetzung von Zauberei = sorcery und Hexerei = witchcraft ist in den häufigen Fehltranslationen okkulter Fachliteratur begründet. So wurde N. Halls „Chaos and Sorcery“ mit dem deutschen Titel „Chaos und Hexenzauber“ (Siehe Bibliographie) vergewaltigt – das ist stets ärgerlich, wenn bei abstrakten Themen (wie Okkultismus eben) abstrakte Begriffe verwechselt werden.

[354] Passenderweise benannten sich die Hippies nach „Hip“, dem englischen Wort für weise.

Beginnende Traumarbeit

Einen großen Teil unseres Lebens verbringen wir schlafend, und dabei ist unser Bewusstsein dennoch aktiv: Wir träumen. Nichts ist naheliegender, als diesen Zustand veränderten Bewusstseins für die Magie und die Mystik zu nutzen – dies gelingt nur dadurch, indem man sich während des Träumens dieses besonderen Zustandes bewusst wird, was in der modernen Magie „Zugang zur Traumebene" genannt wird. Der englische Magier Pete Carroll meint dazu: „Die einzige Methode, um Zugang zur Traumebene zu bekommen, besteht darin, zu allen Zeiten ein Notizbuch und einen Schreibstift neben der Schlafstelle parat zu haben. In diesem Buch werden sobald wie möglich nach dem Aufwachen die Einzelheiten sämtlicher Träume festgehalten. Um Kontrolle über den Traumzustand zu erlangen, ist es erforderlich, sich für das Träumen ein Thema zu wählen."[355]

Textversionen der eigenen Träume sind sehr zeitaufwendig, meiner Erfahrung nach sind Skizzen und Stichworte völlig ausreichend. Der Zweck des Traumtagebuches liegt in der Hinführung der eigenen Aufmerksamkeit zur Traumebene, nicht in literarischem Schaffen. – Was das gewählte Thema angeht, ist dieses nach den Lehren des amerikanischen Magiers Carlos Castanedas die eigenen Hände, ich empfinde es als einfacher, nur eine Hand, beispielsweise die eigene linke Hand, zu wählen. Eine interessante Erweiterung dieser Methode ist die, das im eigenen Charakter am stärksten vorherrschende Element festzustellen – Luft bei Geistesmenschen, Feuer bei Kreativen, Wasser bei Emotionalen und Erde bei körperlichen Menschen – und dann ein zum Element passendes Thema für die eigene Traumarbeit zu wählen. Dies wäre dann beispielsweise (s. Kästchen):

Feuriger Mensch:	Flamme
Wässriger Mensch:	Teich
Luftiger Mensch:	Wolke
Erdiger Mensch:	Hände.

Es ist auch möglich, mittels der Selbstverzauberung durch Sigillenmagie (siehe oben) die Traumarbeit zu fördern. So habe ich mittels einer meiner ersten TraumSigillen in einem meiner Träume eine Katze auftauchen lassen. Der Astralreisende *S.J. Muldoon* hat vielleicht die direkteste Methode der Traumarbeit entdeckt: Der Magier konzentriert sich beim Einschlafen einfach permanent auf sich selbst[356] – das ist übrigens ein Gedankengang in die Richtung, dass jeder Meditierende früher oder später mit dem Phänomen des Astralaustritts im Schlaf konfrontieret wird. Je länger er jedenfalls vor dem Einschlafen dies zu tun im Stande ist, desto eher wird er im Schlaf sich seiner Selbst gewahr werden. Ist es letztlich möglich, Themata des eigenen Träumens zu steuern, ist ein großer Schritt getan, und man hat hinreichend Vorarbeit für einen wesentlichen Teil der Arbeit des 2° Adepten geleistet – das Astralreisen.

---

[355] CARROLL Peter J., Liber Null – Praktische Magie Das offizielle Einweihungshandbuch des englischen Ordens IOT, Unkel 1986, S.24.

[356] MULDOON S.J./CARRINGTON H., Die Aussendung des Astralkörpers, Freiburg im Breisgau 1980, S.212.

2° Die Arbeit des Adepten

Vertraue Allah, aber binde trotzdem dein Kamel an.

Weisheit der Sufis

Die Macht umgibt uns, sie durchdringt uns, sie hält das Universum zusammen.

Obi Wan Kenobi in George Lucas: Star Wars

Gott ist Liebe

Klassischer christlicher Irrtum[357]

Suum cuique.

Lateinisch[358]

Wollte Odin seine Gestalt wechseln, dann lag sein Körper wie schlafend oder tot da, er selbst aber war ein Vogel oder ein wildes Tier, ein Fisch oder eine Schlange. Er konnte in einem Augenblick in ferne Länder fahren in seinen oder in anderen Angelegenheiten. –

Ynglinga Saga [(66)]

It is often said (...) that, (...) a man cannot be both practical and scientific; science and practice seem to some people to be incompatible. Each man, they say, must devote himself to the one or the other. The like of this has long bees said, and it is sheer nonsense.[359]

Sir James Paget[360]

Multum non Multa.

Lateinisch[361]

Das lateinische Wort Adept bedeutet „Einer, der etwas erreicht hat“ und bezeichnet genau den Zustand zeitlich nach dem Anfänger, aber vor dem Meister. In den weltlichen Zünften ist dies der schon länger auf Walz befindliche oder zurückkeh-

357 Das Hauptdogma des etablierten Monotheismus – Judentum, Christentum und Islam – ist ein vollkommener Gott, der alles erschaffen hat. So weit, so gut!
Wäre Gott jetzt aber die Liebe, wäre er dessen Gegenteil, nämlich Hass, natürlich nicht – und damit unvollkommen, da der Hass ja fehlen würde. Ein vollkommener Gott muss frei von Eigenschaften sein, oder er ist nicht vollkommen!
Wahr hingegen ist, dass Liebe zu Gott hinführt, denn Liebe vereint bekanntermaßen. Egal was man liebt, man vereint sich letztlich damit – und da der vollkommene Gott, der Schöpfergott, hinter allem steckt, findet man zum vollkommenen Schöpfergott durch die Liebe. Der Gegenstand der Liebe selbst ist dabei völlig belanglos.
Noch einmal: Wäre Gott Liebe, wäre er unvollkommen. –

358 „Jedem das Seine.“

359 Englisch: „Es wurde oft gesagt, dass ein Mann nicht sowohl praktisch als auch wissenschaftlich sein kann, Wissenschaft und Praxis scheinen vielen Menschen unvereinbar zu sein. Jeder einzelne Mann, sagen sie, muss sich dem Einen oder dem Anderen verschreiben. Ähnliches wie Dieses wurde lange gesagt, und es ist reiner Unsinn.“

360 PAGET Stephen, Memoirs and Letters of Sir James Paget, London 1901, S.418-419.

361 „Viel, aber nicht Vieles!“ Dieses lat. Sprichwort kann als eine Aufforderung, seine Tätigkeiten nicht aufzusplittern, verstanden werden, da man andernfalls am Feind Klarheit scheitert.

rende Geselle, der Meisterschüler. Die Arbeit des 2° ist die Vertiefung der Künste des 1° Initiaten. Dies beinhaltet zweierlei:

- Erstens, die Entwicklung oder Beherrschung sogenannter zusätzlicher Körper, unter Anderem durch die Bewusstwerdung der Traumebene.
- Zweitens mehrere, verfeinerte Versionen der Zauberei, darunter die Symbolmagie – Zauberei, die durch den Einsatz von Informationsträgern, sogenannter magischer Symbole, Wirkung zeitigt. Dabei ist es wieder einmal gleichgültig, ob diese Symbole animistisch, kybernetisch, energetisch oder psychologisch erklärt werden.

Es ist sinnvoll, eine Einweihung in den 2° Grad *Reiki*, den sogenannten *Okuden*[362]-Grad, zu erhalten – denn diese enthält die Einweihung in drei echte magische Symbole, das mächtige CR, das geistverändernde SHK und das vielseitige HS. Diese oder eine vergleichbare Einweihung[363], bei dem die Fähigkeit zur Magie mittels abstrakter Zeichen vermittelt wird, ist für die Symbolmagie unerlässlich – zumindest, wenn mehr als nur marginale Erfolge erzielt werden sollen.
Nach der Einweihung beinhaltet die Arbeit des Adepten also folgendes:

1. Astralik inklusive echte Traumarbeit, und
2. Symbolmagie und weitere Formen der Magie.

---

362 Japanisch: Lehre des Inneren.

363 Eine Einweihung in etwas Funktionstüchtiges, *Authentisches*. Wie immer ist es wichtig, sich bei der Wahl besonders auf sein Gefühl zu verlassen, denn es gab immer und gibt immer viele kleine magische Zirkel, die letztlich nur so etwas wie nikotinhaltige Nachmittagstreffen niedlicher Narren sind – deren Protagonisten sich aber für die Herrscher des Universums halten.

Theoretischer Teil

Religionen

Befreit man Religionen von ihrem philosophischen und rituellen Überbau, finden sich erstaunliche Parallelen, und zwar in den *Methoden* der jeweiligen „Rückbindung an das Transzendente“, wie man das Wort Religion ja sinngemäß übersetzen kann. Das bedeutet, dass es wenig Sinn macht, eine Religion zu bekämpfen und eine andere nicht, denn im Kern sind anscheinend alle Religionen funktionstüchtig und damit ernst zu nehmende Gegner. Des Weiteren bedeutet es aber auch, dass allen Religionen und magischen Systemen eine unbestimmte gemeinsame Wahrheit, die es zu erforschen gilt, zu Grunde liegt. –

Klassiker der Magie: Eine Miniaturbibliothek des westlichen Magiers

BARDON Franz, Der Weg zum wahren Adepten Ein Lehrgang in zehn Stufen Theorie und Praxis, Freiburg im Breisgau 1989.

CASTANEDA Carlos, Das Feuer von Innen, Frankfurt am Main 1985 (Band 7 von 10).

CARROLL Peter J., Liber Null & Psychonaut (Two complete Volumes), York Beach Maine 1987.

CROWLEY Aleister, DAS BUCH THOT (Ägyptischer Tarot), Neuhausen 1989.

DETLEFSEN Thorwald, Schicksal als Chance Das Urwissen zur Vollkommenheit des Menschen, München 1998.

FORTUNE Dion, Selbstverteidigung mit Psi Sicherheit und Schutz durch geistige Kraft, München 2000.

GREGORIUS Gregor A., Magische Briefe, Bremen 1980.

HAICH Elisabeth, Einweihung, Ulm 1972.

LEVI Eliphas, Geschichte der Magie Erster Teil und Zweiter Teil, München 1978.

MATHERS MacGregor S. L., The Kabbala Unveiled *Containing the following Books of the Zohar*, London 1991.

NETTESHEIM Heinrich Cornelius Agrippa von, DIE MAGISCHEN WERKE, Wien 1997.

PARACELSUS / WERNER Helmut, Paracelsus Okkulte Schriften Mikrokosmos und Makrokosmos Ausgabe von Helmut Werner, Köln s.T.

PIRSIG Robert M., Zen und die Kunst ein Motorrad zu warten, Frankfurt am Main 1978.

SEBOTTENDORF Freiherr von, Die geheimen Übungen der türkischen Freimaurer, Freiburg im Breisgau 1977.

REGARDIE Israel, Das magische System des Golden Dawn Band 1-3, Freiburg im Breisgau 1987.

ROBERTS Jane, Gespräche mit Seth, Von der ewigen Gültigkeit der Seele, Genf 1972.

SHARAMON Shalila/Baginski Bodo J., Das Chakra Handbuch Vom grundlegenden Verständnis zur praktischen Anwendung Eine umfassende Anleitung zum Harmonisieren der Energiezentren durch Klänge, Farben, Edelsteine, Düfte, Atemtechniken, Naturerfahrungen, Reflexzonen und Meditationen, Aitrang 1999.

TEPPERWEIN Kurt, DIE GEISTIGEN GESETZE Erkennen, verstehen, integrieren erweiterte und überarbeitete Neuausgabe, München 2002.

THORSSON Edred, Handbuch der Runen-Magie, Haldenwang 1987.

WORMS Abraham von / DEHN Georg, BUCH ABRAMELIN das ist Die egyptischen großen Offenbarungen (sic![364]) oder des ABRAHAM VON WORMS BUCH DER WAHREN PRAKTIK IN DER URALTEN GÖTTLICHEN MAGIE erste vollständige, kritisch überarbeitete Ausgabe von Georg Dehn, Worms 1995.

---

[364] Mit dem in Klammern gefassten lateinischen Wort *sic!*, deutsch: So!, weist man in der westlichen Wissenschaft auf ungewöhnliche syntaktische (Syntax ist der Satzbau) oder grammatikalische (Grammatik ist die Lehre von den Fällen wie z. B. *der, dessen, dem* usw.) Formen in zitierten (genau wiedergegebenen) Texten hin, die ansonsten für Schreib- bzw. Tippfehler gehalten werden könnten.

Praktischer Teil

Einweihung

Für die Einweihung in den Adeptengrad werden hier keine Vorgaben gemacht, diese sollte selbst entwickelt oder von einem praktizierenden befreundeten Meister durchgeführt werden. Wichtig an dieser Einweihung ist prinzipiell Folgendes: Entweder in der Aura des Magiers (energetisches Modell), oder in seinem Unbewussten (psychologisches Modell), oder in seinen Bewusstseinsströmen (Kybernetisches Modell) oder in seiner Seele/Schutzengel/etc. (Animistisches Modell) MUSS die Fähigkeit verankert/erweckt werden, magische Symbole zu zeichnen. Das bedeutet, dass der Magier so wie vorher ein Zeichen zu Papier bringen kann, wie jeder Nichtanalphabet auch, aber dass er ab nun zusätzlich dieses Zeichen auf eine Weise zu Papier bringen kann, dass es magische Wirkung zeitigt.
Wer will, kann zwei brennende Kerzen – Symbole für den zweiten Grad, für die Polarität des Seins und den Arbeitsaufwand[365] der adeptalen Magie – im Ritual einsetzen.
Hinweise für die Selbsteinweihung in den Adeptengrad mittels und gleichzeitig in die Runenmagie finden sich im Kapitel Runenmagie.

Astralik

Astralik kommt von *astra,* lateinisch: Der Stern.
Die Astralik ist der Umgang mit dem sogenannten Astralkörper und den sogenannten astralen Räumen. Prinzipiell ist damit gemeint, seinen fleischlichen Körper zurückzulassen und mit seinem Geist in andere weltliche oder außerweltliche – deswegen der Hinweis auf Sterne – Bereiche vorzudringen. Manche Magier sprechen von dem Bereisen 4- und 5-dimensionaler Räume, die immer schon um uns waren, aber nicht bewusst erlebt wurden.
Es ist ein wichtiger Hinweis, dass all solche Erklärung Schatten von etwas sind, das sich nicht wirklich erklären lässt, und dennoch sehr natürlich ist. Ein Vergleich: Wie will man erklären, wie man seine Beine dazu bringt, dass sie gehen? Sie gehen, aber zu erklären, wie es dazu kommt, ist fast unmöglich.
Im Liber Draconis wird die Erklärung gewählt, dass der Mensch aus verschiedenen Körpern besteht, die voneinander willentlich trennbar sind. Diese Erklärung bietet auf jeden Fall die Möglichkeit, sinnvoll mit den Phänomenen der Astralik umzugehen. –

---

[365] Die Zwei ist die Zahl der Arbeit, der Dienstbarkeit, siehe dazu das Kapitel des runischen Zahlenschlüssels im 2° Die Arbeit des Adepten. Arbeitsaufwendig ist die Magie des Adepten tatsächlich, aufgrund der vielfältig eingesetzten zahlreichen Symbole und der komplexen Methoden. Der Schritt vom Adepten zum Magus Major ist dann gewaltig – die Magie des Magus Major verzichtet auf alle Hilfsmittel, deswegen dann auch der Name *Hohe Magie* oder *Leere Hand Magie*. Siehe dazu das Kapitel 3° die Arbeit des Magus Major.

Um Astralreisen zu erlernen, hat der Magier das Traumbewusstsein erlangt und seinen Geist durch viele Übungen geschärft. Wahrscheinlich hat er Kenntnisse in der Aetherik[366] erworben, eine dichtere Form der Energie als die Astral genannte.

Prinzipiell kann man nach dem Wiener Magier Fra. .717. drei Formen[367] der Astralik unterscheiden, nämlich:

1. Mentalreisen (Mentale Projektion)
2. Astralreisen
3. Aetheralreisen

Die Techniken können in dieser Reihenfolge erlernt werden, was insofern Sinn macht, dass sie aufeinander aufbauen, sowohl vom Schwierigkeitsgrad als auch vom energetischen Aufwand. Es ist also möglich, mit beständigem Üben fließend vom Mentalen übers astrale zum aetheralen Reisen fortzuschreiten.

Ad 1, Mentalreisen

Zu einer mentalen Reise ist jedermann fähig, der schon einmal geistig abwesend war – so sind leider viele Autounfälle durch eine geistige Reise des Fahrers entstanden, beispielsweise. Bewusst eingesetzt, bereist der Magier, meist durch Tore oder Symbole, bestimmte Ebenen der geistigen bzw. astralen Welt. Zweck dieser Reisen ist meist Informationssuche. Viele der skandinavischen *Bautasteine* der Wikinger, in die Runen und Drachen eingemeißelt sind, sind eigentlich Tore – es könnte interessant sein, sich mit diesem Thema näher zu beschäftigen. –

Das germanische Multiversum besteht überhaupt aus neun Welten, angeordnet an die Welteneibe *Yggdrasil*. Die kabbalistische Sichtweise beschreibt zehn, mit der Quasi -*Sephira*[368] *Daath* sogar elf Ebenen... es gibt viel zu entdecken.

Auch die Ebenen der Elemente und der Planetenkräfte können so betreten werden, und zwar indem ein Pentagramm oder ein Hexagramm in einer bestimmten Richtung gezogen wird, wie im Kapitel „Die Symbolmagie Mitteleuropas: Die Traditionelle Europäische Ritualmagie“ (siehe unten) beschrieben.

Das Mentalreisen bzw. die mentale Projektion findet sich in moderner[369] esoterischer Literatur häufig, auch unter den Namen „bewusster Tagtraum“, „Geistreise“, „schamanische Reise[370]“, „Fantasiereise“, und so weiter und so fort. Unter diesen Namen wird sie häufig zu therapeutischen Zwecken eingesetzt.

Ad 2, Astralreisen

Neben der Symbolmagie ist das Astralreisen das eigentliche Ziel des Adepten. Diese Kunst wird zuweilen auch Astralwallen genannt, was auf die Energiebewe-

---

[366] Siehe dazu den 1° die Arbeit des Initiaten.

[367] Vergleiche dazu: 717 Frater, Handbuch der Chaosmagie, Soltendiek 1992, S.141.

[368] Hebräisch: Schale.

[369] Ab 1990 n. d. Z.. circa.

[370] Mit gleichzeitigem Trommelspiel in diesem Fall, das die Gnosis, also die Trance des Magiers, unterstützt.

gung der feinstofflichen Körper des Magiers anspielt. Hierzu verlässt der Astralkörper und die feineren Körper – also auch das Bewusstsein – den fleischlichen Körper. Der Astralkörper wird in magischer Literatur manchmal auch *Doppel* oder *Doppelgänger* genannt, denn der Magier existiert wie sonst auch, nur eben räumlich vom fleischlichen wie aetheralen Körper für die Dauer der Astralreise getrennt, nämlich im oder als feinstofflicher Doppelgänger. Er kann deswegen Materie durchdringen und sich mit großer Geschwindigkeit in jeder Richtung fortbewegen, auch durch die Luft, beispielsweise[371]. Seine Sinne funktionieren weitgehend normal, er hört und sieht – aber er kann keine materielle Wirkung hervorrufen. Eigentlich ist er ein lebendes Gespenst, und in der Tat wird er zuweilen von sensitiven Menschen und Magiern wahrgenommen. Erwähnenswert ist, dass zwischen dem fleischlichen Körper und dem Doppel häufig eine Art Silberschnur zwischen den jeweiligen Bauchregionen wahrgenommen wird, allerdings nicht immer und nicht von allen Astralreisenden. Verspürt man ein Ziehen, sollte man in seinen fleischlichen Körper zurückkehren – indem man einfach den Weg zurücknimmt. Ein Durchtrennen der Silberschnur kennzeichnet das eigene Ableben, sicherlich unerwünscht. –
Menschen mit der Fertigkeit des Astralreisens werden beständig von Geheimdiensten gesucht, natürlich zu Spionagezwecken. Ein Grund mehr, dass der Magier sich im Alltag immer äußerst diskret verhalten sollte.
Das echte Astralreisen nimmt die Angst vor dem Tode, da beim Ableben genau Analoges wie beim sogenannten Astralaustritt passiert – allerdings stellen der fleischliche und der aetherale Körper ihre Funktion ein, anstatt nur still zu liegen. Anschließend, also nach dem Ableben, ist es sinnvoll, sich direkt nach einer neuen Inkarnation oder nach einer schönen, großen Lichterscheinung umzusehen, durch die man dann schreitet... beides sehr naheliegende, natürliche und einfache Unterfangen. Leider haben eingefleischte Materialisten, sehr erdverbundene emotionale Menschen und sture Christen damit ein Problem – Materialisten glauben einfach nicht an ihren Tod, da sie ja noch existieren, Erdverbundene wollen einfach nicht von ihren Genussquellen fern sein, und Christen warten, wie bestellt und nicht abgeholt, häufig in der Nähe ihrer Grabsteine traurig auf das Jüngste Gericht, das nicht kommt. –

Ad 3, Aetheralreisen

Am faszinierendsten ist die Aetheralreise, eine im heutigen Europa extrem seltene Kunst, die genau genommen eines 3° Magus Major würdig ist. Dabei werden die Funktionen des fleischlichen Körpers auf ein Minimum reduziert, der Mensch kann sogar wie scheintot wirken. Der Grund dafür liegt darin, dass große Teile des Aethers mit den anderen Körpern auf Reisen gehen. Dadurch ist der Magier in der Lage, materielle Wirkungen zu zeitigen, er selbst ist, trotz der Abwesenheit

[371] Eine sehr genaue und schöne Darstellung des Astralreisens findet sich im Kinofilm *Birdy*.

seines fleischlichen Körpers, üblicherweise sichtbar. Aetherale reisende Magier bewegen sich zuweilen in theriomorpher[372] Gestalt, sie haben also einen Gestaltwandel vollzogen. Häufig ist die gewählte Gestalt die Form ihres Clantiers. Es soll überhaupt nur sehr wenige Magier geben oder gegeben haben, die eine andere tierische Gestalt als die ihres Clantiers annehmen konnten – der Zauberer Merlin beispielsweise, wobei aber die Berichte dieses um 500 n. d. Z. in Britannien lebenden Magiers so oft und so sehr an ihr jeweiliges Publikum angepasst wurden, dass wenig Wertvolles[373] daraus gezogen werden kann.
Am berühmtesten im germanischen Raum ist vielleicht der dänische Held *Bödvar Bjarki*, der in heidnischer Zeit[374] als unverwundbarer Bär in der Schlacht kämpfte, während er wie schlafend in der Halle saß[375]. Faszinierend sind auch die beiden benachbarten isländischen Bauern *Dubthach* und *Storolf*, die in Streit gerieten und sich des Nachts in einer Senke zwischen ihren Besitzungen trafen, und zwar in der Gestalt eines aetheralen Stieres und eines aetheralen Bären. Sie kämpften die ganze Nacht, und am nächsten Morgen lagen beide völlig erschöpft, zerschunden und blau geschlagen in ihren Betten zuhause. Diese Erzählung beweist, dass die Erlebnisse der Aetheralreise direkte Auswirkungen auf den fleischlichen Körper haben können. –

Traumarbeit

Die Künste der Astralik sind auch im Schlaf möglich – eine unglaubliche Zeitersparnis für den Magier, wo doch die meisten Menschen den Schlaf, und das ist mehr als die Hälfte der Lebenspanne, ungenutzt und unbewusst verbringen...
Dazu ist der Magier im Schlaf bewusst geworden[376], das heißt, er weiß, wenn er schläft, dass sein Körper gerade schläft, und er tastet sich nun Schritt für Schritt von Erfahrung zu Erfahrung vor. Zuerst ist es sinnvoll, einfach seine Träume bewusst zu beobachten, dann diese ein wenig zu steuern, was dem Mentalreisen entspricht. Später beginnt der Magier sein Schlafzimmer zu erforschen. Dieser erste Astralaustritt im Schlaf erfolgt willentlich, indem man im Schlaf einfach sein eigenes Schlafzimmer sehen möchte...
Letztlich ist die Traumarbeit genauso aufgebaut wie die Astralik, das in wachem Zustand durchgeführt wird – also mental, astral und aetheral, in dieser Reihenfolge. Der Unterschied zwischen Astralik und Traumarbeit liegt nur im Ausgangszustand, nämlich wach oder schlafend.

---

372 Griechisch: tierförmiger.

373 Der eigentliche Grund für das Verfassen der *Artussage* war übrigens wahrscheinlich kein spirituell-pädagogischer, sondern ein sozialpolitischer: Der Autor *Geoffrey von Monmouth* wollte wohl seiner Heimat, dem heute längst vergessenem, weil gescheitertem, *Angevinischen Reich* (ein Territorium über Nordfrankreich und Südengland) eine Identifikationsgrundlage geben.

374 Gemeint sind an dieser Stelle die ersten Jh. n. d. Z. in Dänemark.

375 Siehe dazu die nordische *Hrolf Saga Kraka*, zu Deutsch: die *Rolf Kraki Saga*.

376 Siehe dazu das Unterkapitel „Beginnende Traumarbeit“ im Kapitel 1° Die Arbeit des Initiaten.

Übungen der Astralik

Die Doppelmeditation

Eine interessante Methode, den Schritt von der Mentalreise zur Astralreise zu vollziehen, ist die Doppelmeditation. Dazu unternimmt der Magier eine Mentalreise und reist zu einem Abgrund oder Bodenspalte. Auf der anderen Seite imaginiert er sich selbst, sein Doppel, seinen Astralkörper. Die beiden Figuren sind durch eine Silberschnur in der Nabelregion verbunden, und mit jedem langsamen Atemzug verlegt der Magier nun sein Bewusstsein in das Doppel. Mit etwas Übung gelingt die vollständige Verlagerung des Bewusstseins, und das Astralreisen in den materiellen Raum kann beginnen.

Die Monroe-Methode

Der berühmteste Astralreisende des 20.Jhdts. n. d .Z. ist vielleicht der Amerikaner Robert A. Monroe, der 1958 seine erste Astralreise erlebte. Er fasste seine Erfahrungen in einem interessanten Buch zusammen[377].

Nach Monroes Forschungen sind Astralreisen, auch Astralprojektionen genannt, unter folgenden Bedingungen am leichtesten durchzuführen:

1. Der Magier begibt sich in einen Raum oder Zimmer, der frei von Störungen und warm und recht dunkel ist.
2. Er trägt keine oder sehr weite, luftige Kleidung.
3. Er nimmt eine liegende Stellung entlang der Nord-Südachse ein, wobei der Kopf nach Norden weist. Es kann langsam durch den Mund geatmet werden.
4. Nun vollzieht der Magier einen Entspannungsvorgang anhand von Phasen, die die Bezeichnungen A-D tragen.
   A: Der Magier konzentriert sich lange auf einen einzelnen Gedanken.
   B: Der Magier schläft noch immer nicht ein, denkt nun aber an Nichts, er sieht nur Schwärze, weil er sich auf das Sehen hinter geschlossenen Lidern konzentriert.
   C: Dadurch verschwinden weltliche Sinneswahrnehmungen, letztlich auch das Sehen.
   D: Die Vollendung D ist erreicht, wenn man völlig ausgeruht und frisch, nicht müde oder schläfrig, die Übung beginnt.
5. „Der Schwingungszustand“. Der Magier konzentriert sich auf das Erzeugen von Schwingungen im energetischen Bereich, die letztlich die Trennung des astralen vom fleischlichen Körper auslösen. Dazu konzentriert sich der Magier auf die Schwärze hinter seinen Lidern, und dort auf einen imaginären 30cm entfernten Punkt. Dieser wird auf 2m Entfernung weggeschoben, und dann, anhand einer L-förmigen Strecke, um 90° nach oben über den Kopf, auf eine Achse parallel zur Körperachse – schräg oben ist der Punkt also jetzt – gekippt. Mit diesem Punkt „greift man aus“, „berührt“ an dieser Stelle „etwas“ – und energetische Schwingungen, die den Magier zu durchbrausen be-

---

[377] MONROE Robert A., Der Mann mit den zwei Leben, 2005.

ginnen, werden aktiviert. Dadurch wird der fleischliche Körper unbeweglich. Was da schwingt, ist der Astralkörper.

6. Der Magier gewöhnt sich an diese Schwingungen in mehreren Versuchen, in denen er zum Beispiel Selbige wie Wellen durch seinen fleischlichen Körper brausen lässt, oder einen astralen Arm, auch mal einen Fuß in eine andere Lage bringt oder astral verlängert, also ausfährt. Im Großen bleiben die beiden Körper jedoch noch zusammen.
7. „Der Astralaustritt". Sobald man sich an die Schwingungen gewöhnt hat, erfolgt der Austritt aus dem fleischlichen Körper. Dieser wird durch Herausrollen um die eigenen Längsachse oder Aufsteigen des astralen aus dem fleischlichen Körper erreicht.
8. „Die Reise". Zu Anfang sollte der Magier stets nur im eigenen Zimmer neben seinem Körper wandeln, später können längere Reisen erfolgen.
9. Die Rückkehr in den eigenen Körper wird dadurch veranlasst, dass man sich eine Verschmelzung oder Wiedervereinigung mit dem fleischlichen Körper vorstellt.

Liest man Monroes Schriften, bemerkt man, dass er sich anscheinend nicht bewusst war, dass die vorbereitenden Phasen A-D klassischer Magietradition entsprechen. C bzw. D zum Beispiel sind mit der Gnosis oder dem gnostischen Zustand, wie im Liber Draconis beschrieben, gleichzusetzen. Die eigentliche Methode des Austritts über das Erleben energetischer Schwingungen ist jedenfalls sehr originell.

Sonstige Techniken

- Der Magier imaginiert täglich während einer dazu durchgeführten Meditation die Vorstellung, dass er über seinem eigenen Körper schwebt.
- Vor dem Einschlafen vibriert der Magier längere Zeit in der Dunkelheit einen Ton, entweder Aaaaaaaaaaaaaaaaaaaaaaaaaaaaaaaaa ... oder Ooooooooooooooooooooooooooooo. Dies führt er mehrere Nächte durch, bis im Schlaf der Astralaustritt erfolgt.
- Der Magier verwendet Sigillen.
- Der Magier imitiert zum Einschlafen permanent Rotationsbewegungen um die Längsachse, um sich aus seinem fleischlichen Körper herauszudrehen.
- Der Magier imaginiert ein Seil, das von der Zimmerdecke herabhängt, ein astrales Seil. Daran zieht er sich, natürlich als Astralkörper, aus dem fleischlichen Körper heraus.
- Berichten zufolge vollziehen alle Menschen häufig im Schlaf Astralreisen, aber ohne sich daran erinnern zu können. Dies lässt sich folgendermaßen überprüfen: Der Magier platziert eine Spielkarte, deren Vorderseite er nicht angesehen hat, mit der Rückseite nach oben an einem exponierten Ort seiner Wohnung oder seines Schlafzimmers. Er nimmt sich vor, astral im Schlaf nachzusehen. Am nächsten Morgen beim Aufwachen notiert er seine Mei-

nung über die Identität der Karte. Danach sieht er nach... Oft durchgeführt, bewirkt diese Übung letztlich völlig bewusstes Astralreisen.

- Der Magier hängt Schilder in seiner Wohnung auf, die er selbst als Astralreisender lesen soll:
  „Weck mich auf und nimm mich mit wenn du außerhalb des Körpers auf Reisen gehst", und
  „Erinnere mich daran wo Du diese Nacht warst" oder
  „Besuche (xy) und sag mir dann was (er, sie oder es) gestern Nacht getan hat"[378]
- Der Magier beginnt seine Träume zu planen. Folgende Themen induzieren Astralaustritte: Ein Traum, in dem Dampf aus allen Poren austritt, oder ein Traum, in dem man seine Körper durch die Schädeldecke verlässt, oder ein Traum, in dem man an einer Leiter nach oben klettert... oder ein Traum, bei dem man mit einem Aufzug nach oben fährt.
- Der Magier konzentriert sich beim Aufwachen auf seine Erlebnisse ohne seinen fleischlichen Körper zu bewegen.
- Völlige Dunkelheit im Schlafzimmer ist zu meiden, da der Astralkörper in völliger Dunkelheit auch keine Wahrnehmung hat, wie der fleischliche Körper bekanntlich auch nicht. Schwaches Dämmerlicht scheint Astralaustritte generell zu begünstigen, grelles Licht hingegen zu behindern.
- Die Spiegelmeditation: Der Magier sitzt in einem bequemen Stuhl und starrt in einen großen Spiegel, der ihn vollständig zeigt. Er wiederholt beständig seinen Namen, und tut so, als wäre er das Spiegelbild.
- Der Magier nimmt sich vor dem Einschlafen eine bestimmte Wanderungsroute für seinen Astralkörper vor, die er im Geist genau abgeht, bis er einschläft.
- Man wünsche sich jeden Abend eine Astralreise.
- Die Durstmethode: Der Magier trinkt den ganzen Tag nicht, macht aber sehr häufig Anstalten dazu, die er im letzten Moment abbricht, wie beispielsweise im letzten Moment ein volles Glas Wasser wieder von den Lippen absetzen. Am Abend stellt er ein Glas Wasser in die Küche, z.B. in die Spüle, setzt sich mit einem Stuhl davor und sieht es lange an. Dabei nimmt er sich vor, im Schlaf zu dem Wasserglas zu gehen, um zu trinken. Genau das wird der Astralkörper nämlich tun.[379]

Letztlich ist zum Astralreisen nur eins zu sagen: *Beharrlichkeit führt zum Erfolg.*

---

[378] Zu den bis hier genannten „sonstigen Techniken" vergleiche: DODSON Frederick E., Astralreisen Das ultimative Trainingshandbuch für alle die schon immer außerkörperliche Erfahrungen machen wollten, Leipzig 2003, Bohmeier Verlag.

[379] Zu diesen weiteren „sonstigen Techniken" vergleiche: MULDOON S. J./CARRINGTON H., Die Aussendung des Astralkörpers, Freiburg im Breisgau, 1980.

Symbolmagie

Symbolmagie arbeitet mit Symbolen[380]. Das bedeutet, dass ein Paar Strich Tinte auf Papier, eine in die Luft zeichnende Hand des Magiers oder etwas Vergleichbares Magie bewirken: Und das heißt, simple Zeichen ohne materielle Verbindung zum Zielobjekt verursachen eine Veränderung desselben.

Im energetischen Sinn bedeutet das beispielsweise, dass die Tinte von Chi[381] erfüllt ist, und die Form des Zeichens kanalisiert die Energie zum gewünschten Zweck.

Im animistischen Sinn ist so ein Zeichen dann lebendig – die Tinte ist sein in Form gebrachter Körper, und sein Geist arbeitet nach dieser Form.

Im psychologischen Sinn bewirkt das Zeichen eine Veränderung im Unbewussten – und dieses verursacht über unbekannte Kanäle Veränderungen in der Außenwelt.

Und im kybernetischen Sinn wurde einfach Information in der richtigen Form zur richtigen Zeit am richtigen Ort in ein System eingespeist, wie ein Programm in einen Computer, wobei das magische Zeichen das Programm, der Computer das Multiversum wäre – die Wirkung erfolgt. –

Mischformen dieser vier Erklärungsmodelle sind häufig. –

Durch die Einweihung in den Grad des Adepten wurde diese Fertigkeit im Magier erweckt. Im Falle des Reikianers – die Einweihung in den 2° *Reiki* – heißt das konkret, dass jedes gewünschte magische Zeichen dadurch aktiviert wird, indem es gemeinsam mit dem HS-Symbol gezogen wird – beispielsweise darüber, darunter oder daneben (aber nicht direkt darauf), und dadurch magisch aktiviert wird.

Sigillenmagie II: Sigillenmagie mittels eines Energiesymbols

Dank des HS-Symbols des Reiki kann Sigillenmagie auch ohne die sogenannte Todesstellung eingesetzt werden. Dazu wird die fertige Sigill auf ein Blatt Papier geschrieben, darüber das HS-Symbol gezogen und die Sigill angestarrt.

Als zweite Methode wird die Sigill auf eine Kerze geschrieben, die entzündet wird, dann wird das HS-Symbol darüber in die Luft gezeichnet. Die Kerze lässt man dann abbrennen. Es ist dabei nicht notwendig, die Kerze die ganze Zeit anzustarren, es reichen einige Sekunden, wo die Flamme die Sigill zu verzehren beginnt. Gerade diese sogenannte Kerzenmethode ist sehr ästhetisch.

---

[380] Von griechisch *sym (*zusammen) und *ballein* (werfen): Das Zusammengesetzte.

[381] So lässt sich beispielsweise der Effekt erklären, wie echte Kalligraphen ihre Tinte so auf zentimeterdickes Holz mit dem Pinsel aufmalen, dass sie sofort auch auf der Rückseite des Holzes sichtbar wird – sie wird vom Chi dorthin getragen. –

Die Runenmagie, die Symbolmagie des Nordens

Eine Bemerkung vorab: Dieser Magiestil ist sowohl Teil des energetischen Modells – die Runen werden als Energieträger gesehen, die mit Energie aktiviert werden – als auch des kybernetischen Modells, da freie Energie durch die *Runen* in bestimmte Information gebündelt wird. Die *Runen*, im Deutschen müssten sie eigentlich *Raunen* heißen[382], sind die heiligen Zeichen der Germanen. Ihr Name bedeutet so viel wie: Brüllendes Geheimnis. Diese Geheimnisse sind in einzelne Zeichen gefasst, wobei jedem Mysterium ein einzelnes Zeichen entspricht. Sie existieren in verschiedenen Versionen und verschiedenen festgelegten Reihenfolgen oder Reihen, die man *FUTHARC* oder *FUTHORC* nennt – nach der *buchstäblichen*[383] Bedeutung der jeweils ersten sechs Zeichen. Die jüngste Reihe stammt aus dem späten 19. Jh. n. d. Z., die älteste ist das sogenannte *gemeingermanische Futharc*, es muss, gemäß archäologischer Funde, in der Zeit von 200 vor bis 200 Jahre n. d. Z. entstanden sein. Es ist damit das authentischste aller Runensysteme, und es blieb bis ca. 800 n. d. Z. primär in Gebrauch. –

Der Ursprung der Runen ist ungewiss, auch wenn ähnliche, einfachere Zeichen seit der Bronzezeit auf germanische Felsen geritzt wurden. Verschiedenste Theorien zur Entstehung der Runen wurden veröffentlicht, doch witziger weise sagen diese weniger über die Runenherkunft als viel mehr über die Mentalität des betreffenden Autors aus. Mich dieser Tradition anschließend, neige ich persönlich zu der Ansicht, dass die Runen von den Kadern der Söldnerverbände der *Heruler*[384] entwickelt und im Zuge diverser Feldzüge der Völkerwanderungszeit über ganz Europa verbreitet wurden. Innerhalb dieser Theorie waren die *Heruler* kein Stamm – oberflächlich betrachtet agierten sie jedoch genau wie ein solcher –

---

382 *Raunen*, deutsch: (einen Zauberspruch) heimlich flüstern. Dieses Verb ist ein direkter deutscher Nachfahre des germanischen *Runo*, substantivisch wie verbal gebraucht. Das Wort Rune war mit dem Neuhochdeutschen ausgestorben – Rune wurde zur *Raune* diphthongiert - und kam im 17. Jahrhundert durch die akademische Beschäftigung mit den germanischen Zauberzeichen mit ebendieser Bedeutung wieder ins Deutsche herein.
Zur weiteren Klärung denke man einmal an den Namen einer deutschen Zauberwurzel, die *Alraune*, wörtlich; das All-Geheimnis. Aufgrund der gemeinsamen indogermanischen Vorfahren existiert auch das verwandte lateinische *rumor*, wörtlich: Geräusch. Auch das deutsche *Rumpeln* mag ein Verwandter sein.
Runo, Rumor, Rumpeln – wahrscheinlich ist das Urwort lautnachahmenden Ursprungs und bezeichnet ursprünglich das Geräusch an sich. Geräusch ist Klang, und damit befinden sich die Runen in bester magischer Gesellschaft – *Nada Brahma, die Welt ist Klang*, sagen die indischen Brahmanen.

383 Runen wurden viel auf Buchenholzstückchen, also *Buchenstäbe, Buchstaben*, geschnitzt... daher der Name der Glieder des Alphabets, das aber nicht von den Runen abstammt, sondern von der Schrift der Lateiner.

384 Auch: Eruler, Erulier. Im mittelalterlichen Skandinavien war dies immer noch die Bezeichnung der heimischen Runenmeister, die militärische oder nationale Komponente eines Volkes der Heruler, wie man es in der Völkerwanderungszeit (375 bis 468 n. d. Z..) kannte, war wahrscheinlich schon vergessen. –

sondern eine primär religiöse Organisation, die jedoch als selbstverwaltete, mietbare Söldnerarmee auftrat und schließlich ein eigenes Reich gründete.[385] Meines Erachtens waren die Kader der *Heruler* die ersten Runenmeister.

Auf den ersten Blick erscheinen die Runen als Alphabet, doch das ist nur ein Teil ihrer Funktion. Das Wesen der Runen ist ihre Funktion als Werkzeuge der Magie, sie sind magische Symbole.

Das *gemeingermanische Futharc* besteht aus 24 Runen, von denen noch heute verwendete einzelne deutsche Worte abstammen. Die folgenden Grundbedeutungen, in Großbuchstaben geschriebene Worte, sind deutsche Nachfahren der jeweiligen germanischen Rune – deutsch ist eine germanische Sprache.

Die Runen – Das gemeingermanische Futharc

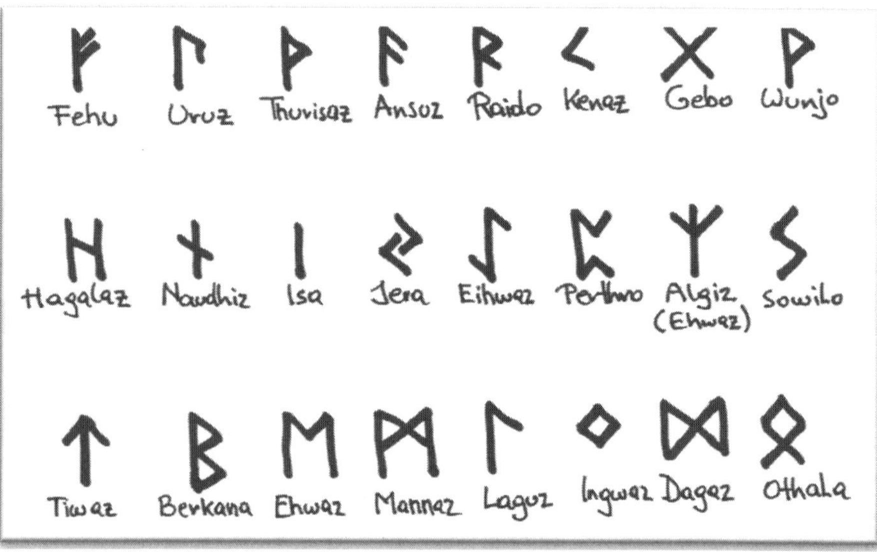

[385] In der Tat sind Spirituelle Organisationen, die sich von einer Art Orden zu einer Armee und letztlich zu einem Staat entwickeln oder dies zumindest versuchen, in der Geschichte recht häufig. Als bunte Beispiele seien an dieser Stelle die Staatengründungen der Almohaden (Marokko, Dauer des Staates 122 Jahre), der Heruler (Niederösterreich/Westungarn, Dauer ca. 20 Jahre) und der SS (Burgund, gescheitert) erwähnt.

Name	Buchstabe	Bedeutung
FEHU	**F**	VIEH beweglicher Besitz, Geld, Reichtum.
URUZ	**U**	AUEROCHSE Kraft (jeder Art), Lebensenergie.
THURISAZ	**TH**	RIESE (= Naturgewalt) Kampf, Angriff, Vergewaltigung, DORN.
ANSUZ	**A**	ASE (= Holzfetisch[386]) Gott des Geistes, Bewusstsein, Zauberei, Sprache.
RAIDO	**R**	REISE Harmonie, Schutz auf Reisen.
KENAZ	**C** u. **K**	KEIN (= abgespaltenes Holzstück[387]) List, Kunst, Kreativität, Krankheit, Geschwür, Sex.
GEBO	**G**	GABE Austausch, Geschenk, Sexualmagie/Sexualmystik.
WUNJO	**W**	WONNE Stammesgemeinschaft, Freundschaft, Liebe.
HAGALAZ	**H**	HAGEL aggressiver Schutz, Zerstörung, Schöpfung.
NAUTHIZ	**N**	NOT Notfähigkeit, schlechtes Orlög.
ISA	**I**	EIS Starre, Persönlichkeit.
JERA	**J**	JAHR Ernte, Gewinn.
EIHWAZ	**EI**	EIBE Weltenbaum, Einweihung, Geheimnis, Reisen auf Yggdrasil (zum Beispiel Astralreisen).
PERDHRO	**P**	WÜRFELBECHER Vulva, Geburt[388], Weissagung, Orlög (= Karma).
ELHAZ/ALGIZ	**Z**	ELCH passiver Schutz, Verbindung zu Göttern (o. dem höheren Selbst).
SOWILO	**S**	SONNE Erfolg jeder Art, Wachstum.
TIWAZ	**T**	TYR (= Gott[389]) Gott des Himmels, Polarstern, Gerechtigkeit, Sieg, göttliche Ordnung.

---

[386] Gemeint sind damit aus Pfählen geschnitzte Holzfiguren oder Köpfe, die man in die Erde gerammt aufstellte und die als Fetische verehrt wurden. So war wohl der Beginn des Göttergeschlechts der Asen auf dieser Ebene des Seins.

[387] Man denke an das etwas jüngere Wort Kienspan, es bedeutet Fackel und war für die Beleuchtung von Räumen unerlässlich.-

[388] Perdhro hat sich lange gegen seine Übersetzung gewehrt, Obiges stützt sich aber auch durch einen alten Namen der Erdgöttin, *Percht*, man denke da an das noch aus vorgermanischer Zeit(!) stammende *Perchtenlaufen* in den Alpen, und das slawische *pizda* (Vulva).

[389] Tyr ist die nordische Variante eines uralten indogermanischen Wortes, das **deivos* gelautet haben mag. Im Deutschen lautet es: *Ziu*, griechisch: *Zeus*, lateinisch: *Deus*, ursprünglich *divus*, altindisch: *deva-h*. Auch das lateinische *iu* (wie in der Mitte von *divus*) gehört in diese Familie, wurde mit *pater* (Vater) verbunden, so entstand das Wort *Iupater*, später *Jupiter*. Die wörtliche Übersetzung dieses Wortes ist immer: *Himmel*. –
Es wird aber ganz allgemein mit Gott übersetzt, meint aber meist den *höchsten* Gott, und dieser alte höchste Gott der Germanen ist der Himmelsgott, also witziger weise ungefähr der, den die drei Familien der Monotheisten (und das sind Juden, Christen und Moslems) als den Einzigen verehren. Als sich die Christen im römischen Reich etablierten, übernahmen sie die Darstellung des *Jupiter/Zeus*, also die eines etwas älteren, kraftvollen und bärtigen Mannes, um ihren höchsten Gott bildlich darzustellen. Die berühmteste Darstellung dieser Art stammt aus der Renais-

BERKANA	**B**	BIRKE Göttin der Natur und der Erde, Schutzgöttin allgemein und für Kinder und bei Übergangsriten.
EHWAZ	**E**	PFERD Zweierbeziehung, Pferd/Auto, Fylgja (= Totemtier), andere energetische Körper (zum Beispiel Astralkörper).
MANNAZ	**M**	MANN (= Mensch) menschliches Bewusstsein, Blutsbrüderschaft.
LAGUZ	**L**	LACKE Wasser, Lebenskraft, LAUCH, Heilung, Liebe.
INGWAZ	**NG**	ING Gott der männlichen Fruchtbarkeit (= der Gehörnte), sexuelle Energie = magische Energie = Erschaffungsenergie, Sexualität.
DAGAZ	**D**	TAG Dämmerung, Inspiration, Erleuchtung, Wahnsinn.
OTHALA	**O**	ERBE fester Besitz, Heimat, Gene.

Runen haben, wie oben ersichtlich, mindestens immer zwei Bedeutungen: einerseits einen bestimmten Laut oder Buchstaben, andererseits ein ganzes gedankliches Konzept, eine Bedeutung. –

Die Runenlieder

Die Bedeutung der Runen wurde aus überlieferten Liedern und Gedichten geschlossen. Es sind dies das *Angelsächsische Runenlied*, kurz ASRL, das *Havamal*[390], kurz HL, das *Norwegische Runenlied*, kurz NRL, die *Isländischen Runenreime*, kurz IR und das *Abecedarium Nordmanicum*, kurz ABCN. Bei den quasi letzten Runen des 24-Futharc, von BERKANA bis DAGAZ, kann ich der jeweiligen Schlussfolgerung manchmal nur bedingt folgen, ich habe mich aber vor ziemlich genau fünfzehn Jahren entschlossen[391], der Runenforschung des Setianers Edred Thorsson[392] zu trauen, und meine persönliche Erfahrung hat seine Deutung bestätigt.

FEHU:	Feoh ist Freude der Menschen jedem, soll doch der Männer jeder reichlich ihn verteilen, wenn er will vor den Göttern Ruhm erlosen.“ (ASRL).
URUZ:	Der Ur[393] ist furchtlos und großgehörnt, ein sehr wildes Tier, er kämpft mit seinen Hörnern, ein ruhmreicher Durchstreifer des Moores, er ist ein mutiges Tier. (HL).
THURISAZ:	Der Dorn ist sehr scharf, jedwedem Krieger anzufassen übel, unermesslich roh jedwedem Menschen, der bei ihm rastet. (ASLR).

sance, gemalt von *Michelangelo Buanarotti*, und ist an der Decke der Sixtinischen Kapelle zu finden.

390 Wörtlich: „Das Lied des Hohen“. Gemeint ist ein hoher, also mächtiger und weiser Gott.

391 Im Moment des Verfassens dieser Zeilen schreiben wir das Jahr 2005.

392 Gemeint ist damit sein *Handbuch der Runenmagie.* Siehe dazu Bibliographie.

393 Auerochse, Urrind.

Thurs verursacht Frauenkummer, froh werden wenige von Übel. (NRL).

ANSUZ: Os ist Ursprung aller Sprache, Weistumsträger und der Weisen Trost, und jedem Eruler[394] Hoffnung und Glück. (ASRL).
Oss ist der meisten Reisen Weg, die Scheide ist für Schwerter. (NRL).

RAIDO: Das Rad ist in der Halle jedem Krieger ein Leichtes, doch sehr schwierig für jenen, der auf einem kräftigen Pferd aufrecht sitzt auf meilenlangem Weg. (ASRL).
Reid, sagt man, ist für Rosse das Schlimmste, Regin schmiedete das beste Schwert. (NRL).

KENAZ: Cen ist jedem Lebenden durch Feuer vertraut, sie ist klar und hell, sie brennt oft, wenn die Edlen im Saale ruhen. (ASRL).
Kaun ist der Kinder Böses und Züchtigung und das Haus toten Fleisches. (IR).

GEBO: Gyfu ist für jeden Mann Glanz und Auszeichnung, Hilfe und Edelmut, und für jeden Verbannten ist es gut und Nahrung, die nichts anderes haben. (ASRL).
Ein Achtzehntes weiß ich, das ich aber nicht singe vor Maid noch Mannesweibe, als allein vor ihr, die mich umarmt, oder sei es, meiner Schwester. Besser ist, was einer nur weiß: so frommt das Lied mir lange. (HL).

WUNJO: Wyn nicht braucht, wer wenig Weinen hat, Schmerz und Sorge, und ihm selbst hat Glück und Besitz und auch Geborgenheit genug. (ASRL).

HAGAL: Hagal ist ein kaltes Korn, Hroptr[395] schuf die Welt in alter Zeit. (NRL).

NAUTHIZ: Not beklemmt die Brust, wenngleich sie Menschenkindern dennoch oft Hilfe und Erlösung wird, wenn sie sie beizeiten beachten. (ASRL).

ISA: Iss ist Flussborke und Wogendach und todverfallenen Männern Gefahr. (IR).

JERA: Ar ist der Männer Glück, ich sage, dass Frode[396] freigiebig war. (NRL).

---

[394] Hier eindeutig im Sinne von *Magier* gebraucht.

[395] Ein Göttername, der zu Ende des 10. Jh. n. d. Z.. häufig als Beiname Odins Verwendung findet. Die Bedeutung selbst ist leider ungeklärt, als sicher gilt nur das hohe Alter des Namens. Unklar ist auch, ob *Hroptr* ursprünglich jemand anders als Wotan/Odin bezeichnete. Vgl. dazu SIMEK Rudolf, Lexikon der germanischen Mythologie, Stuttgart 1995, S.198.

[396] Der mythische König der Dänen.

Ger ist Menschen Hoffnung, denn Gott läßt, heiliger Himmelskönig, Kruste hervorbringen glänzendes Getreide Geborenen und Darbenden. (ASRL).

EIWAZ: Eibe hält alles. (ABCN).

Yr ist der wintergrünste Baum, es pflegt zu brennen, wo es brennt[397]. (NRL).

PERTHRO: Peord allein ist Spiel und Spaß unter den Recken, wo die Krieger im Biersaal froh beisammen sitzen. (ASRL).

ELHAZ/ALGIZ: Ein vierzehntes weiß ich, soll ich der Völkerschar der Götter Namen nennen: Asen und Alben kenn ich allzumal – wenig weiß der Unkluge. (HL).

Des Elchs Riedgras hat seine Heimat im Sumpf, es wächst im Wasser und verwundet grimmig und brennt mit Blut jeden Mann, der auf beliebige Weise versucht es zu greifen. (ASRL).

SOWILO: Sol ist der Lande Licht, ich beuge mich vor dem Heiligen. (NRL).

Die Sonne wird von Seeleuten stets erhofft, wenn sie weit hinausfahren übers Bad der Fische[398], bis sie den Wogenhengst[399] an Land bringen. (ASRL).

---

[397] Dieser Vers stützt auch die These, dass das Wort *Welteneschе* eine Fehlinterpretation (schon zu spätheidnischer und frühchristlicher Zeit) darstellt, es muss *Welteneibe* lauten. Beweis: Das Wort *Yggdrasil*, der Name des Weltenbaumes, lässt sich auf mehrere Arten übersetzen: 1. Pferd des Yggr (ein Beiname Wotan/Odins), 2. Schreckensbaum, und 3.Eibensäule (Nach Schröder von *igwja*, Eibe und *dher-*, stützen).
Nun wird *Yggdrasil* als immergrün beschrieben, was nicht zu einer Esche oder einem anderen Laubbaum passt, wohl aber zu einer Eibe.
Desweiteren atmen Eiben halluzinogenes Gas aus, vom Konsum diverser Eibenbestandteile ganz zu schweigen, was Eschen nicht tun – und Halluzinogene (sprich Drogen) sind seit der Wiege der Menschheit ein erfolgversprechender und gesundheitsschädigender Weg der Magie, nämlich Teil der Hexerei (siehe dort). Im Rahmen dieser magischen Tätigkeit mit genau dieser Droge wird ein das Multiversum erkundender Hexer oder Schamane wohl eine Assoziation zu Eiben entwickeln, nicht zu Eschen oder sonst irgendetwas.
Wenn nun *Eiwaz* an zentraler Stelle der verschiedenen Futharks auftaucht, und nicht *Askr* (Esche), wie zum Beispiel an zentraler Stelle des 24 Systems – nämlich an Position 13, und sollte ein Weltenbaum nicht in der Mitte eines Multiversums stehen? – ergibt die Esche als zentrales kosmisches Element auch keinen Sinn, nur die Eibe eben. Geschlossen wird diese Beweisführung aber durch oben schon zitierten Vers, der im Abecedarium Nordmanicum aus dem 8. Jh. n. d. Z.. erscheint: „*Eibe hält alles*."
Aber wie kam es überhaupt zu dieser lästigen Eschenverwechslung, auf die wir in zwei alten Texten der Edda, nämlich Völuspa 19 und 47 und Grimnismal 35 und 44, stoßen? Die Lösung ist einfach. Die Skalden (Dichtermagier) des Nordens liebten sogenannte *Kennings*, eine eigene Dichtkunst und Form blumiger Sprache, und erschufen zahllose Umschreibungen, ein Name für Eibe lautet da *barraskr* – die *Nadelesche*. –

[398] Apropos blumige Sprache: gemeint ist das Meer.

[399] Noch einmal apropos: gemeint ist ein Schiff.

TYR: Tyr ist ein Stern von Treue den Edelingen, stets auf seiner Bahn über den Nebeln der Nacht trügt er nie. (ASRL).

BERKANA: Bjarkan ist der laubgrüne Reis, Loki brachte Falschheitsglück. (NRL).

EHWAZ: Eh ist für Eruler des Edlen Wonne. Ein Stürmer stattlich gehuft, drauf auf Kriegsrössern die Recken Rede wechseln, und stets ein Trost den Rastlosen. (ASRL).

MANNAZ: Der Mensch ist in seiner Freude seiner Sippschaft lieb, auch wenn beide voneinander scheiden werden, denn der Fürst will durch sein Gebot dies schwache Fleisch der Erde übergeben. (ASRL).

LAGUZ: Logr ist das, wo ein Wasserfall vom Berge stürzt, Gold aber sind Kleinode. (NRL).

INGWAZ: Ing war der erste unter den Ostdänen, geschaut von Männern, bis er wieder ostwärts ging über die Woge, der Wagen folgte nach, so nannten die Krieger den Helden. (ASRL).

DAGAZ: Der Tag ist der Botschafter des Herrn, teuer den Menschen, das berühmte Licht des Herrschers, er ist Freude und Hoffnung für Arm und Reich und nützlich für alle. (ASRL).

OTHALA: Ethel ist überlieb jedweden Mann, wo er genießen kann, was recht ist und der Sippe entsprechend in seinem Heim, am meisten in Wohlstand. (ASRL).

Die Farbe Rot als Runenfarbe

Runen sind so gut wie immer in Rot zu ziehen. Anscheinend wurden sie ursprünglich häufig mit Blut gemalt. Vergleiche zur Farbe Rot das Kapitel über die Farben.

Der runenmagische Ort

Praktisch alle europäischen Ritualmagier, und Andere auch, benutzen Orte, also Tempel, oder wenigstens geometrische Figuren, um von da aus Beschwörungen oder allgemeine Magie zu bewirken. Sehr beliebt ist da der Kreis, meist noch mit Zaubersprüchen beschrieben.

Dieses Konzept findet sich auch in der Runenmagie, um die eigene Magie zu verstärken.

Einerseits gibt es den Einsatz des **Hochsitzes**, eine Plattform oder Stuhl auf Stelzen, von der aus gearbeitet wird – man kann nicht nur weiter sehen, auch kann die gebündelte Energie nicht versehentlich in den Boden abgeleitet werden.

Zweitens gibt es die hochinteressanten **Neun Quadrate**, ein großes Quadrat, das in neun kleinere unterteilt wird, wobei der praktizierende Magier im mittleren steht, welches seine Welt, Mitgard, symbolisiert. Die anderen 8 symbolisieren die restlichen acht (insgesamt kommt man dann auf neun) Welten oder Dimensionen, in die die Germanen das Multiversum unterteilten.

Es ist höchst interessant, dass exakt das gleiche Symbol, diese neun Quadrate, unter dem Namen *Bagua*[400] das wichtigste magische Symbol der taoistischen Magie und des *Feng Shui* Chinas ist.

Runische Zaubersprüche

Das sind Aneinanderreihungen von Runen, deren Lautfolge meist keinen Sinn ergibt, wie beispielsweise SUEUS oder TENET.

Nicht nach Buchstabe, sondern nach Bedeutung gelesen, ergeben diese Sprüche jedoch sehr wohl Sinn:

Die Inschrift SUEUS findet sich am Stein von *Kylver*, auf der Innenseite eines Grabes, also nur für den verstorbenen Leichnam lesbar!

Als Wort ist SUEUS sinnlos, aber als Satz aus Bedeutungen lautet er:

Sonne – Kraft – Pferd – Kraft – Sonne.

Befreit man seinen Geist von den strengen Regeln moderner deutscher Grammatik, und setzt „Pferd" mit dem Verb „reiten" oder „tragen" gleich, und dann kann dieser Satz lauten:

„Der Sonne Kraft wird getragen durch die Kraft der Sonne."

Wenn man nun bedenkt, dass Skandinavien in heidnischer Zeit von den *Draugr*[401], den Wiedergängern, heimgesucht wurde, ist dies ein Zauberspruch, der den Toten vom Wiedergehen abhalten soll – wenn man nur weiß, dass die *Draugr* ausschließlich nachts ihr Unwesen trieben, denn dieser Zauberspruch prolongiert ja wohl Sonnenkraft.

Meines Wissens ist diese Übersetzungsmethode mittels Bedeutungen in der modernen Skandinavistik schon öfters übersehen worden. Besonders praktisch an ihr ist, dass man manch uralte Inschrift – wenn sie nämlich magisch ist oder war – lesen kann, ohne altnordisch oder urgermanisch verstehen zu können.

Manchmal werden Runen, die als Bedeutungen zu lesen sind, mit Runen, die als Laut zu lesen sind, kombiniert, das macht die Sache nicht einfacher – oder beide Lesarten sind sinnvoll, wie in diesen weitverbreiteten magischen Formeln:

ALU

Das bedeutet sowohl „Ekstase, göttliche Inspiration" und in einer etwas weltlicheren Bedeutung „Bier" – sehr sinnig.

Aber als einzelne Bedeutungen gelesen lautet dieser Zauberspruch:

Spirituelles Bewusstsein/Wasser/Kraft. Das ist wohl der optimale Katalysator-Zauberspruch für einen Runenmagier.

---

400 Chinesisch: Acht Trigramme.

401 Die Draugr, sprich: Dröigr, altnordisch: Wiedergänger (körperlich wiederkehrende Tote), wörtlich: Trug(-wesen), sind äußerst böswillige, übermenschlich starke und intelligente umherwandernde Untote. Anachronistisch formuliert: Intelligente Zombies.

ALUGOD ist dann wieder eine Mischform, denn das Wort GOD alleine heißt „Gut“, braucht aber nicht zwingend als Geschenk/fester Besitz/Inspiration gelesen werden.

GIBU AUJA wiederum ist nur aus Lauten zu lesen, übersetzt man es ins Deutsche, lautet es: Gib Glück.
Dem Magier steht es frei, eigene Zaubersprüche zu generieren, wo und wie er sie dann auch immer einsetzt.

Wichtiges zum Verständnis: Runen als Bedeutungsrunen sind zum Satzbau für Zaubersprüche hervorragend geeignet. Zu bedenken ist aber, dass ein runischer Zauberspruch per se immer mehrdeutig ist!

Beispiel:
Der Zauberspruch *Perthro-Uruz-Mannaz* bedeutet sowohl
„Die Geburt formt den Menschen“, als auch
„Das Orlög ist die Kraft der Blutsbrüderschaft“...
und bestimmt noch andere Deutungen, die weniger Sinn ergeben, aber eben auch impliziert sind. Es ist wie bei einem Vertrag, nur dass das Kleingedruckte in der Vieldeutigkeit des Großgedruckten schon enthalten ist – und also leicht übersehen werden kann. Man sollte vor einer Runenzauberei stets gründlich nachdenken, was man zu tun gedenkt. –

Mündlicher, darstellender und schriftlicher Einsatz der Runen

Mündlich

Mündlich verwendete Runen und runische Zaubersprüche sind Zaubersprüche und heilige Namen wie andere auch und werden demnach sinnvollerweise vibriert[402].

Darstellend

Runen können auch durch bestimmte körperliche Gesten zum Einsatz gebracht werden, dazu gibt es die sogenannten Runenkörperstellungen[403] und die sogenannten Runenhandstellungen. Die Runenkörperstellungen werden ausschließlich der Vollständigkeit halber aufgeführt, da asiatische Übungen derselben Intention, also Chi Gong, Tai Chi Chuan und so weiter, bereits erwähnt wurden. Der entscheidende Vorteil der asiatischen gegenüber den germanischen Übungen ist der, dass erstere eine durchgehende Tradition haben, die Germanischen aber nicht – diese wurden ja erst im 19. Jh. n. d. Z. rekonstruiert.
Sehr praktisch dagegen sind die Runenfingerstellungen, so kann im Alltag unbemerkt Runenmagie betrieben werden, wenn der mündliche oder schriftliche Einsatz verwehrt ist.

---

402 Siehe dazu den 1° Die Kunst des Initiaten.

403 Im frühen 20. Jh. n. d. Z.. häufig *Runenyoga* genannt, was sowohl das indische Vorbild als auch den mystischen Einsatz damaliger Praxis aufzeigt.

Die Runenkörperstellungen

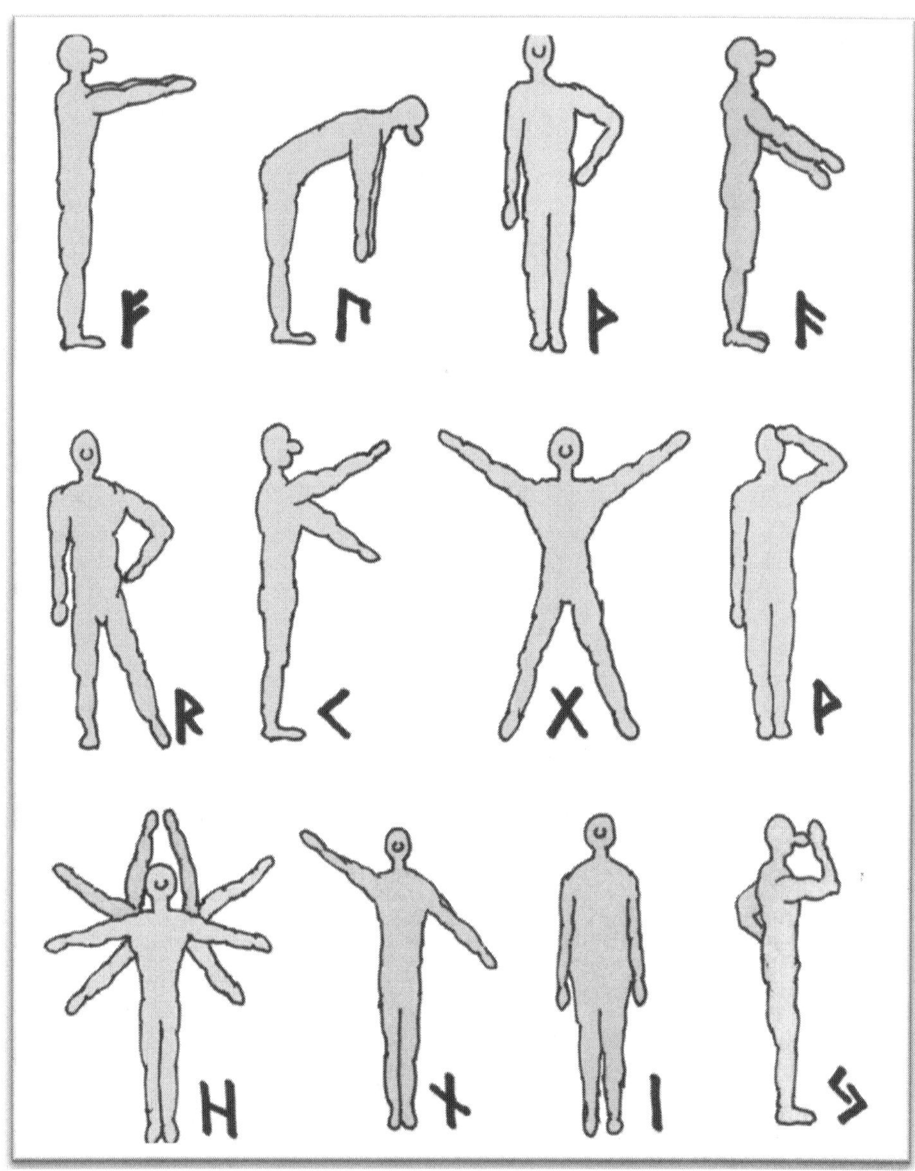

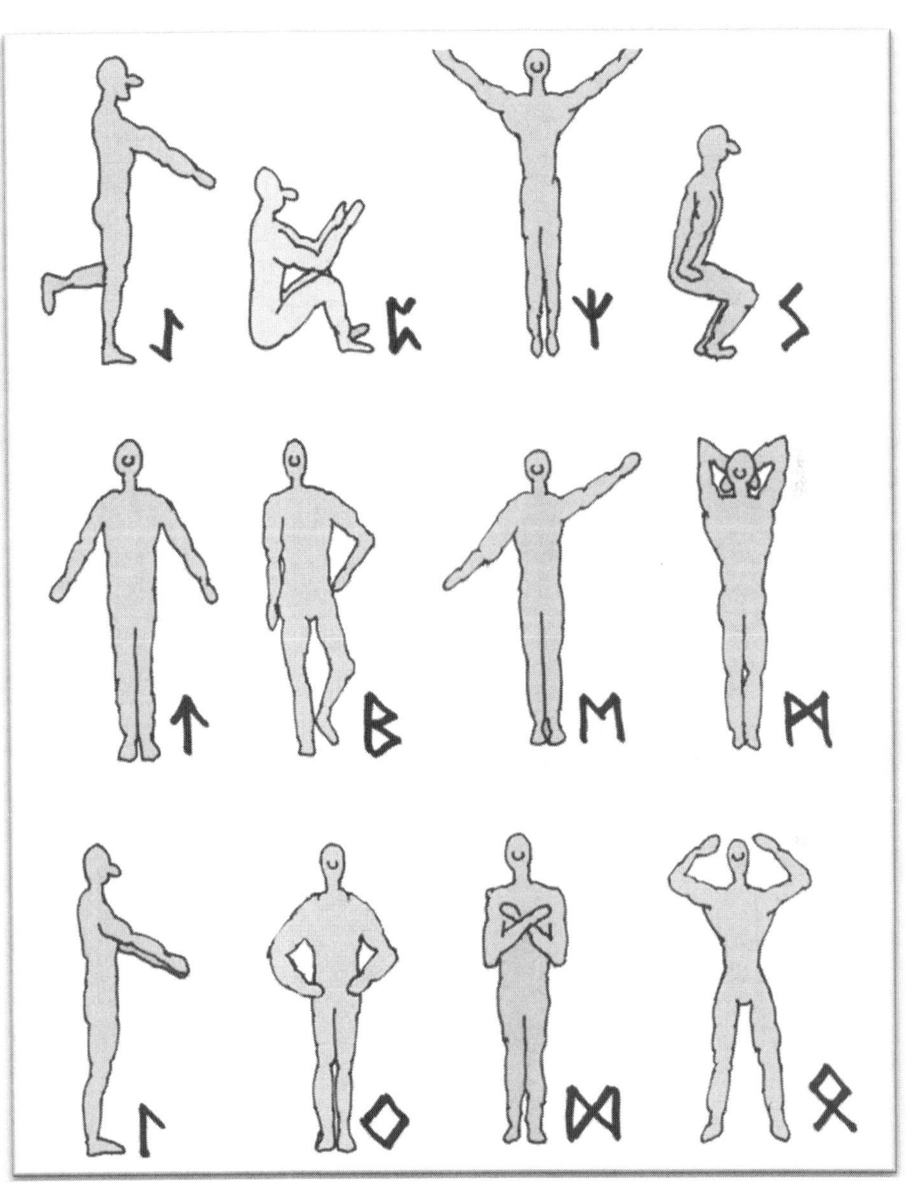

Die Runenhandstellungen

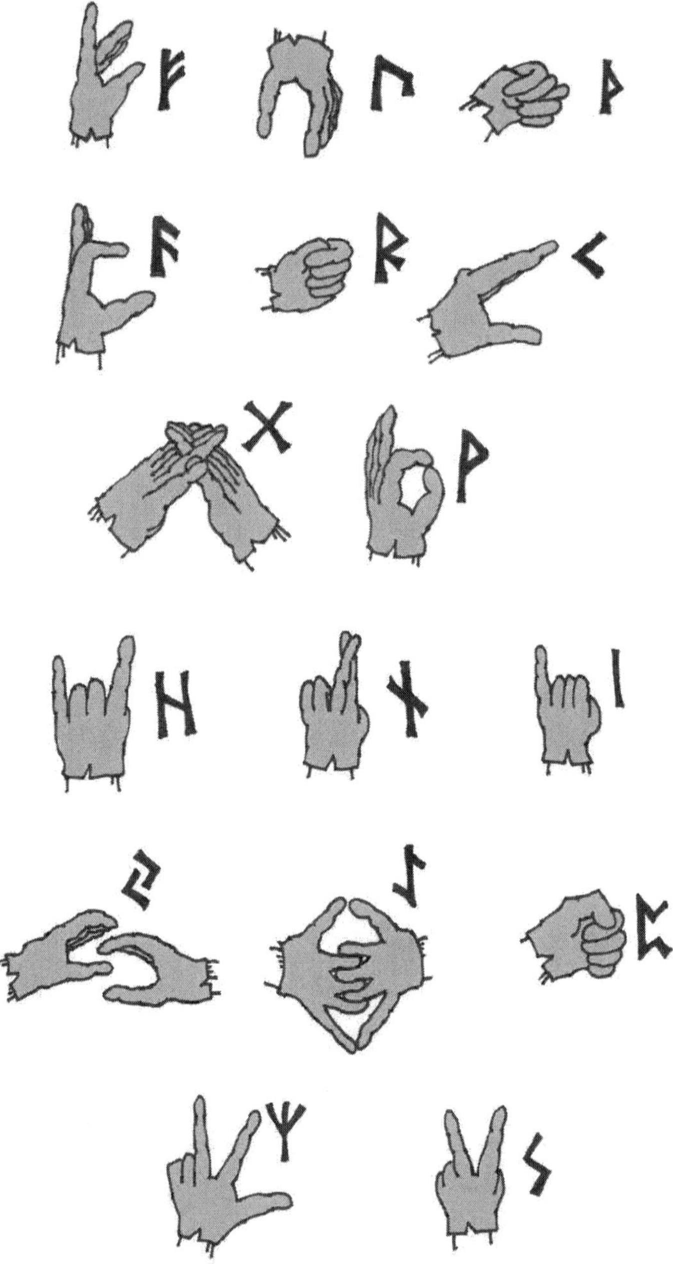

Abbildung der Runenhandstellungen von Isegrim.

Schriftlich

Schriftliche runische Zaubersprüche können dadurch zusätzlich verstärkt werden, indem man sie in den gezeichneten Körper eines verschlungenen Drachens oder Schlange ritzt. Die Drachen waren auch für die Germanen die Verkörperung von roher Kraft[404] , aber auch von Bewusstsein[405].

Beispiel:

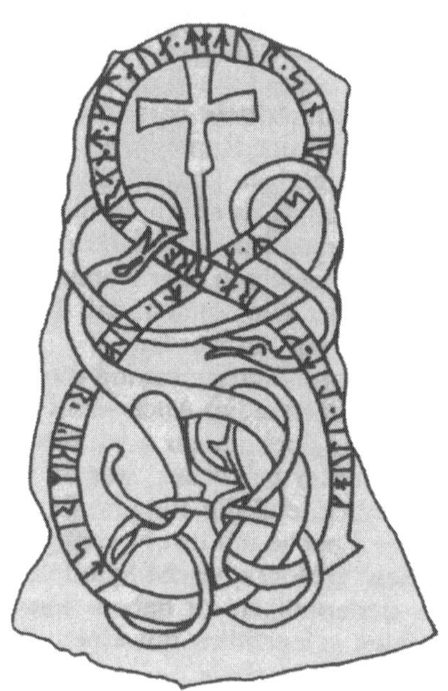

Bild 26 - Runen in einen Drachen geschrieben: Der Stein von Morby, Skandinavien, ein sehr bekannter Bautastein. Die Übersetzung der Runen lautet: „Gudhlaug ließ diese Brücke erbauen für die Seele von ihrer Tochter Gillaug, die Ulfr heiratete. Othir ritzte die Runen.“

Einweihung in die Runenmagie

Die kleine Runeneinweihung

Diese Einweihung dient dazu, Runen zumindest als Divinationsmittel nutzen zu können. Dazu muss man einen Satz Hölzer von einem Baum – bevorzugt eine fruchttragende Sorte – schneiden, beispielsweise dadurch, dass man einen Ast absägt und diesen dann in einzelne 24 Scheiben schneidet. Es ist äußerst ratsam, den Baum um seine Einwilligung und sein Verständnis zu bitten, ihm das eigene Vorhaben zu erklären und eine Gegenleistung zu erbringen – und sei es nur gießen. Bäume sind klüger als man denkt, wir bemerken dies nur meist nicht, weil Pflanzen eine andere Zeitwahrnehmung als Säugetiere (und wir sind Säugetiere!) haben – sie leben langsamer[406].

Auf diese Scheiben malt oder ritzt *und* malt der Magier die Runen in – wichtig! – roter Farbe.

Danach zieht sich der Magier zu einem der Acht Jahreszeitenfeste[407] an einen ruhigen Ort zurück – das kann auch beim betreffenden Baum sein – und schneidet

---

[404] Man denke einmal an die Midgardschlange. Kraft ist nichts Anderes als Energie.

[405] Deswegen sind die Drachen unserer Märchen häufig so schlau, magiebegabt und reich.

[406] Nicht länger. Langsamer. –

[407] Sieh dazu das den 0° Die Arbeit des Neophyten.

sich mit einem Messer in einen Arm oder Finger, worauf er das Blut auf die Runen träufeln lässt. Dazu spricht er eine Einweihungsformel, wie zum Beispiel: „Ich weihe mich selbst in die Magie der Runen ein. *Runa, Runa, Runa.*“
Danach ist er mindestens dazu in der Lage, mit den Runen zu divinieren.
Übrigens: Es gibt die Anweisung, dass der Magier seine Runen selbst herstellen soll.

Die große Runeneinweihung

Nachdem der Magier die kleine Runeneinweihung erlebt hat und die Bedeutung der 24 Runen auswendig weiß, kann er die große Einweihung durchführen. Diese hat den Zweck, jede Runenmagie selbstständig durchführen zu können.
Die Selbsteinweihung sieht traditionell folgendermaßen aus, wie der Gott und Schutzpatron der Runen, der Sturm-, Toten- und Gott der Magie, *Wotan/Odin* in der *Edda* erzählt:

Ich weiß, dass ich hing am windigen Baum
Neun Nächte lang,
mit dem Ger[408] *verwundet,*
geweiht dem Odin,
ich selbst mir selbst,
an jenem Baum,
da jedem fremd,
aus welcher Wurzel er wächst.

Sie spendeten mir
noch Speis noch Trank;
nieder neigt ich mich,
nahm auf die Runen,
nahm sie rufend auf;
nieder dann neigt ich mich.[409]

Wie man es auch dreht, wendet und deutet: Das klingt unangenehm. Wer DAS hinter sich hat, kann gewiss mittels der *Runen* zaubern, und das auf einem wahrscheinlich sehr starkem und hohem Niveau. Aber des Weiteren klingt es äußerst unpraktisch – wo kann man heutzutage neun, oder wenigstens drei[410] Tage und Nächte lang an einem Baum hängen, ohne dass die Polizei, im Gefolge der Irrenarzt, kommt? Es ist also einfacher, eine andere Einweihung in den Adeptengrad zu erlangen, welche die Befähigung, magische Symbole wirksam zu ziehen, einfacher oder schneller beinhaltet.

---

[408] Der germanische Speer.
[409] Siehe dazu die EDDA, das *Havamal* (wörtlich: Das Lied des Hohen).
[410] Siehe das Kapitel „Die Magie der Zahlen - Der runische Zahlenschlüssel“.

So ist es eine einfachere Methode der großen Runeneinweihung, dass der Schüler von seinem Runenlehrer die Einweihung erhält. Dies so, dass der Lehrer den Schüler dadurch zum Adepten weiht, indem er alle 24 Runen in seiner Aura verankert. Man könnte auch sagen, dass die 24 Runen in die Aura des Schülers eingeschrieben werden, wodurch sie für ihn jederzeit abrufbereit und einsetzbar sind. –

Durch das Ziehen aller 24 Runen vor jedem Runenzauber aktiviert der Adept seine Kräfte, und die anschließend im magischen Akt gezogen Runen kommen zum Einsatz. Im Laufe der Zeit ist nicht einmal das mehr notwendig, es wird nur noch die bestimmte Einzelne oder auch Binderune eingesetzt, sei es durch Vibrieren, Ziehen, Stellen oder etwas Vergleichbares. –

Die Methode des Aktivierens von Runenzauberei durch das gesamte *Futharc* ist auch der Grund, warum aus so vielen Grabsteinen, Speerspitzen, Gefäßen und sonstigen Funden aus nordischer Zeit ein Zauberspruch aus wenigen *Runen,* und dann daneben die gesamte 24er-Reihe gefunden wird – die Aktivierung wird auf das Objekt mit übertragen, um dauerhafte autarke Leistung zu gewährleisten, wie beispielsweise moderne Solarzellen oder Windkraft auch permanent Energie liefern. –

Die Qualität der Zahlen – Der runische Zahlenschlüssel

In zahlreichen verschiedenen Kulten gibt so etwas wie Zahlenmystik. Die Grundidee der Zahlenmystik ist immer die, dass einer Zahl nicht nur die abstrakte Bedeutung einer Quantität zukommt, sondern zusätzlich eine ebenso abstrakte der Qualität. Im mitteleuropäischen Volksmund bedeutete das beispielweise bis vor kurzem, dass 13 nicht nur 6+7, 8+5 oder 12+1 usw. bedeutet, sondern auch Unglück birgt und bringt[411].

Die (zeitgleiche) Häufigkeit eines Phänomens verändert seine Qualität. Das bedeutet, dass mit der Anzahl magischer Mittel der Ausgang eines Unternehmens mitbestimmt werden kann – und das ist dann Zahlenmagie.

Folgender Zahlenschlüssel ist der unserer heidnischen germanischen Vorfahren. Er wurde von dem englischen Magier *Bernard King* durch Studium der Schriften

---

[411] Das höchstwahrscheinlich deswegen, weil 13 die Zahl des Mondjahres – 13 Mondmonate! – und damit der Frau – der weibliche, dem Mond analoge Fruchtbarkeitszyklus – und natürlich der Magie – der Mond wandelt sich beständig, Magie ist die Kunst der Wandlung – ist. Also war 13 wohl die Zahl weiblicher Magie. Nebenbei bemerkt bedeutet Magie ja stets auch Schöpfung von etwas Neuem, und das können nur Frauen oder etwas Weibliches. Die Magie an sich kann weiblich - man denke an das taoistische *yin* - gesehen werden.
Christlichen Theologen, stets frauenfeindlich und magiefeindlich, war die 13 damit ein doppelter Dorn im Auge. So wurde die Zahl mit zäher Geduld zur Unglückszahl umgedeutet. *Freitag der 13.* wurde zum besonderen Unglücksdatum, als zu diesem Termin, die bis dato reiche und mächtige, Ritterschaft der Templer verhaftet und enteignet wurde.
Es ist interessant, dass die Zahl 13 inzwischen im Volksbrauchtum den Charakter einer Glückszahl anzunehmen beginnt, was mit Sicherheit mehr Spaß macht, als an Unglück zu glauben.-

der Germanen wiederentdeckt – speziell in den Eddas[412]. Die germanische Zahlenkunde enthält die Zahlen von eins bis neun:

1: Existenz, etwas ist vorhanden, welches aus sich heraus wirkt. Beispiele: Jede einzelne Gottheit, oder auch eine einzelne Rune, jeder einzelne Mensch.

2: Dienstbarkeit, zwei Dinge neigen dazu, Arbeit zu vollbringen, jemandem oder etwas zu dienen. Beispiele: *Thjalfi und Röskva*, die Menschenkinder, die Thor dienen. Die männlichen Zwillingsgötter *Alcen* (die Götter der Rune Algiz)[413] beschützen unverheiratete Männer.

3: Drei Dinge lösen immer Irgendetwas aus, eine Wandlung oder Schöpfung. Beispiele: die drei Götter *Wotan, Hönir, Lodurr* schufen die beiden ersten Menschen. *Urd, Verdandi* und *Skuld*[414] weben das Netz des *Wyrd*.

4: Arbeit. Arbeit ist langwierig und anstrengend, zuweilen jedoch vergebens, manchmal aber nicht. Beispiele: Es gibt 4 Zwerge, die das Himmelsgewölbe tragen, sicher eine anstrengende Tätigkeit. Und eines Tages wird es auch noch einstürzen. – Weiter: Vier Hirsche nagen an den Zweigen *Yggdrasils*, vier Schlangen nagen an seinen Wurzeln, das macht zusammen acht (siehe dort) – der Baum wird eines Tages verdorren. Weiter: Den Zitzen der kosmischen Kuh Audhumla entströmten vier Ströme von Milch, die den ersten Riesen nährten.

5: Fünf ist die Zahl des Erfolgs. Beispiele: *Odin*, unter dem Pseudonym *Harbard* auftretend, verbrachte fünf Winter als Gast bei *Fjölvar*, wo sie erfolgreich „Krieger fällten und Mädchen erprobten". – *Thor*, der *Hymirs* Kessel stahl, versteckte ihn erfolgreich fünf Meilen unter der Erde. –

6: Misserfolg, Zerstörung. Dinge zu sechst zerstören und oder zerstören sich selbst. Beispiel: Die Alternativform von *Hagalaz* ist der sechsstrahlige Eiskristall, man denke an Schnee und Hagel, der ungeschütztes Leben tötet, selbst aber sehr vergänglich ist. Weiter: *Gleipnir*, die magische Fessel, die einzige, die den Wolf *Fenris* bis zum *Ragnarök* halten kann, wurde aus sechs Dingen gefertigt. – Und im *Hávamál* steht, am sechsten Tage stirbt die Freundschaft zwischen falschen Freunden. –

7: Das ist die Zahl der Sexualität. Beispiel: Im *Harbardlied* hat Odin eine Affäre mit sieben Schwestern.- *Wölund* und seine Brüder leben sieben Jahre mit ihren Schwanenbräuten zusammen. Und was hat Schneewittchen eigent-

---

412 Die Eddas – es gibt zwei, die Prosa-Edda und die Lyrische Edda – sind die Sammlung der Geschichten über die germanischen Götter. Für einen Runenmagier sind sie beide Pflichtlektüre.

413 Ihr uraltes Zeichen sind nicht nur das Geweih, das die Algizrune wohl darstellt, sondern auch die sogenannten Rossgoschen, zwei Pferdeköpfe, die die Giebel der Häuser in germanischen Ländern noch heute schmücken. Genau dieses Bild wurde das Emblem der im 19. Jh. gegründeten Raiffeisen-kassa, einer – damals – Art Schutzbankinstitut für Bauern. Diese Bank mit Emblem gibt es in Österreich und Deutschland noch heute. Das Symbol war gut gewählt. –

414 Nordisch: (Es) *Ward, Werdend* und *Schuld*, die drei Göttinnen oder Personifikationen des eigenen Geschicks. Der Name der Dritten, Schuld, ist nicht moralisch gemeint – was auch immer einem geschieht, man ist immer selber schuld, ob Punk oder Millionär geworden. –

lich mit den sieben Zwergen gemacht? Es wird ältere, prickelndere Versionen dieses Märchens geben als die, die im 19. Jh. n. d. Z. niedergeschrieben wurden. [415]

8: Als Antagonist der Drei verkörpert die Acht Komplettheit, die schwer zu verändern ist.
Dies dadurch, weil sie in sich Vollständigkeit bedeutet, wie ein fertiggestelltes Gebäude, in dem man nun wohnen kann. Diverse Beispiele: Drei Reihen zu je Acht hat das älteste *Futharc*.- *Sleipnir*, *Wotan/Odins* Ross, hat acht Beine – und ist damit das schnellste Ross der Welt, auf dessen Rücken nun unglaubliche Taten vollbracht werden, wie *Hermods* Ritt in die Unterwelt. – Drei Götter schufen die ersten Menschen, diese bekamen acht Fähigkeiten. Die Acht ist auch in der Musik die wichtigste Zahl – die *Oktave* –, und die heilige Zahl des Taoismus.

9: Die Neun ist das, was durch die Acht ausgelöst wird – die Vollendung und das Wissen.
Beispiele: *Draupnir*, der magische Ring, lässt jede Nacht Acht neue Ringe aus sich tropfen, was insgesamt jeweils wieder Neun ergibt.- Neun Welten hat *Yggdrasil*. Neun Nächte wartet *Wotan/Odin*, dann entdeckt er die Runen. – Neun ist die eigentliche göttliche Zahl.[416]

Die Null lässt sich jetzt dazu noch ergänzen!

0: Es bestätigt sich der mathematische Sinn der Zahl: *Ginnungagap*, die (wörtlich) *magische Leere*, aus der alles andere, letztlich die Neun (siehe unter 9) Welten erschaffen wurden. Ein witziger Kommentar zum Abschluss: die Doppelnull – 00 – ist das Symbol der Aborte unserer Zeit. Null bedeutet Nichts, Doppel oder Zwei bedeutet Arbeit, Dienstbarkeit! Null mal zwei, das Nichts arbeitet also – und in der Tat, es vernichtet. Weggespült, und nichts ist mehr da...

00: Ist das Symbol der englischen Roman-Agenten, die eine Tötungslizenz besitzen, wie 007, der auch viel Sex (7) hat...

---

[415] Es sei an dieser Stelle erwähnt, dass die 7 in der Magie der Renaissance = dem Westlichen Weg, also der vorherrschenden magischen Strömung in Europa, eine weitere Bedeutung hat: Sie gilt als heilige Zahl schlechthin, wie bei den Germanen die 9. Dies vielleicht deswegen, weil sie die Anzahl der mit freiem Auge erkennbaren Wandelsterne (astrologische Planeten) darstellt: Merkur, Venus, Erde, Mond, Mars, Jupiter, Saturn.- Dennoch bleibt die erotische Grundbedeutung der 7 erhalten, dies deswegen, weil sie der kabbalistischen Sphäre *Netzach* (und die Kabbala ist bekanntlich ein Teil des Westlichen Weges) zugeordnet ist, in der die Göttin Venus, Göttin der Liebe, Lust und Erotik, vorherrscht.

[416] An dieser Stelle ist zu erwähnen, dass die nordische Interpretation der Zahlenqualitäten 1-9 quasi deckungsgleich ist mit der Interpretation durch den Westlichen Weg, die kabbalistisch erfolgt. Das ist erfreulich, denn es ermöglicht die problemlose Kombination dieser beiden Magiesysteme. *Warum* diese Deckungsgleichheit besteht, ist ein eigenes Forschungsgebiet.

Aber mit etwas intelligenter Kreativität lässt sich für jedes System Beweis und Entsprechung in Fülle finden[417]. Das spricht nicht für das jeweilige System – es spricht für die Unendlichkeit unseres Multiversums...
Der runische Zahlenschlüssel ist, wie wohl alle diese Zahlencodes, ob *Kabbalah* oder Chinesische Magie, sowohl ein System der Mystik als auch ein Werkzeug der Zauberei.

Ein Magier, der als Angehöriger eines germanischen Volkes inkarniert hat, und das sind bekanntlich Engländer, Holländer, (Deutsch-)Schweizer[418], Deutsche bzw. Österreicher, Norweger, Dänen, Isländer, Grönländer und Schweden, sollte die Kraft der Runen zumindest ansatzweise erforschen und erfahren – gleichgültig, ob er sie dann verwirft oder nützt. Die Runen sind die Magie der Germanen, und sie erschließen sich den Germanen am leichtesten. Sie sind damit ein Geschenk der germanischen Götter an ihre Kinder.

Mythologie

Als Runenmagier ist es ratsam, die Göttergeschichten der Germanen zu lesen, die sogenannten *Eddas*. Dadurch erlebt man nicht zuletzt die Stimmung und Atmosphäre, aus der die Runen stammen. Die Lektüre von Isländersagas, insbesondere „Die Egilssaga", die „Saga von Grettir dem Starken", und letztlich „Die Geschichte vom weisen Njal" runden diese Erfahrung ab. Diese Schriften erschließen uns ein ganzes magisches wie ethisches Universum, indem unsere Vorfahren lebten - die germanische heidnische Zeit. Dennoch funktioniert Runenmagie auch völlig ohne dieses Wissen.

Die Essenz der europäischen Heidentümer

Die Runen stammen vom Gott *Wotan/Odin* ab, der sie der Sage nach (siehe oben) durch ein neuntägiges Ritual entdeckte. Als Runenmagier ist es also sinnvoll, diesen germanischen Gott, sein Umfeld und seine historische Entwicklung grob zu kennen. Dazu ist wichtig zu verstehen, dass die meisten germanischen Götter älter sind als die Germanen – man findet sie schon bei der europäischen Urbevölkerung, den Indoeuropäern. –

Die Germanen stammen, wie die Kelten, Römer, Griechen, Slawen und fast alle Bewohner Europas, von den sogenannten Indoeuropäern ab.

---

[417] Ende der 90er Jahre des 20. Jhs. n. d. Z.. erregte ein Buch Aufsehen, das verschlüsselte Weissagungen aus der Bibel aufdecken wollte. Das System wurde wissenschaftlich *mehrfach* geprüft und war korrekt! Schließlich wandte ein findiger Statistiker aus Las Vegas, USA, denselben Code auf einen Roman, Herman Melville, Weltbestseller *Moby Dick*, an. Und siehe da, es klappte auch! Das bedeutet wohl, dass ein hinreichend großes Forschungsfeld letztlich jede Beobachtungsleistung bietet. *Oder* Moby Dick ist ein okkulter Schlüsselroman, wie „Josefine Mutzenbacher – die Erinnerungen einer Wiener Dirne, von ihr selbst erzählt" und mein „Krone-Kochbuch" auch.

[418] Es gibt ja auch italienische, rätoromanisch-ladinische und französische Schweizer.

Wotan/Odin ist eine der beiden obersten indoeuropäischen Gottheiten, die zweite ist übrigens sein Bruder[419] *Ziu/Tyr*. Andere Wichtige sind der Axt- bzw. hammertragende *Donar/Thor*, weiter der gehörnte *Ing/Frey*, und die Erdmutter *Nerthus/Erda/Percht*. Alle diese Figuren lassen sich auf bronzezeitlichen und sogar älteren Felsritzungen erkennen, die Namen, mit denen wir sie nennen, sind Namen, die Nachfahren dieser europäischen Urbevölkerung, also die einzelnen Völker ihnen gegeben haben. Ich bleibe der Einfachheit halber bei den germanischen Benennungen.
Eine Auflistung der Konzepte, für die diese Götter stehen:
Wotan/Odin: Die Toten, der Sturm und die Magie.
Ziu/Tyr: Das Himmelsgewölbe und die Gerechtigkeit.
Donar/Thor: Blitz und Donner, das Wetter allgemein und die Landwirtschaft.
Ing/Frey: Die Sexualität und die Fruchtbarkeit.
Nerthus/Erda/Percht: die Natur und die gesamte Welt, auf der wir leben.

Nun im genaueren zum Bruderpaar *Wotan/Odin* und *Ziu/Tyr*:
Wotan/Odin (wörtlich: *Wut*) verkörpert den Magier/Priester/Gelehrten, den gemeinsamen Vorläufer dieser drei Berufe nennt man Schamane.
Ziu/Tyr (wörtlich: Himmel) verkörpert den Richter/Feldherrn/König, den gemeinsamen Vorläufer nennt man Häuptling.
Bei den Germanen im Norden Europas verdrängte *Wotan/Odin* im ersten Jahrtausend n. d. Z. seinen Bruder und nahm allein die Herrscherposition ein, wodurch sich eine magisch-mystische kulturelle Strömung herausbildete. Interessanterweise geschah genau das Umgekehrte bei Römern und Griechen im Süden: Dort verdrängte der Bruder *Tyr/Ziu* (*Zeus* genannt bei den Griechen, und bei den Lateinern *Divus/Deus* oder auch *Iu*-Pater[420], später *Jupiter*) seinen Kollegen, und zwar vollständig: Im Norden blieb *Ziu/Tyr* als Richtergott erhalten, im Süden verschwand *Odin/Wotan* komplett aus dem Pantheon.
Folgerichtigerweise entwickelten sich im Süden rationale, juristische und strategische Kulturen, im Norden aber eine magisch dominierte Kultur. Wenn man bedenkt, dass ein Magier ungefähr drei bis zehn Jahre braucht, um einen Magier auszubilden, ein Soldat aber vielleicht ein Jahr braucht, um 100 Soldaten auszubilden, ist die geschichtliche Entwicklung Europas – die kulturelle Niederlage des Nordens, denn fast alle von uns[421] leben in Nachfolgestaaten des römischen Reiches und führen der römischen Adler im Staatswappen – völlig verständlich. –

---

[419] Mit zunehmender Erhöhung *Wotan/Odins* wurde *Ziu/Tyr* als Sohn des Ersteren gewertet.

[420] Wörtlich: *Iu*-Vater, also himmlischer Vater. Wie bereits erwähnt: Der hebräische Gott und der römische *Jupiter* wurden gleichgesetzt, da die frühen Christen die Darstellung des bärtigen Himmelsherrschers für die Darstellung des orientalischen Rächers aus dem Alten Testaments wählten. So gesehen herrscht *Ziu/Tyr* heute alleine über Millionen gläubige Christen. Es wird Zeit, diesem so rationalen Gott seinen magischen Bruder *Wotan/Odin* wieder an die Seite zu stellen.

[421] Fast alle Europäer und sogar alle US-Amerikaner, Russen bis 1917.

Angewandte Runenmagie

Runendivination:

Die bekannteste und einfachste Weissagung mittels der Runen wurde durch den Römer Tacitus übermittelt.

Der Magier legt ein Stück weißen Stoffs vor sich aus. Er spricht eine Frage, möglichst eine offene Frage, laut aus. Dann wirft er mit geschlossenen Augen aus Beutel oder Becher – was er auch immer für seine Runen zur Verwahrung verwendet – die Runen auf den Stoff, und zieht mit der linken Hand drei Runen, die er ablegt. Danach öffnet er die Augen: Die erste zeigt die Vergangenheit an, die zweite die Gegenwart, die dritte die Zukunft.

Zahllose andere Varianten der Divination sind möglich. –

Alle anderen Runenzauber:

Wie bereits deutlich gesagt: Verfügt man nicht über eine Runeneinweihung, benötigt man eine Andere, oder Runenmagie wird wahrscheinlich nicht funktionieren. Verfügt man beispielsweise über die Einweihung in den sogenannten *Okuden*, den 2° Grad des *Reiki*, kann jede Rune (und jedes andere magische Symbol auch) durch die Kombination mit dem *HS*-Symbol aktiviert werden. Dies sieht so aus, dass man über, oder neben oder unter, das *HS*-Symbol des *Reiki* die betreffende Rune zeichnet.

Runenstäbe auf magischen Gegenständen

Mit der Macht, die Runen magisch zu nutzen, ergeben sich sehr viele Möglichkeiten – so können die Runen extra auf kleine Holzstückchen (in Rot!) gemalt werden, die an magische Gegenstände anhängt werden, oder man kann sie direkt aufmalen - und damit magische Gegenstände zu aktivieren. Beispiele:

Ein Amulett für Wohlstand mit drei *Fehu*-Runen.

Ein Talisman gegen Feinde mit sechs *Hagalaz*-Runen.

Ein Fetisch zur Unterstützung der eigenen Magie mit zwei *Ansuz*-Runen.

Ein Tür-Talisman gegen Übelwollende mit einer *Othala*-Runen.

Usw.

Oder die Gegenstände selbst werden mit Runen beritzt und oder beschrieben – sinnvollerweise innerhalb einer verschlungenen Drachenzeichnung, um noch größere Effekte zu erzielen.

Freie Runen zur direkten Symbolmagie

Will man Runen direkt einsetzen, zieht man sie direkt mit dem Finger oder Fingern der dominanten Hand vor sich oder dem Ziel in die Luft, dies mit der Methode, die in der Adepteneinweihung vermittelt wurde. Ich bleibe bei dem Beispiel des 2° *Reiki*, dem HS-Symbol.

Beispiele:

- Um den Erfolg einer Unternehmung zu generieren: *HS* + *Sowilo-Rune*, oder, bei ökonomischen Unternehmungen: *HS* + Binderune[422] *Sowilo/Fehu.*
- Für eine Astralreise: *HS* + Binderune *Eihwaz/Ehwaz*, oder mit *Inguz/Eihwaz/Ehwaz*, wobei *Inguz* als Speicher der beiden anderen Runen dient, und als aus dem sexuellen transformierte Kraft, die das Tor zur Astralebene öffnet.
- *Inguz* ist generell eine gute Basis für eine Binderune, da sie Kraft speichert, die zum richtigen Zeitpunkt freigesetzt wird...
- Für Schutz: *HS* + *Algiz.*
- Gegen das Verirren oder eine gute Reise: *HS* + *Raido.*
- Für Gesundheit oder Heilung: *HS* + *Laguz.*
- Für mystische Einsicht: *HS* + *Dagaz.*
- Für starke Magie, aber auch für Rednerbegabung: *HS* + *Ansuz.*
- Für Reichtum: *HS* + *Fehu.*
- Für Sieg in einem juristischen Prozess: *HS* + *Tiwaz.*
- Für Sieg im Kampf: *HS* + zweimal *Tiwaz.*
- Um festen Besitz zu schützen: *HS* + *Othala.*
- Um einen Gegenstand leicht übersehbar zu machen: *HS* + *Dagaz.*
- Um Feinde zu entzweien: *HS* + Binderune *Thurisaz/Ehwaz/Tthurisaz*, *Ehwaz* in der Mitte, *Thurisaz* jeweils außen.
- Um Feinde zu vernichten: *HS* + dreimal *Thurisaz.*

  Interessant sind in diesem Zusammenhang die sogenannten Trollrunen, drei *Thurisaz*-Runen, die jede andere Rune, die dazu gestellt wird, in einer sehr negativen oder umgekehrten Auswirkung aktivieren. Beispiele möglicher Auswirkungen:

  HS + dreimal *Thurisaz* + *Kenaz* = Geschwür, Entzündung.
  HS + dreimal *Thurisaz* + *Fehu* = Bankrott.
  HS + dreimal *Thurisaz* + *Dagaz* = Wahnsinn...

Binderunen

Binderunen sind zwei oder mehr Runen, die zu einem Zeichen zusammengesetzt werden. Sinn und Zweck sind eindeutig: Die Kraft von zwei oder mehr Runen in einer zu bündeln. Beispiele:

Bild 27 - Vier einzelne Binderunen: Sieg im Kampf; Eheglück; Feinde entzweien; Gesundheit/Weisheit/ Einweihung.

---

[422] Siehe unten das Kapitel „Binderunen“

Kybernetische Systeme der Magie

Feng Shui

Je intellektuell hochstehender ein System ist, desto einfacher ist es anzuwenden! In diesem Sinne ist das chinesische Feng Shui[423], zu Deutsch: Wind und Wasser, eines der hochstehendsten Magiesystem der Welt.

Ale erstes sei gesagt, dass es sich um ein rein kybernetisches System handelt: bestimmte Dinge und bestimmte Formen an bestimmten Plätzen zeitigen Wirkungen, *ohne irgendein Anderes Dazutun.*

Die Philosophie des Feng Shui basiert auf dem Wechselspiel des Yin und Yang, einer Unterteilung der Energie an sich in fünf Wandlungsphasen, namentlich Erde – Metall – Wasser – Holz – Feuer, auf dem Bagua[424] und aus einem Lageplan aus 9 Quadraten, mit welchem Gegenden oder Wohnungen und Häuser abgemessen werden.

- **Ad Yin und Yang:** Siehe dazu den 0° Die Arbeit des Neophyten.
- **Ad Wandlungsphasen:** Diese haben mit den westlichen Elementen, trotz teilweiser Namensidentität, wenig gemein – die indoeuropäischen Elemente sind Grundbestandteile, in die man das Universum zwecks Forschung und Manipulation zerlegen kann, bei den chinesischen Wandlungsphasen geht es aber um Erscheinungsformen der Energie an sich, die sich beständig gegenseitig beeinflussen – daher der Name. Es sind fünf: Erde, Metall, Wasser, Holz, Feuer. Diese Erscheinungsformen der Energie erschaffen und zerstören einander beständig in folgenden bestimmten Abläufen, letztlich bleibt aber immer gleich viel Energie erhalten:

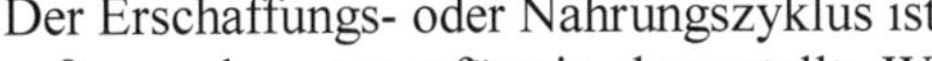

Der Erschaffungs- oder Nahrungszyklus ist außen und pentagonförmig dargestellt: Wasser nährt Holz nährt Feuer nährt Erde nährt Metall nährt Wasser. Gemeint ist damit beispielsweise: durch Regen wächst Holz, Holz brennt, Feuer wird zur Erde (Asche ist eine Form von Erde), in der Erde findet sich Metall (die Erzadern).

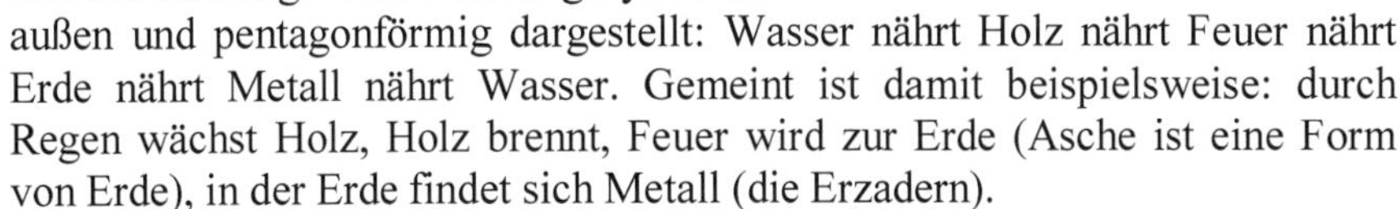

Der Abbauende oder Zerstörungszyklus ist hier pentagrammförmig dargestellt: Wasser zerstört Feuer zerstört Metall zerstört Holz zerstört Erde zerstört Wasser. Gemeint ist damit beispielsweise: Wasser löscht Feuer, Feuer schmilzt Metall, die Axt (Metall) spaltet Holz, Wurzeln (Holz) sprengen Stein (Erde), Erde schüttet Wasser zu. –

---

[423] Sprich: *Fang Schweyh.*

[424] Chinesisch: Acht Trigramme.

Die Wandlungsphasen werden üblicherweise mit folgenden Farben assoziiert: *Erde:* braun, beige oder gelb, *Metall:* weiß, silbern, golden oder blau (glänzend eigentlich!), *Wasser:* schwarz oder blau, *Holz:* grün, *Feuer:* rot.

- **Ad Bagua:** Dieser 9-Quadrate-Plan verzeichnet vorherrschende Wandlungsphasen pro Quadrat. Er wird über einen Gebäudeplan, einen Zimmerplan oder auch nur einen Schreibtisch gelegt, wobei die Wasser-Seite (8,1,6) immer die Seite des Hauptzugangs oder Eingangs[425] ist. Nach den Regeln des Feng Shui liegt diese Tür im Idealfall im Norden. – Anhand der Quadrate ist nun feststellbar, welche Zone des Gebäudes welche Aktivität bzw. welchen Seinszustand der Bewohner verkörpert. *Und allein durch das Platzieren und Entfernen jeweils bestimmter Gegenstände in diesen Zonen wird kybernetische Magie zur Verbesserung des Alltags ausgeübt – ohne Ladung, ohne Weihe, ohne Gnosis. –*

Liste der Erklärung und Zuordnungen zum Bagua:

Nummer	Auswirkung	Wandlungsphase	Gegenstände[426]	Farben	chinesischer Name
1. Quadrat	*Karriere*	*Wasser*	*Aquarien*	*blau*	*Kann („Wasser")*
2. Quadrat	*Partnerschaft*	*Erde*	*Kugel*	*gelb, ocker*	*Kun („Erde")*
3. Quadrat	*Familie*	*Holz*	*Bäume*	*grün, braun*	*Zhen („Donner")*
4. Quadrat	*Reichtum*	*Holz*	*Pflanzen*[427]	*beige*	*Sun („Wind")*
5. Quadrat	*Mitte*	*(Tao*[428]*)*	*(individuell)*	*amethyst, durchsichtig*[429]	*Tai Chi (*[430]*)*
6. Quadrat	*Vorgesetzte*[431]	*Metall*	*Metallgegenstände*	*glänzend*	*Qian („Himmel")*
7. Quadrat	*Sex, Kinder*	*Metall*	*Metallgegenstände*	*purpur*	*Dui („See")*
8. Quadrat	*Wissen*	*Erde*	*Berge*	*braun*	*Gen („Berg")*
9. Quadrat	*Antrieb, Ruhm*	*Feuer*	*Lichter*	*rot, orange*	*Li („Feuer")*

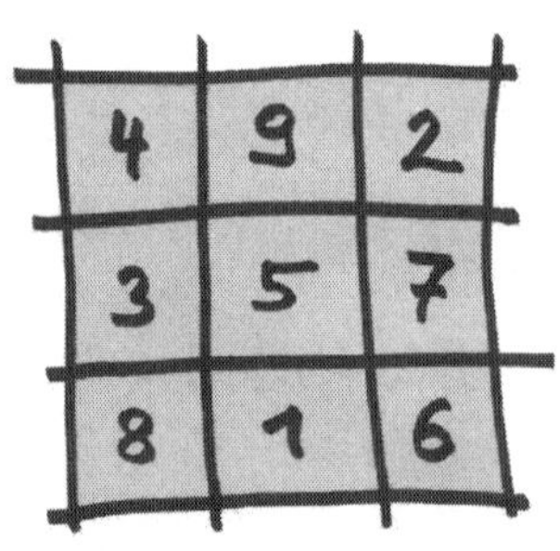

Bild 28 - Das Bagua. Zu beachten ist, dass die 1 immer nach Norden zeigt.

---

425 Bei mehreren Türen ist immer der am meisten benützte Eingang gemeint, bei einem Schreibtisch die Seite, an der man sitzt, bei einem Bett das Fußende. –

426 Gegenstände, die die jeweilige Wandlungsphase in ihrer *Existenz* betätigen. Zur *Stärkung* siehe weiter unten.

427 Keine Kakteen, die gehören wegen ihrer Stacheln zu 9, Feuer.

428 Chinesisch: *Der Weg, das Prinzip, das Gesetz...* die Vorstellung, die im Taoismus anstelle eines monotheistischen unendlichen Gottes steht.

429 Dies bezieht sich auf die Farben der Halbedelsteine Amethyst und Bergkristall, die im Zentrum des Bagua als Verstärker der Mitte eingesetzt werden können.

430 Chinesisch: *Das äußerste Letzte*, auch die Chinesen sagen, dass die Mitte des Menschen unendlich und göttlich ist. –

431 Und *Hilfreiche Freunde.*

Bestätigungen und Absicherungen einer Wandlungsphase werden so durchgeführt, dass man der Wandlungsphase zugehörige Dinge in das jeweilige Quadrat stellt, also beispielsweise Kakteen, rote Kerzen und das Foto eines Feuers im Feuerquadrat/Süden für Aktivität und Ansehen. Um das Feuer aber zusätzlich zu stärken und aktivieren, stellt man zusätzlich zugehörige Dinge der vorgehenden stärkenden Wandlungsphase in das Quadrat – im Süden also dem Holz zugehörige Dinge, und das sind Pflanzen.

Konkrete Auflistung der **Bestätigung** und der **Stärkung** anhand einzelner Beispiele[432]:

1. (Karriere)	Bild von einem See[433]	Metallwindspiel
3. (Familie)	Ahnenfotografie[434]	Teetassen
4. (Reichtum)	große Grünpflanzen[435]	Zimmerbrunnen oder großer Krug[436]
5. (Die Mitte des Menschen)	Bergkristallkugel	heiliges Symbol[437] oder Spirale[438]
6. (Vorgesetzte)	silberne Stereoanlage	Ton- oder Steinskulptur
7. (Sex, Kinder)	Spiegel[439]	Blumenstrauß[440]
8. (Wissen)	Bild von einem Berg	Kerzen
9. (Antrieb, Ruhm)	Kakteen[441], rote Kerzen	Pflanzen

Es ist also sehr praktisch, sich als Magier seine Wohnung nach Feng Shui-Kriterien einzurichten. Es erspart viel Arbeit.

An dieser Stelle ist der Gedanke naheliegend, seine Talismane, Amulette und was auch sonst für magische Gegenstände, in den jeweils begünstigenden Zonen aufzustellen – das verstärkt die eigenen Zaubereien (welche auch immer) durch Zauberei (Feng Shui), eine Redundanz also.

Für weitere Details zum Thema Feng Shui verweise ich aus Platzgründen auf die Literaturhinweise in der Bibliographie.

---

432 Es handelt sich natürlich um Beispiele aus einer großen Liste, auch andere bestimmte Dinge sind möglich.

433 Ein subjektiv *schöner* See.

434 Ein vom Wohnungsinhaber *geschätzter* Vorfahre!

435 Saftig, üppig und gesund!

436 Der Krug muss leer sein oder mit Wasser gefüllt (Gießkanne). Mit Erde gefüllt wäre er sinnlos.

437 Die Mitte, das Tao, ist keiner der 5 Wandlungsphasen der Energie zugeordnet, sondern der Energie in ihrer Rein- und Urform. Ergo sind stärkende und bestätigende Dinge dieselben. Das heilige Symbol ist ein für sie heiliges Symbol, und wenn ihre heiligen Symbole, Kruzifixe oder schwarze Sonnen sind, dann ist dem so! Rechnen sie allerdings immer mit der kulturellen Verfärbung der Heiligkeit, die ein Kult in sich trägt. Mit einem Om-Symbol in der Mitte ihrer Wohnung begegnen sie eines Tages vielleicht einem erleuchteten Guru, mit einem Kruzifix an derselben Stelle dürfen sie sich vielleicht schwerstkrank und glücklich leidend für einen guten Zweck aufopfern.

438 Spiralen verstärken und erzeugen Energiewirbel.

439 Spiegel spiegeln, was sonst meist nur poliertes Metall tut, sie gehören zur Wandlungsphase Metall. Sinnvoll: Ein gold- oder silberfarbener Rahmen dazu.

440 Frisch!!! Besonders für sexuell interessierte Männer geeignet: Pfingstrosen.

441 Besonders Rotstachelige. Kakteen gehören zum Feuer, alle anderen Pflanzen zum Holz.

Astrologie

Nicht minder interessant und auch kybernetisch ist die Astrologie. Während Feng Shui eine energetische Karte des Raums entwirft, stellt die Astrologie eine Karte der Zeit dar. Das lateinische *Astrologie* bedeutet „Lehre von den Sternen“[442], und die Philosophie der Astrologie besagt im Wesentlichen eines: Ereignisströme innerhalb der Zeit sind anhand von Konstellationen der Himmelkörper absehbar. Dabei ist wichtig zu verstehen, dass die Himmelskörper keinerlei kausale Funktion erfüllen – sie haben lediglich *notierende* Eigenschaft für bestimmte Kräfte und deren mögliche Beziehungen zueinander. Noch einmal, und in anderen Worten:

Ereignisströme, wenn man es so nennen will: Neigungen des Schicksals, die sich durch das Multiversum ziehen, korrelieren mit den Positionen von Sternen, Planeten, Meteoriten und Monden.

Die Lehre der Astrologie ist sehr alt und recht gut dokumentiert. Ihr ältester bekannter Ursprung findet sich bei den Völkern der Sumerer und Arkadier aus Mesopotamien[443], die im 4. Jahrtausend v. d. Z. lebten. Von ihnen wurden bestimmte Himmelskörper mit bestimmten Kräften identifiziert, und diese Zuordnungen gelten, mit teilweise leichten Abänderungen, noch heute. Die Namen sind der Versuch einer Rekonstruktion:

☉	Die von der Sonne verkörperte Kraft, der Sonnengott also, hieß wahrscheinlich *Schamasch*, die Kraft des Lichts und des Lebens. Heute gilt die Sonne als Prinzip des Bewusstseins und damit des Erfolgs und der Kraft im Allgemeinen.
♀	Die Venus, die Kraft der zwischenmenschlichen Anziehungen, hieß *Ishtar*.
☽	Der Mond, Herr der Gezeiten des Blutes, hieß wahrscheinlich *Sin*. Er gilt heute immer noch als das Prinzip des Gefühls und inzwischen auch des Unbewussten.
♃	Jupiter hieß *Marduk*, der Schöpfer und König.
☿	Merkur hieß vielleicht *Nabu*, der Herr der Wissenschaften und damit der Magie.
♂	Mars, Gott des Krieges und der Waffen, damals auch der Unterwelt (heute Pluto) hieß wahrscheinlich *Nergal*.
♄	Saturn, Gott der Ordnung, hieß wahrscheinlich *Nibib*. Seinen zusätzlichen Aspekt als Gott des Unglücks erhielt er erst in späterer Zeit.

[442] Im Gegensatz zum Wort *Astronomie*, das „Namen der Sterne“ bedeutet.
[443] Heute Irak und Kuwait.

Viel später, nämlich ab dem 18. Jh. n. d. Z. entdeckte Planeten sind der	
♅	Uranus[444], Gott der Blitze und der kreativen Gedanken.
♆	Neptun[445], Gott der kosmischen Weisheit, also der Mystik und auch der Magie.
♇	Pluto[446], Gott der unbewussten Urkräfte, und zuletzt
	(Transpluto), dessen Zuordnungen noch nicht eindeutig geklärt sind.

Zusätzlich beinhaltet die Astrologie[447] noch sogenannte Tierkreiszeichen. Diese sind zwölf, nämlich:
Widder, Stier, Zwilling, Krebs, Löwe, Jungfrau, Waage, Skorpion, Schütze[448], Steinbock[449], Wassermann[450], Fische. Diese verkörpern weitere Kräfte, Umgebungskräfte, welche die Kräfte der obig genannten Götter in bestimmte individuelle Noten bringen. Ein Wikinger im heimatlichen Norwegen wird ja auch anderer Laune sein als in Afghanistan[451], um einen plastischen Vergleich zu ziehen. So stehen der Widder für starken inneren Antrieb, und der Wassermann für kreative Geisteskraft, beispielsweise.
Weiter gibt es noch individuellere Unterscheidungsfelder, die zwölf Häuser oder Felder. Diese Häuser zeigen individuelle Lebensbereiche an, in denen die Planetengötter wirksam werden, wie zum Beispiel körperliche Erscheinung und äußerer Charakter (1. Haus) oder Partnerwahl (7.Haus).
Zuletzt gibt es Aspekte – Winkel auf den Zeitkarten, die die Planeten zueinander einnehmen. Ein Winkel von beispielsweise 90° nennt sich Quadrat und gilt als ereignisreich und problemgeladen.
Primär mittels Planetenständen, Tierkreiszeichen, Häusern und Aspekten werden *Horoskope*, griechisch: Stunden-Schauungen, berechnet, auf denen sich meist der *Radix*, lateinisch: Wurzel, als Abbildung der Winkel und Planeten in den Zeichen und Feldern befindet.

---

444 Uranus, zeitweilig nach seinem Entdecker Herschel genannt, wurde 1781 entdeckt. Passend dazu begann das *Zeitalter der Aufklärung*, einer radikalen philosophischen Erneuerung Europas.

445 Neptun wurde von J. G. Galle 1846 entdeckt, passend dazu begann die große Entwicklung der Geheimwissenschaften, die bis heute anhält.

446 Pluto wurde 1930 von C.W. Tombaugh entdeckt, und in seinem Gefolge kamen die Nazis, Kamikazeflieger und die Atombombe. Na toll. –

447 Es gibt auch chinesische oder Maya-Astrologie, beispielsweise, sei hier am Rande vermerkt. Anscheinend wurde diese Kunst unabhängig voneinander von verschiedenen Völkern entwickelt.-

448 Eigentlich: Zentaur (Oberkörper Mensch, Unterkörper Pferd) mit Pfeil und Bogen.

449 Eigentlich: Ziegenfisch, also Hinterkörper eines Fisches und Vorderkörper einer Ziege.

450 Keine männliche Nixe, sondern der Wasserverkäufer in besonders trockenen und heißen Gegenden, wie Nordafrika zum Beispiel.

451 Ja, es gab tatsächlich so eine Wikingerexpedition: Unter Ingvar, die um 1040 *Serkland* (Persien und Afghanistan) erreichte.

Folgend eine Auflistung der Bedeutungen der zwölf Tierkreiszeichen, der zwölf Häuser und der wichtigsten Aspekte:

Die zwölf Tierkreiszeichen[452]:

Zeichen:	Name:	Zeitraum:	Wirkendes Prinzip (vereinfacht):
♈	Widder	21.3.-19.4.	Antrieb
♉	Stier	20.4.-20.5.	Erdverbundenheit
♊	Zwilling	21.5.-21.6.	Kommunikation
♋	Krebs	22.6.-22.7.	Empfindung
♌	Löwe	23.7.-22.8.	Pracht
♍	Jungfrau	23.8.-22.9.	Ernte
♎	Waage	23..9-22.10.	Harmonie
♏	Skorpion	23.10.-21.11.	Verwandlung
♐	Schütze	22.11.-21.12.	Philosophie
♑	Steinbock	22.12.-19.1.	Ausdauer
♒	Wassermann	20.1.-18.2.	Intelligenz
♓	Fische	19.2.-20.3.	Auflösung

Die Tierkreiszeichen sind übrigens auch den bekannten Elementen zugeordnet.

Feuer: Widder, Löwe, Schütze.
Wasser: Krebs, Skorpion, Fisch.
Luft: Waage, Wassermann, Zwilling.
Erde: Steinbock, Stier, Jungfrau.

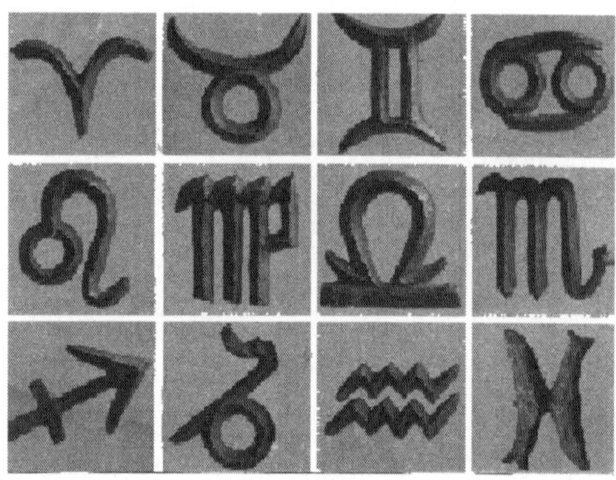

Bild 29 - Die Symbole der 12 Tierkreiszeichen. Von oben links nach rechts beginnend: Die Hörner des Widders, der Stierkopf, die lateinische Zahl 2 des Zwillings, die Krebsscheren, der Abdruck der Löwenpranke, die wogenden Kornähren der Jungfrau, eine Balkenwaag.

[452] Von manchen Okkultisten werden die Tierkreiszeiten als *Tyr-kreiszeichen*, also germanische Astrologie gedeutet, auch wenn es dazu keinerlei historische Hinweise gibt. Die Zwölf heißen dann in dieser Reihenfolge: Bilskirnir, Thrymheim, Folkvang, Himinbjörgf, Breidablick, Sökkvabekk, Glitnir, Gladsheim, Ydalir, Landvidi, Valaskjalf und Noatun.

Die zwölf Häuser:

Nummer:	Bedeutung:
1. Haus	Physischer Körper, äußere Persönlichkeit, frühestes Milieu.
2. Haus	Finanzielles, Besitz, Fähigkeit zum Verdienen.
3. Haus	Geschwister, kurze Reisen, Kommunikation.
4. Haus	Heim, Mutter, Lebensabend, Ausgangsbasis.
5. Haus	Kinder, Triebbefriedigung, soziale Belange.
6. Haus	Gesundheit, Arbeiten, Dienen.
7. Haus	Partnerschaften, Public Relations, öffentliche Gegner.
8. Haus	Tod, Regeneration, Erbe, Steuern.
9. Haus	Weltanschauung, lange Reisen, Bildung.
10. Haus	Beruf, Bestimmung, Stellung.
11. Haus	Freunde, Hoffnungen, Wünsche.
12. Haus	Einschränkungen, geheime Feinde, Selbstauflösung.

Die wichtigsten Aspekte:

Die Konjunktion: Entsteht durch ein ganz, oder fast auf derselben Stelle, Sein zweier Planeten im Horoskop, also ein Winkel von 0°. Die beiden Kräfte treten dann immer gemeinsam und vermengt auf.

Das Sextil: ein harmonischer Aspekt im Winkel von 60° im Horoskop. Er zeigt ruhende Optionen an, also Möglichkeiten, die man erwecken kann, die aber nicht von selbst auftreten.

Das Quadrat: Ein Spannungsaspekt, d.h., ein Problem. – Zwei Planeten, also Kräfte stehen im 90° Winkel im Horoskop zueinander, durchaus zwei Autos vergleichbar, von denen Eins dem Anderen die Vorfahrt nimmt. Zum Quadrat kann man auch unterentwickelte Charaktereigenschaft sagen, was den Auftrag der Entwicklung beinhaltet. Die Lösung ist folgende: die eine Kraft darf nicht ohne Rücksichtnahme – eigentlich Seitensichtnahme im Fall des Quadrats – auf die andere eingesetzt werden. Das Quadrat ist der schwierigste Aspekt, aber auch der Energetischste. Es ähnelt etwas der Opposition, zeigt aber immer Schwierigkeiten im Bereich der Karriere an.

Das Trigon: Dieser harmonischste Aspekt überhaupt entsteht durch einen Winkel von 120°. Er zeigt automatische, harmonische Verbindungen zweier Kräfte an, die fruchtbar etwas Neues hervorbringen.

Die Opposition: ein Winkel von 180°, im Horoskop stehen sich zwei Planeten gegenüber. Dies ist ein Problem, denn das bedeutet, sie behindern einander gegenseitig, wie zwei Menschen, die an einem Seil aber an unterschiedlichen Enden ziehen. Wie alle sogenannten Spannungsaspekte wird dieses Problem dadurch gelöst, dass man beim Einsatz einer Kraft prinzipiell Rücksicht auf die andere Kraft nimmt. Die Opposition ähnelt dem Quadrat, zeigt aber immer Schwierigkeiten im zwischenmenschlichen Bereich an.

Das Quintil: Dies ist ein harmonischer Aspekt mit dem Winkel von 72°. Er entspricht in der Bedeutung einem Trigon, jedoch mit dem inneren Antrieb, etwas Kreatives und Neues durch künstlerisches Schaffen hervorzubringen.

Mit diesen und einigen Mitteln mehr wird also eine komplette Karte der Zeit für einen bestimmten Ort zu einer bestimmten Zeit errechnet – das Horoskop.
Abschließend ist wichtig zu verstehen, dass diese erwähnten Zeitströme keine konkreten Ereignisse beinhalten – die formen sich erst aus! Nur die Qualität der Zeitströme ist anhand der jeweiligen vorherrschenden Eigenheiten zu erkennen, wie genau sich diese dann äußern, sofern diese nicht zuletzt von etwas Anderem überlagert werden, ist aber nicht genau erkennbar. Das macht die Astrologie so schwierig – so könnte sich ein bestimmter Zeitstrom als Attentat oder als Massenhysterie äußern, wie das Horoskop der Olympischen Spiele München 1972 n. d. Z. voraussagte.
Die Astrologie ist ein eigener mystischer Weg, hochkompliziert wie die Kabbalah, aber dafür recht sicher vor Wahnsinn, der gefürchteten Berufskrankheit des Mystikers. Setzt man dieses astrologische Wissen magisch ein, spricht man von *Astromagie*, die im Übrigen nicht zwingend kybernetisch ist. Siehe dazu oben, das Kapitel „Die Symbolmagie des Westlichen Weges".

Das Henochische System der Magie

Dem englischen Universalgenie, Magier, Alchimisten, Geheimagenten und Hofgelehrten von Königin Elisabeth I. von England, *Dr. John Dee* (1527-1608) widerfuhr etwas Seltenes: Über sein Medium *Edward Kelley* wurde ihm über einen Zeitraum von sieben Jahren eine magische Sprache, die sogenannte Sprache der Engel, das *Henochische*, übermittelt. Kelly sah dabei in einen Kristall, indem er jeweils einen Engel, *Uriel*, *Gabriel*, *Nalvage, Michael* oder auch einen anderen, erblickte. Diese Wesenheiten unterrichteten ihn und Dee in 19 sogenannten Rufen in Henochisch, dieser Name deswegen, weil die Engel angaben, einst mit dem Patriarchen *Henoch*[453] der Bibel in Verbindung gestanden zu haben. Die Sammlung dieser 19 Lektionen nennt sich jedenfalls *Liber Logaeth*[454] oder eben *Liber Enoch.* Das henochische Alphabet besteht aus 21 Buchstaben und wird von rechts nach links geschrieben. Der Unterricht in dieser Sprache fand rückwärts statt – richtig herum geübt, wären nämlich, nach Aussage der Engel, permanent magische Effekte aufgetreten, da Henochisch die Sprache ist, mit der aktive und sofortige Verzauberung bewirkt wird.
Tatsache ist, dass diese Sprache Linguisten vor Rätsel stellt, denn sie ist mit keiner bekannten Sprache verwandt. Psychologen zufolge soll es einem Men-

---

453 Henoch oder Enoch, eigentlich hebräisch *Hanok* = der Eingeweihte (!), Name einer der Urväter Israels. Vgl. dazu die „Henochbücher" in der Bibel, also in den Stammbäumen 1. Mos. 4 und 5.-

454 Lateinisches Liber: Buch, Henochisch: Logaeth: Rede Gottes, also: Das Buch der Rede Gottes.

schen, der einer Sprache mächtig ist, nicht möglich sein, eine völlig neue Sprache zu erfinden.
Jedenfalls ist Henochisch ein kybernetisches System der Magie – ein bloß gesprochenes Wort zeitigt magische Wirkung, anders formuliert, Information verursacht Veränderung. –
Unter den früheren Rosenkreuzern soll das Henochische und seine Anwendungen erprobt worden sein, Fakt ist, dass der englische Magier S. L. McGregor Mathers – schon wieder der! – gemeinsam mit seiner Frau, der seherisch sehr begabten *Moina Mathers*, geborene *Mona Bergson*[455], das Henochische nicht nur in die Praxis des Golden Dawn einbaute, sondern das ursprünglich dürftige Material durch Studien weit ausbaute[456], unter anderem durch das sogenannte „Henochische Schachspiel".
Bei den in der Arbeit des Adeptengrades im Liber Draconis beschriebenen Pentagramm- und Hexagramm-Ritualen sind Zaubersprüche angeführt, die zur Unterstützung der zu aktivierenden Ebenen oder Energien vibriert, das heißt in der Gnosis klangvoll ausgesprochen werden können. Es sind henochische Namen und Sprüche – und sie verstärken die Ritualarbeit beträchtlich. –

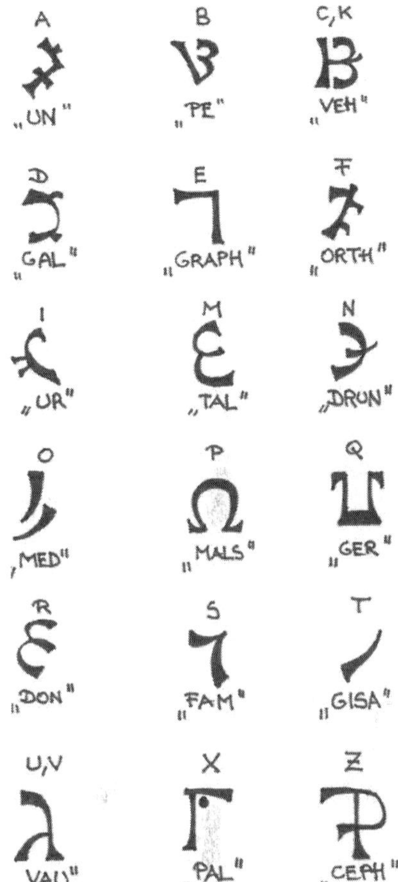

Bild 30 - Die Henochischen Zeichen

Das Henochische Alphabet sieht folgendermaßen aus (s. Abbildung):
Ein henochischer Satz ist beispielsweise dieser:
„OL SONUF VAROSAGI GOHO IADA BALTA."
Zu Deutsch: „Ich herrsche über Euch, spricht der Herr der Gerechtigkeit." –
Für weitere Studien mit den henochischen Rufen verweise ich auf die Literaturliste im Anhang.

---

455 Nach ihrer Heirat änderte sie ihren Vornamen von *Mona* auf *Moina*, da sie sich vom Keltenfaible ihres Mannes anstecken ließ. – Nach dessen Tod 1919 übernahm sie die Ordensleitung, Moina gehörte zu den Wenigen, die den höchsten menschlichen Grad, den 7°=4. , erreicht hatte.

456 Der englische Rosenkreuzer und Magier *Westscott*, neben Mathers und *Woodmann* einer der drei Gründer des G.D. war auch an der Weiterentwicklung der henochischen Anwendungsmöglichkeiten beteiligt.

Hieroglyphen

Die Hieroglyphen, griechisch: „Heilige Zeichen“, sind die magischen Zeichen des alten, vorarabischen Ägypten. Die Nachfahren dieser Menschen, die über 3000 Jahre eine magische Hochkultur schufen und lebten, wurden im ersten Jahrhundert n. d. Z. vom heiligen Markus christianisiert und werden heute *Kopten* genannt. Die Menschen, die sich heute Ägypter nennen, sind Araber, die ab dem 7. Jh. n. d. Z. im Zeichen des Islam von der arabischen Halbinsel kommend einfielen und Ägypten, davor bereits seit langem byzantinische Provinz, eroberten. Wie alle magischen Alphabete, wie Runen, Henochisch, Hebräisch oder Andere, stehen die Hieroglyphen sowohl für einen Buchstaben[457] als auch für ein Konzept und gelten automatisch als magisch wirksam. Damit sind also auch die Hieroglyphen ein kybernetisches Magiesystem.

Das Wissen um ihre Bedeutung war lange verlorengegangen, bis sie der französische Gelehrte J*ean Francois Champollion* im ersten Viertel des 19. Jh. n. d. Z. wieder entschlüsseln konnte, da Napoleons Truppen, genauer gesagt der Offizier *Pierre Francois Xavier Bouchard*, 1799 in Ägypten einen in drei Sprachen bzw. Schriften auf einen schwarzen Stein gravierten Text gefunden hatten, von denen eine Sprache, griechisch, bekannt war. Die Rede ist vom berühmten *Stein von Rosetta*[458].

Champollions Ansatz zur Übersetzung waren die sogenannten Kartuschen gewesen: Ovale Ringe um bestimmte Schriftzeichen, was in dem gesamten Text nur zweimal vorkam. Er vermutete eine besondere Wichtigkeit dieser Zeichen, und da im griechischen, lesbaren Text je einmal die Wörter *Ptolemaios* und *Kleopatra*, also Herrschernamen, vorkamen, setzte er diese mit Kartuschen versuchsweise gleich. Die Annahme erwies sich als richtig, und da in beiden Namen die Konsonanten *p,t* und *l* vorkommen, war der erste Schritt getan. Als ein weiterer Text mit einer Kartusche gefunden wurde, entzifferte Champollion den Namen mit *Ramses*. Damit stand das Tor zu den Übersetzungen offen.

Eine der Besonderheiten der Hieroglyphen ist, dass sie sowohl von links nach rechts als auch von rechts nach links geschrieben werden können, die Richtung wird allein dadurch definiert, in welche Richtung die Köpfe der Tiersymbole, die Teil des Alphabets sind, weisen. Auf diese Weise ließen sich all die wundervollen ägyptischen Tempel und Tore ästhetisch, weil die Hieroglyphen auf symmetrische, also gerade wie gespiegelte Weise schreibbar sind, beschriften. Hieroglyphen sind der Kern der ägyptischen Magie. Auch wenn es tatsächlich 6.000 Hieroglyphen gibt, gibt es letztlich nur 24 Grundsymbole.

---

[457] Genau gesagt, besteht die ägyptische Schrift teilweise aus Bilderzeichen wie die chinesische Schrift, und teilweise aus Lautzeichen (wie z. B. Das Lateinische, Basis unserer heutigen Schrift).

[458] Rosetta oder Rosette, arabisch *Raschid*, eine Stadt oberhalb des westlichen Nilarmes.

Ziel der ägyptischen Magie war einerseits die Erleichterung des Alltags, das äußerste sich konkret in zahlreichen Amuletten und Zaubersprüchen, beispielsweise für medizinische Zwecke wie Schädelbruch. Interessant ist zu erwähnen, dass Johann Wolfgang von *Goethes* Erzählung „Der Zauberlehrling“[459] inhaltlich nahezu Eins zu Eins auf eine alte ägyptische Erzählung zurückzuführen ist. Andererseits versuchten die Ägypter ihre Leichname und damit ihre Aetherkörper zu erhalten, um eine der Persönlichkeit vor dem Tod sehr ähnliche Existenz nach dem Ableben aufrechterhalten zu können, als eine Art Gespenst, dessen Stützpunkt der Leichnam ist. Deswegen diese komplexen Einbalsamierungen und Riten! Nachvollziehbarerweise sind Mumien von Grabräubern wie Ägyptologen nicht begeistert.

Die 24 Grundzeichen der Hieroglyphen sehen folgendermaßen aus:

Bild 31 – Die Hieroglyphen

Für mehr Information verweise ich auf eigene Studien und die Literaturliste im Anhang.

---

459 „Hat der alte Hexenmeister sich doch einmal wegbegeben! Und nun sollen seine Geister auch nach meinem Willen leben. Seine Wort und Werke merkt ich und den Brauch, und mit Geistesstärke tu ich Wunder auch...“

Hebräisch

Das Hebräische ist die magische Sprache der Kabbala, die Bibel wurde in Althebräisch verfasst. – Im Hebräischen ist jeder Buchstabe ein Konsonant (die Vokale werden durch den Sprecher ergänzt) sowie ein Symbol und eine Zahl gleichzeitig, und es zeitigt von sich allein aus Wirkungen, ist also ein kybernetisches System. Es heißt beispielsweise, dass der Buchstabe *Tau* gegen Gedächtnisschwäche hilft, *Caph* gegen überschwängliche Fantasie, *Beth* gegen Lüge, *Gimel* gegen Abschweifen der Gedanken, *Daleth* gegen Ausschweifungen, *Peh* gegen Wut, *Resh* gegen Hochmut[460].

Das hebräische Alphabet sieht folgendermaßen aus:

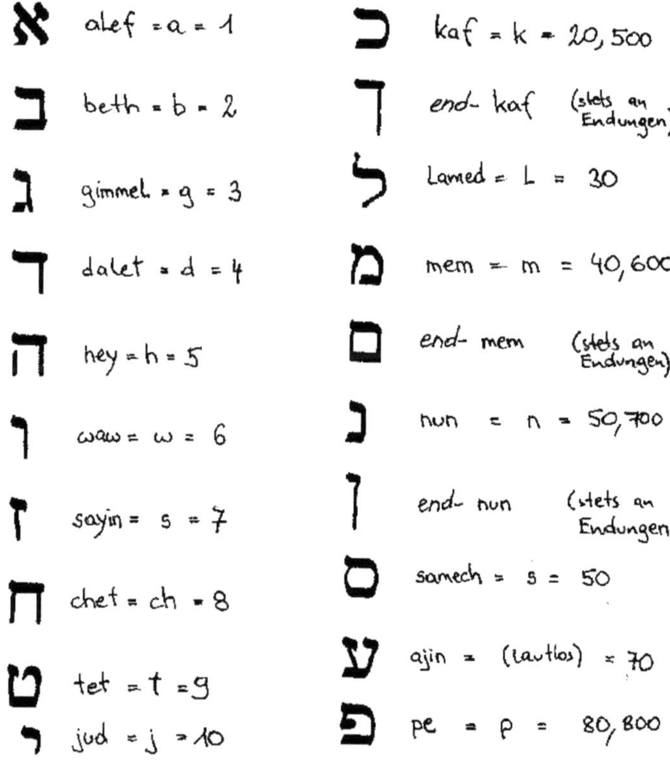

Bild 32 – Das hebräische Alphabet.

Für aktive Studien verweise ich auf die in den Fußnoten des Liber Draconis verteilten Hinweise und insbesondere auf die Literaturliste im Anhang.

---

[460] Vgl. dazu REGARDIE Israel, Das magische System des Golden Dawn, Freiburg im Breisgau 1988, Band 2, S. 608f.

Die Symbolmagie des Westlichen Weges: Astromagie und Elementemagie

Diese baut im Wesentlichen auf den Studien des Golden Dawn, eigentlich: *Hermetic Order of the Golden Dawn*, auf. Sie besteht üblicherweise primär aus Pentagramm- und Hexagrammritualen, und das bedeutet folgendes: Der Adept zieht in bestimmter Richtung von einem bestimmten Punkt aus ein Hexa- oder Pentagramm und vibriert dazu einen Zauberspruch, der aus dem henochischen System der Magie[461] stammt. Damit aktiviert er bestimmte Kräfte – nämlich elementarer (Pentagramm) oder planetarer (Hexagramm) Natur.
Das ganze System geht auf *Samuel Liddel MacGregor Mathers*, das kreative Genie des Golden Dawn, zurück.
Im Prinzip wird ein Hexagramm oder ein Pentagramm in die Luft gezeichnet – im magischen Jargon heißt das „gezogen“ – wobei es darauf ankommt, von jeweils einem bestimmten Punkt in bestimmter Richtung zu ziehen. Dadurch beschwören, beziehungsweise aktivieren, die Pentagramme wie Hexagramme Kräfte, die dann in einem Ritual, einer Verzauberung, der Erschaffung eines Talismans oder etwas Ähnlichem Einsatz finden.
Nicht nur das: Die durch die Zeichen konzentrierten Kräfte können als Tore dienen – Als Tore zum Reisen in die den Kräften zugrundeliegenden eigenen energetischen Reiche, auch Dimensionen genannt.
Übungen dieser Art beginnen als rein geistige, also Mentalreise, und werden im Lauf der Zeit zu Astralreisen. Anders formuliert: Mentalreisen sind eine ideale Vorstufe der Astralreisen, wobei der Übergang fließend ist.
Noch einmal: Das Ziehen des Symbols (ein Hexa- oder Pentagramm) und das dazugehörige Vibrieren des Zauberspruches (in Henochisch) aktiviert Kräfte planetarer oder elementarer Natur. Diese Kräfte können zu jeder beliebigen Magie, vom Astralreisen bis zur Talismanladung, eingesetzt werden – der konkrete Einsatz hängt vom Magier ab.

[461] Siehe dort, im Kapitel 2° die Arbeit des Adepten.

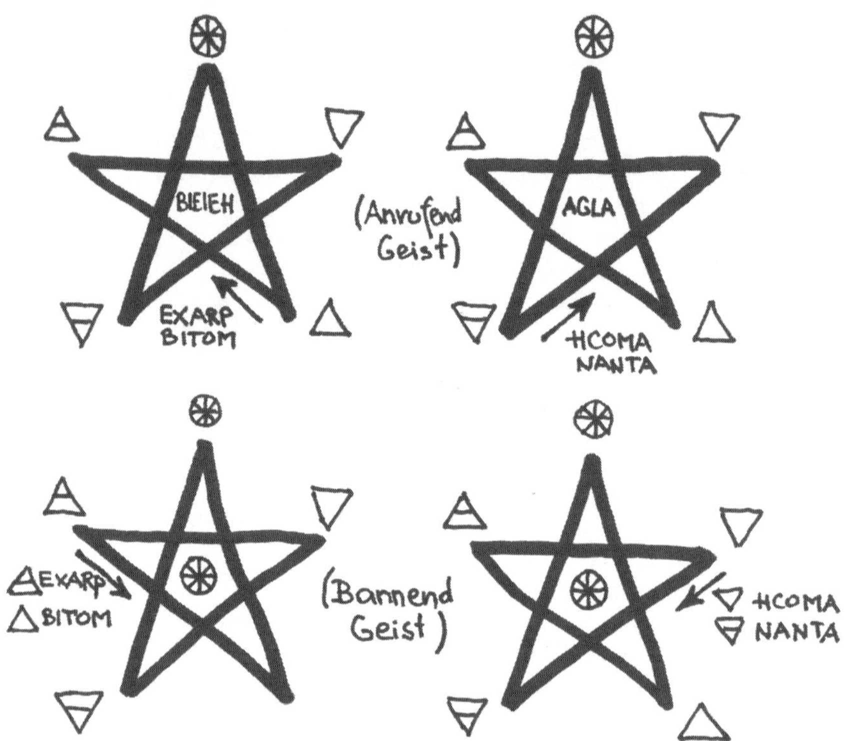

Bild 33 - Anrufende und Bannende Geist (=Aether) Pentagramme. Links: Aktiv. Rechts: Passiv.

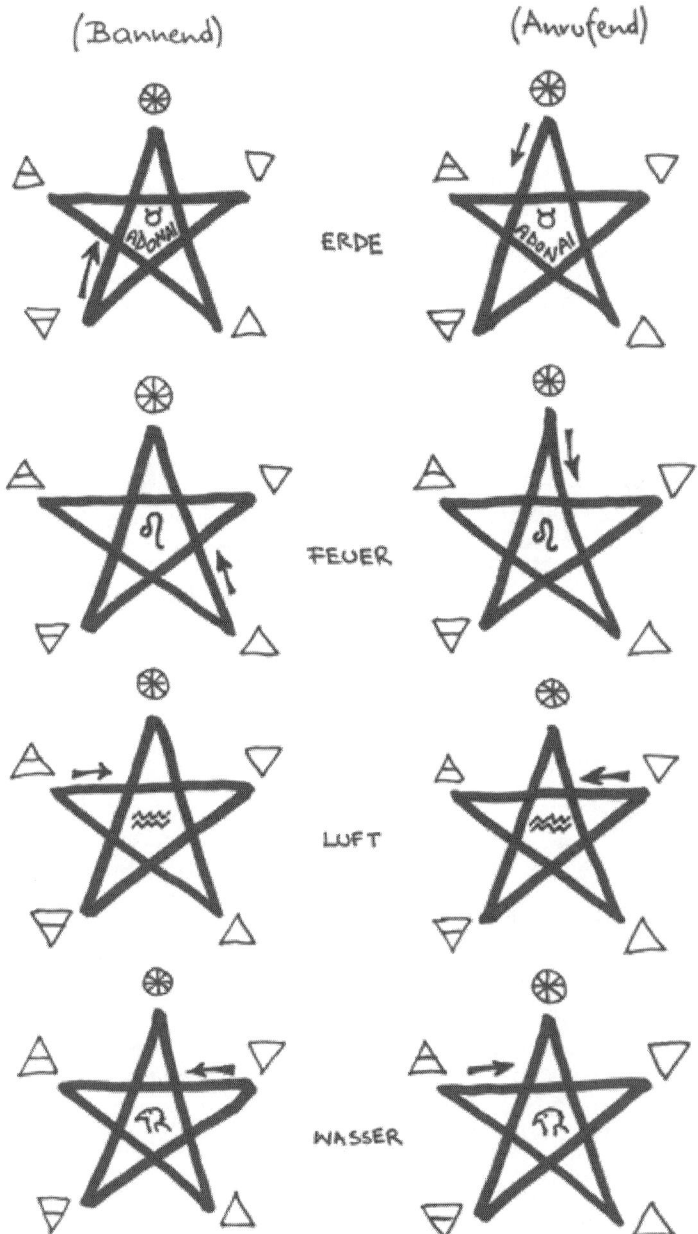

Bild 34 - Bannende und anrufende (= invozierende) Pentagramme der Elemente Erde, Feuer, Luft, Wasser.

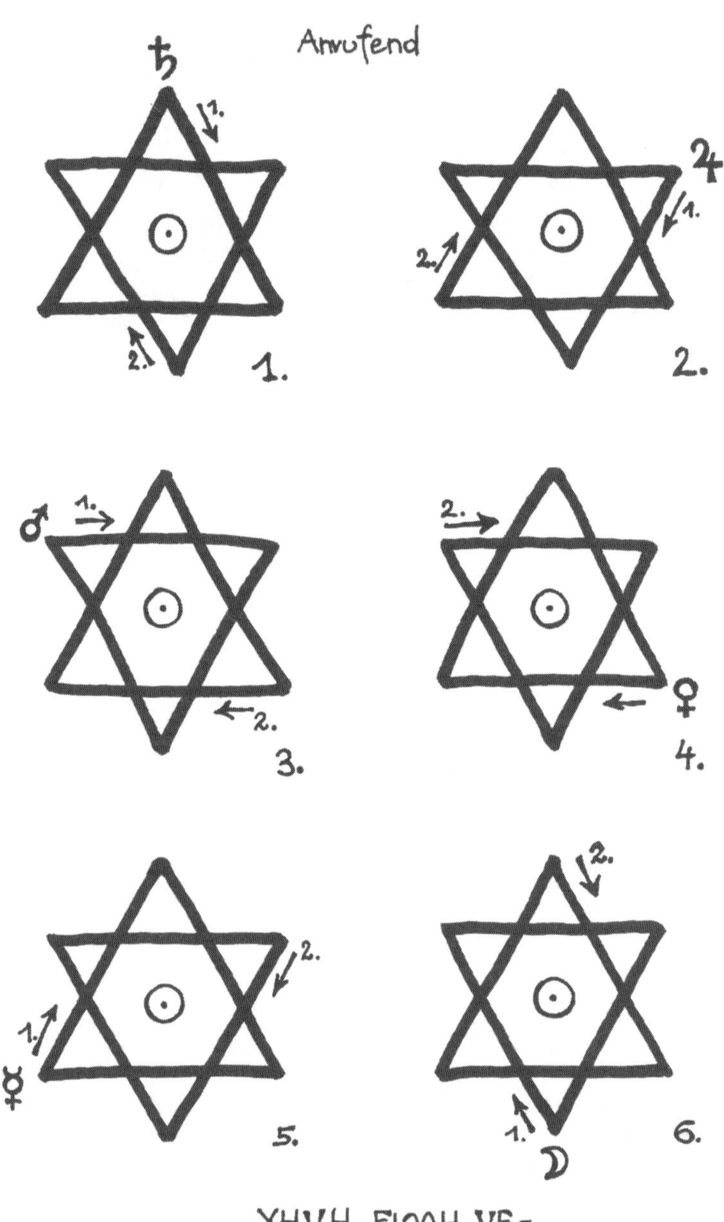

Bild 35 - Anrufendes Sonnenhexagramm (sechsfach).

Bannend

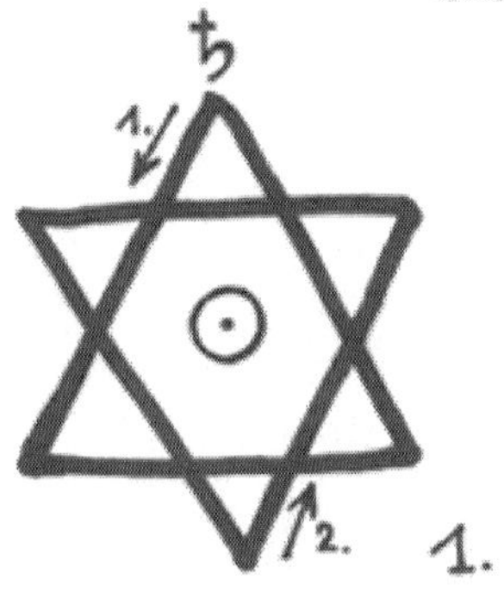

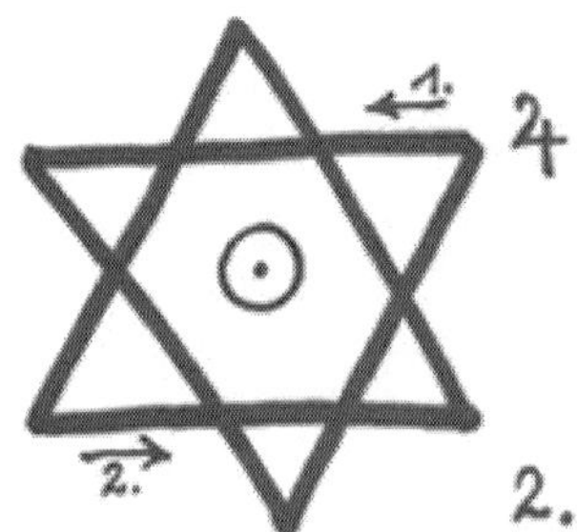

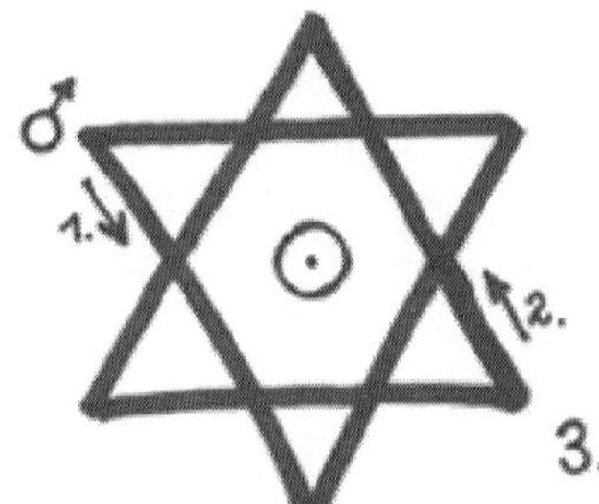

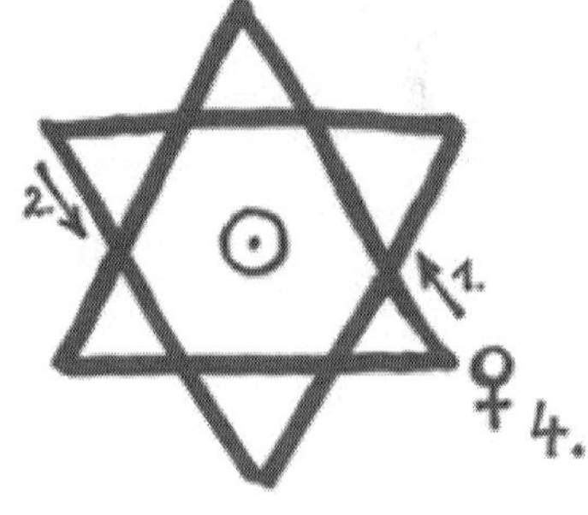

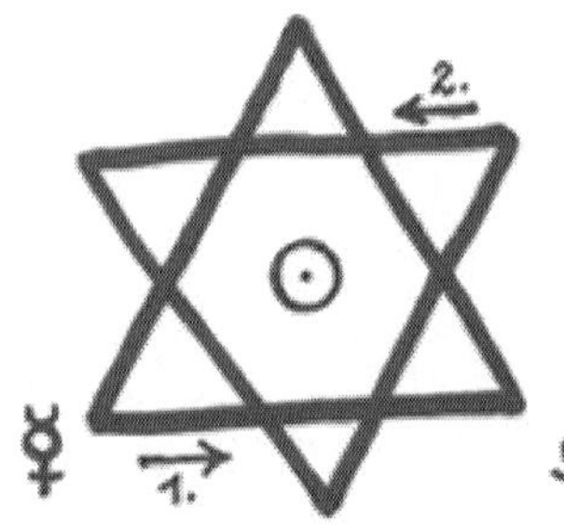

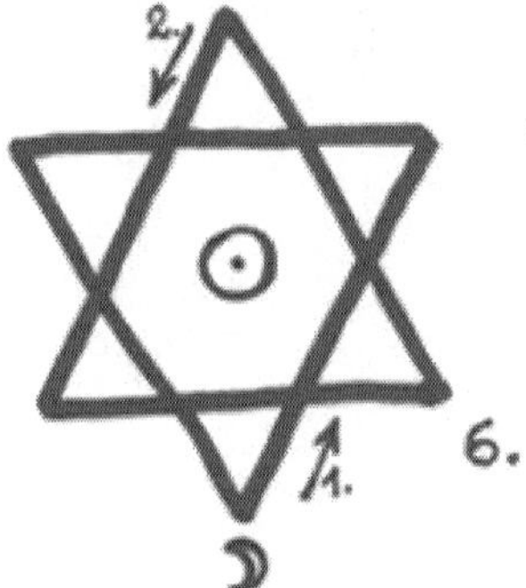

YHVH ELOAH VE-
DAATH

Bild 36 - Bannendes Sonnenhexagramm (sechsfach).

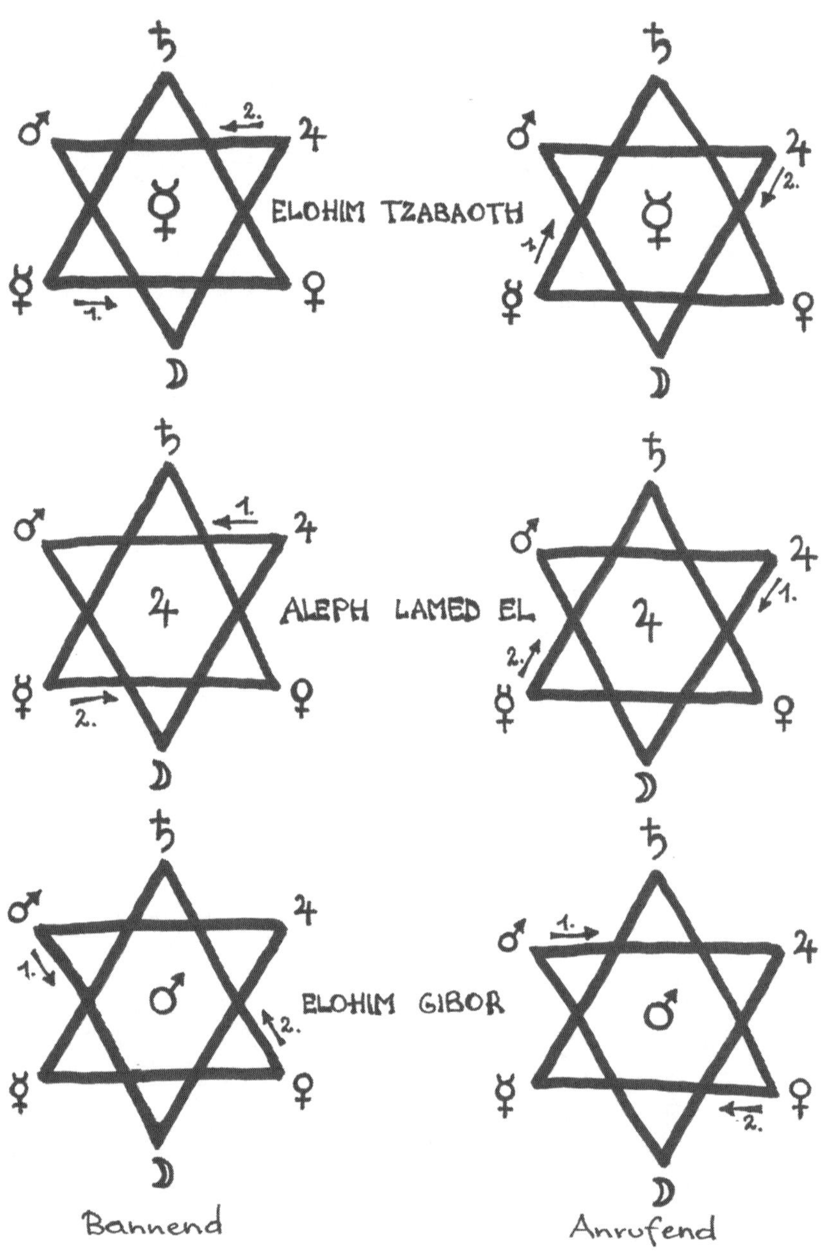

Bild 37 - Merkur, Jupiter und Mars Hexagramme, bannend und anrufend.

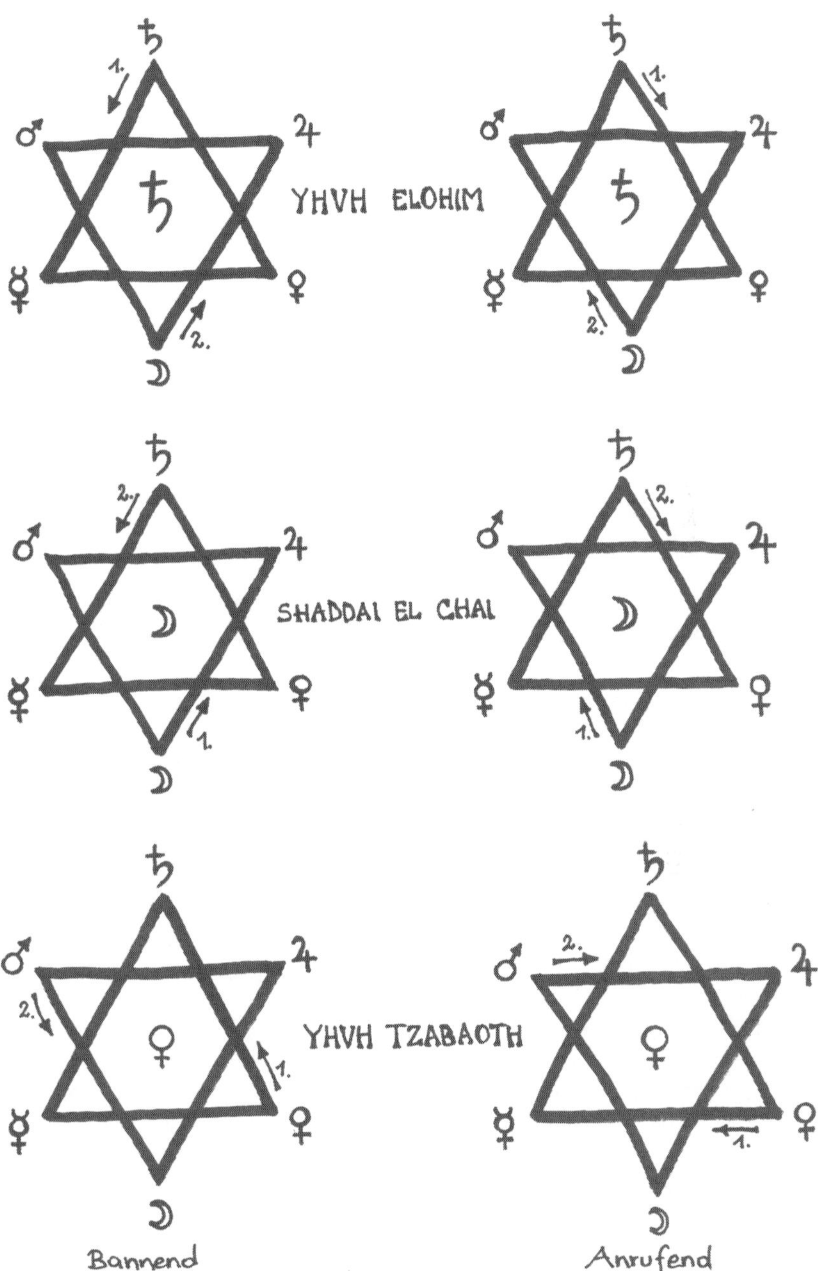

Bild 38 - Saturn, Mond und Venus Hexagramme, bannend und anrufend.

Sonstige magische Methoden:

Die IAO-Formel

Eine interessante Energiearbeit mit starkem Effekt ist die sogenannte IAO-Formel, die mehrere Energieformen miteinander kombiniert. Sie kann als Übung, als Energetisierung, als Schutzritual oder als Heilzauber gleichermaßen eingesetzt werden. Die Arbeit besteht aus drei Teilen.

1. Die Phase I

Als erstes stellt sich der Magier aufrecht hin, beide Fersen berühren einander. Er geht in den Zustand der Gnosis, dann intoniert er lange – mindestens ein langes Ausatmen – den Laut I,

also: Iiiiiiiiiiiiiiiiiiiiiiiiiiiiiiiiiiiiiiiiiiiiiiiiiiiiiiiiiiiiiiiiiiiiiiiiiiiiiih...

Dabei öffnet er bewusst sein Schädelchakra und lässt die coelestische Energie[462] durch dieses Chakra eintreten, durch ihn fließen und an den Fußsohlen wieder austreten. Der Magier wird also durch eine bestimmte Energieform gereinigt und aufgeladen. Es ist übrigens die Energieform, mit der im Reiki primär gearbeitet wird.

2. Die Phase A

Als zweites breitet der Magier die Arme aus, sodass eine Kreuz- oder Tauform entsteht, und intoniert genauso lange wie vorhin den Laut A, also:

Aaaaaaaaaaaaaaaaaaaaaaaaaaaaaaaaaaaaaaaaaaaaaaaaaaaaah...

Dazu öffnet er sein Brustchakra und öffnet seinen Brustkorb und die Arme energetisch auf der ganzen Länge. Er lässt die tellurische Energie[463] durch sich fließen, gleichzeitig von links und rechts eintretend und rechts und links austretend. Der Magier wird durch eine weitere Energieform gereinigt und aufgeladen.

3. Die Phase O

Als drittes legt der Magier die Arme wieder an die Seiten oder legt sie als großes O vor seinen Bauch, also die Handflächen nach oben ineinander und die Hände unter dem Bauchnabel am Bauchansatz. Er intoniert genauso lange wie jeweils vorhin den Laut O, also:

Oooooooooooooooooooooooooooooooooooooooooooooooooh...

Dazu öffnet er seine gesamte Körperoberfläche energetisch und spürt autochthone Energie[464] ihn umfließen, auch in leichtem Abstand, als stünde er in der Mitte eines mannshohen Eies, das etwas größer ist als er – seine Aura. Der Magier bewegt und reinigt damit sein eigenes Energiefeld. Diese Übung kann mit Farbimaginationen verstärkt werden. Die I-Energie ist dann weiß strahlend, eventuell

---

[462] Die Energie des Himmels, also kosmische Energie.

[463] Die irdische Energie, soll heißen die Energie des Planeten Erde.

[464] Die Selbst aus dem Inneren erschaffenen Energie, also die persönliche Lebensenergie des Magiers.

mit sehr leichtem gold- und hellviolettem Einschlag, die A-Energie in Rot und die O-Energie in Blau zu imaginieren. –
Im I-Teil aktiviert der Magier seine Chakren, im A-Teil spürt er die Energie seiner Heimat, der Welt, und im O-Teil aktiviert er seine Meridiane. –

Die OMNIL-Formel
Strukturell mit der IAO-Formel verwandt ist die OMNIL-Formel des englischen Magiers *William Gray*. Das Wort ist aus den lateinischen *Omnis* und *Nihil* gebildet, die „Alles" und „Nichts" bedeuten. Die der Formel zugrunde liegende Idee besagt, dass aus dem Nichts das All entstand, und folglich dieser Vorgang, wie Übergang, der magische Zustand par excellence ist.
Der Magier steht aufrecht, mit herabhängenden Armen, und konzentriert sich auf das Göttliche über ihm und das Irdische unter ihm. Dann konzentriert er sich auf sich und sein Selbst.
Dann zieht er mit konzentrierter Energie oder Aufmerksamkeit um sich herum einen waagrechten Kreis, in dessen Mittelpunkt er steht – dies ist die Null der Zeit.
Dann zieht er einen lateralen Kreis, in dem er steht wie in einem Torbogen, von Scheitel hinunter und wieder auf der anderen Seite hoch, zum Scheitel zurück – das ist die Null des Raums.
Zuletzt zieht er einen Kreis, vertikal vom Scheitel hinunter zu den Füßen und hinten wieder hoch – das ist die Null der Ereignisse.
Aus diesem Zustand heraus kann sehr gut Magie bewirkt werden. Aber genauso ist die OMNIL-Formel ein Schutzritual, eine Heilung, ein Training... usw.

Kommunikation mit anderen Lebensformen
Vielen Magiern stellt sich das Multiversum als sehr bewohnt dar, wobei Kommunikation mit den Anrainern als interessant definiert wird. Es ist eine eigene magische Kunst, sich auch mit anderen Wesen als Menschen verständigen zu können, und dazu zählen Hunde, Katzen und Haustiere, an darauffolgender Stelle Pflanzen, des weiteren Steine und Mineralien, und letztlich nichtorganische Lebensformen. Basis dieser Kommunikation kann einfach der Astralkörper sein, der jenseits von Sprache eine Art telepathische oder elektrische Kommunikationsfähigkeit zu bergen scheint. In schamanischen Kulturen ist das Sprechen mit Tieren sehr weit verbreitet – geht man in den Zustand der Gnosis, wird anscheinend eine Art Metasprachverständnis aktiviert. So kann ein Ruf der Kojoten als Warnung verstanden werden, oder das Rufen der Unken als Auskunft. Der Magier im Zustand der Gnosis möge übrigens einmal den Spatzen zuhören – eine belustigende Erfahrung, Spatzen könne richtig ordinär werden. –
Ebenso als Kommunikator einsetzbar ist wieder einmal das Kontaktsymbol des Reiki, das HS.
Als einzelnes Beispiel sei hier die simple Technik erwähnt, im Zustand der Gnosis vor einem Baum das HS-Symbol zu ziehen, dem Baum dann die Handflächen

auf die Rinde zu legen, und nun geistig Kontakt aufzunehmen – das kann bedeuten, im Verstand etwas zu sagen und es dabei auch emotional so zu meinen, und anschließend geistig horchend auf eine Antwort zu warten.

Channeling

Was früher Mediumismus genannt wurde, heißt heute Channeling: Ein Mensch öffnet sich für Kräfte oder nichtorganische Bewusstseinsformen, die ihm Informationen übermitteln, meist, in dem sie durch ihn sprechen oder schreiben. Der Unterschied zu anderer Kommunikation ist der, dass die kontaktierte Wesenheit vorübergehend zumindest partiell von einem Menschen, in Folge Medium genannt, Besitz ergreift, um sich durch ihn mitteilen zu können.

Die Methode beinhaltet zwei essentielle Schwachstellen:

Erstens, das Medium weiß nicht genau, was es da kontaktiert – in der Tat sind es häufig Verstorbene, die es nicht geschafft haben, die materielle Ebene zu verlassen, und sich verzweifelt oder hasserfüllt als etwas besonders Heiliges ausgeben, um durch den Kontakt zu den Lebenden ihrem Dasein perversen Sinn zu geben.

Zweitens, die Information wird ja durch das lebende Medium geleitet – und dabei meistens von Bewusstseinsinhalten des Mediums, ob emotionaler oder geistiger Natur, verunreinigt. Positive Ergebnisse beim Channeln sind äußerst selten – das Henochische, die sogenannte Sprache der Engel, das von einem Medium und einem kontrollierenden Magier gechannelt wurde, ist eine der berühmten Ausnahmen.

Deswegen ist vom Channeling primär abzuraten – Finger weg vom Quija[465]-Brett! Wenn doch gechannelt wird, dann sollte dies unter strengen Versuchsbedingungen, wie einer dreifachen Unterteilung in ein Medium, in einen beobachtenden Astralmagier und einen beobachtenden Ritualmagier durchgeführt werden. Insbesondere sollte mit mehrfachen magischen Schutzzaubern verschiedener Art gearbeitet werden.

---

[465] Eine Gerätschaft zum Kontaktieren, eine Art schreibender kleiner Tisch, der durch die mediumistisch gesteuerten Handbewegungen der Medien gelenkt wird. *Quija* ist die Wortschöpfung aus dem französischen *Qui*, das bedeutet *Ja*, und dem deutschen *Ja*. Belustigenderweise bedeutet die deutsche Äußerung *Jaja*, die doppelte Bejahung also, nichts anderes als „Leck mich am Arsch". –
Die österreichische Bezeichnung für Quija-Brett-Benutzen lautet übrigens „Tischerl Rücken".-

3° Die Arbeit des Magus Major

Als einzig Lebendes gibt es nur den Kosmos, das Universum.
Alle Lebewesen, einschließlich des Menschen, sind nur verschiedene Formen, die sich in den verschiedenen Zeitaltern des lebenden Universums immer mehr erweitern.

Weisheit der SS-Junkerschulen[466]

Nichts ist wahr, alles ist erlaubt.

Hassan I Sabbah[467], *Aleister Crowley*

Ich starb als Mineral und wurde Pflanze,
als Pflanze starb ich und wurde Tier.
Ich starb als Tier und wurde Mensch.
Warum also fürchten, im Tod zu Nichts zu werden?
Bei meinem nächsten Tod
werde ich Schwingen hervorbringen und Federn wie Engel –
Was ihr nicht erdenken könnt,
ich werde es sein[468].

Mevlânâ Celâleddin Rumi[469]

Es wird kein Bedarf sein mehr irgendeine Form der Religion.
All das wird vergehen müssen. Wenn Du zum Wesen vordringst, willst Du dann immer noch die Form? Wenn Du vom Wasser des Lebens getrunken hast, brauchst Du dann noch das Glas, darin es war?

Reshad Feild[470]

Was ist das Wichtigste von Allem? Gott.
Was ist wichtiger als Gott?
Nichts ist wichtiger als Gott.
Dann lasse das Nichts vor Gott kommen.

William Gray[471]

---

466 Wer sich aufgrund der Herkunft dieses Aphorismus nun entsetzt und abgestoßen fühlt, hat zu wenig Gemütsarbeit (siehe die Arbeit des Neophyten) betrieben.

467 Legendärer Gründer der Assassinen (arabisch: Haschischesser), einer seit dem 11. Jh. n. d. Z.. existenten Splittergruppe der Ismaeliten, letztere sind eine der islamischen Hauptströmungen. Die Assassinen versuchten durch Meuchelmorde an ihnen unbequemen einheimischen Fürsten, Würdenträgern und auch Kreuzfahrern Einfluss zu gewinnen und wurden von der mongolischen Expansion unter Hulagu Khan im 13. Jahrhundert ausgerottet. Eine kleiner Rest überlebte und lebt heute friedlich in Syrien.

468 Diese Form der Inkarnationstheorie, also mit sich beständig entwickelndem Bewusstsein, ist auf der Erde weit verbreitet. Der Fachausdruck im Westen dafür – und im Westen sind Fachausdrücke fast immer lateinisch oder griechisch, was uns den Ursprung des intellektuellen Teils unserer Kultur verrät – ist das griechisch-lateinische Wort *Metempsychose*.

469 Ein sufistischer Meister und Dichter persischer Herkunft, lebte von 1207 bis 1273. Gründer des Derwischordens der Mevlevi.

470 FEILD Reshad, Ich ging den Weg des Derwisch Das Abenteuer der Selbstfindung, München 1995, S.177.

Der höchste Grad in vielen heutigen okkulten Organisationen nennt sich *Meister* oder sogar *Großmeister*, im lateinischen Magister. Dies korreliert mit dem höchsten Grad in den weltlichen Zünften, wo auf den Lehrling der Geselle, auf den Gesellen der Meister folgt, und es korreliert auch mit den Akademien der offiziellen Wissenschaften, den Universitäten – dort wird der Meister wieder lateinisch, also Magister[472], oder englisch benannt, Master.
Dennoch ist die Bezeichnung „Meister" einfach dumm – frei nach der englischen Magierin *Dion Fortune*, die den Standpunkt vertrat, dass ein Meister des Okkulten das weltliche Leben gemeistert haben muss, und deswegen nicht mehr an die Polaritäten des Irdischen gebunden sein kann. Wer jedoch in einem irdischen Körper auftritt, ist an weltliche Naturgesetze, egal wie magisch mächtig, großenteils gebunden – und damit eben nicht Meister dieser Lebensumstände.
Deswegen heißt der oberste Grad in der Magie des Liber Draconis:

Magus Major.

Lateinisch: „Besserer Magier", was technisch zu verstehen ist. Aber besser als wer? Besser als er selbst noch gestern war! Noch einmal: Der Magus Major ist ein Magier, der besser ist als der Magier, der er gestern war. Auch der Neophyt ist nach der Einweihung Magus, ein Magier – der Magus Major hat nur mehr geübt und mehr praktiziert.
Auch die Bezeichnung *Adeptus Exemptus*[473] und *Hüter der Geheimnisse*[474] ist für den 3° zutreffend.
Um als Magus Major zu arbeiten, ist eine Einweihung in diesen 3° anzuraten, da es die höchste sinnvolle magische Einweihung ist[475], ist eine individuelle Einweihung durchzuführen, die auf den Kandidaten genau zugeschnitten ist. Weitere Angaben dazu sind sinnlos.
Eine Einweihung in den 3° Reiki, namentlich *Shinpiden*[476], ist ebenso sehr sinnvoll, weil diese ein letztes magisches Symbol beinhaltet, das *DK*, welches die

---

[471] GRAY William, Magical Ritual Methods, S.27. Zitat nach V.D. Frater, Schule der hohen Magie, München 2001, S.278.

[472] Wie so oft in Europa ist der Ursprung militärisch, der Magister bezeichnete den *magister militum* und den *magister equitum* der römischen Armee der Antike, und das waren die beiden ranghöchsten Generäle der Fußtruppen und der Reiterei, da *miles* Soldat und *equus* Pferd bedeutet.

[473] Lateinisch: befreiter Adept. Gemeint ist damit: Frei von den Beschränkungen wie die Beschränkungen der Persönlichkeit beispielsweise, also ein Hinweis auf die Erleuchtung, siehe unten. Nur der Körper bleibt als Beschränkung bestehen.

[474] Der Magus Major hütet tatsächlich Geheimnisse – denn sein Wissen ist zwar erfahrbar, aber aufgrund der Beschränkungen menschlicher Sprache nicht mitteilbar. Die Erfahrung des Wissens ist möglich, durch direkte Unterweisung, und zweitens, äußerst selten, durch rein eigenes Entdecken.

[475] Alle darüber hinausgehenden Einweihungen in Meister- und Würdengrade sind leider nur noch Theaterstücke – wie die dazugehörigen Titel auch nur Mumpitz oder im besten Fall Verwaltungsgrade sind. Der Magus Major ist per definitionem der letzte Zustand vor der Seinsform jenseits des Menschen.

[476] Japanisch: Geheimnisvolle Lehre.

Arbeit der Mentalik ermöglicht. Dieses Symbol wird, genau wie die Symbole des 2° Reiki, durch die Einweihung in die Aura geprägt beziehungsweise gezeichnet.[477]

Die Arbeit des Magus Major ist, nach der Einweihung, im Wesentlichen folgendes:

1. Hohe Magie (auch: Leere Hand Magie oder Einfache Mentalik), und als übergeordnete Kunst:
2. Mentalik.

Hohe Magie (einfache Mentalik)

Mentalik ist die Kunst des Geistes, von lateinisch mens, und damit feiner, soll heißen durchdringender als die vergleichsweisen aetheralen und astralen Künste der vorhergehenden Grade. Verwendet man mens zur Magie, wird damit direkt jedwede Verwandlung ohne Hilfsmittel praktiziert, indem man an das Gewünschte auf bestimmte Art und Weise denkt – und das nennt man Hohe Magie.
Im Klartext heißt das: Sigillen, Götter, Elemente, Pentagramme, Runen, Symbole und so weiter sind einfach nur Hilfsmittel, von denen sich der Magier langsam wieder löst, da sie ihren Zweck hervorragend erfüllt haben. Stattdessen agiert der Magier direkt.
Noch präziser formuliert:
Hohe Magie ist die Kunst des Wünschens.
Diese wird folgendermaßen durchgeführt:

Der Wunsch wird erkannt.
Der Wunsch wird formuliert.
Der Wunsch wird abgeschickt, wodurch die Erfüllung einzutreten beginnt.

Ad 1: Zum Beispiel wünscht sich der Magier:
Eine schöne Lampe.

Ad 2: Die Formulierung findet gemäß geistiger Gesetze immer in der Gegenwart statt, und immer so, als wäre das Ereignis bereits eingetreten! Der Grund lässt sich nach dem Informationsmodell so erklären, dass eine Information in das Universum eingespeist wird, die einem Zustand entspricht, der dann nur noch materialisiert wird, als Verdichtung einer vorhandenen Information. Die Formulierung: „Ich wünsche“ im Wunsch ist also störend! Ebenso ist eine zukunftsweisende Information wie „ich will (werde) ... haben“ störend, weil die Zukunft

[477] Wie immer in der Magie, entzieht sich der genaue Vorgang sprachlicher Darstellung.

bekanntlich nicht existiert[478], sondern, seit Anbeginn der Zeiten bekanntlich, immer nur die Gegenwart.[479]
Der Wunsch lautet also:
„Ich habe eine schöne Lampe."
Die Kunst der Mentalik ist nun, diesen Satz in seinem Bewusstsein, in der Vorstellung, als wahr zu erleben – mit der dazugehörenden Vorstellung.

Ad 3: Man beendet die Vorstellung und damit den Wunsch mit einem herzhaften:
„Danke!",
wodurch der Geist frei für anderes und der Wunsch frei zur Verdichtung ist. Wichtig: Der Wunsch ist nun bereits erfüllt, in allen Dimensionen des Universums – die materielle Dimension, ob nun Malkuth oder Midgard geheißen, hetzt ab nun förmlich hinterher, um ihrer Rolle als Wirklichkeit gerecht zu werden. Irgendwie und von irgendwo ist die Lampe auch schon unterwegs.

Der italienische Mystiker Franz von Assisi sagte: „Bete, als ob Dir gewährt worden wäre, und es wird Dir gewährt."
Sollte dieses Wünschen, die Mentalik, nicht funktionieren, heißt es: Weiterüben – auch und vor allem mit den Künsten des Initiaten und des Adepten.

Mentalik

Doch mit der sogenannten Hohen Magie ist die Kunst der Mentalik nicht erschöpft, das bewusste Wünschen ist auch eher ein Nebenprodukt eines hochentwickelten Geistes. Zweck der Mentalik ist es, eine so klare Integrität des eigenen Geistes zu erreichen, dass das fleischliche Vehikel des Menschen nicht mehr vonnöten ist.
Eine Vorstufe dazu stellt bewusstes Inkarnieren dar, wie im tibetischen Buddhismus begeistert betrieben[480], aber der Zustand des sogenannten *geheimen Meisters*, wie die deutsch-russische Magierin H.P. Blavatsky formulierte, ist das letztendliche Ziel. Wie dies zu bewerkstelligen ist, muss man selbst herausfinden, auch wenn der amerikanische Magier Carlos Castaneda in ungewöhnlicher, meines Wissens einzigartiger Klarheit als Zeuge über eine solche Verwandlung schreibt[481]. Es ist möglich, dies das Bewusstwerden der spirituellen Körper zu nennen, wie in der Chakrenlehre beschrieben, die dann mit dem Energiekörper des Kosmos, dem als goldenes Netz beschriebenene Wyrd, verschmelzen, ohne verloren zu gehen. Die Namen dieser Erleuchtung, auch bereits ein interessanter

---

478 Die Vergangenheit übrigens auch nicht. –
479 Zum besseren Verständnis denke man an den berühmten Beamten, der einem Bittsteller ablehnend sagt: „Jedes Mal sag ich Ihnen, Sie sollen morgen kommen... und Sie kommen immer heute!"
480 Die in Europa bekanntesten Beispiele sind der *Karmapa* und der *Dalai Lama*.
481 Siehe Bibliographie. –

Name, sind Legion – ein UFO[482]-Magier nennt so einen, soweit entwickelten Menschen, vielleicht „Außerirdischer", ein Ariosoph „Übermensch", ein Theosoph „Geheimer Meister", ein Hippie „spaced out"[483], ein Buddhist „Buddha[484]".

Analogien zu weltlichen Zünften

Auch wenn sich der Magus Major nicht Meister nennt, da aufgrund der Mentalik seine eigentliche Reise als Magier ja jetzt erst beginnt und nicht als gewöhnlicher Mensch endet, ist er den weltlichen Meistern vergleichbar, er teilt die gleichen Aufgaben mit ihnen.

Meister zu sein, bedeutet, analog und erweitert zu den Regeln der Meister der deutschen Zünfte[485], folgendes:

0. Mindestens einmalige Erschaffung eines Meisterstücks.
1. Immer das Beste geben.
2. Andere ausbilden.
3. Seinem Volk und der Menschheit dienen.

Wie ein Handwerker, um als Meister anerkannt zu werden, ein Meisterwerk vorlegen muss, sollte der Magier dies auch tun, um sich selbst als Magus Major definieren zu dürfen.

Dieses Meisterwerk ist anzuratenderweise ein von ihm verfasstes Buch über Magie, obwohl es auch etwas Anderes sein kann. Das Buch kann ein latent oder sogar streng wissenschaftliches strukturiertes Buch sein, mit Fußnoten und Bibliographie, oder ein belletristisches Werk wie ein Roman, oder Poesie, ein Werk der Dichtkunst. In jedem Fall muss es, poetisch gesprochen, mit dem Herzen, der Seele[486] geschrieben sein.

Der Grund für ein Meisterstück in Buchform ist darin zu suchen, dass die Magie jedes einzelnen Menschen immer höchst individuell, trotz objektiver Ergebnisse ebenso subjektiv und häufig hochkomplex sein wird – was letztlich bedeutet, dass die eigene Magie für den Magier selbst schwer verständlich, aber für einen anderen Menschen noch viel unverständlicher ist. Mit einem geistigen Umriss des eigenen Seins und oder Wirkens in Buchform jedoch, und ein Buch ist dauerhaftes und allgemein zugängliches Wissen, geschehen zwei Dinge: Erstens, falls noch nicht geschehen, wird der Magier über sich selbst große Klarheit gewinnen – und Klarheit ist die Voraussetzung für das Überschreiten des Abyssos. Zwei-

---

[482] „Nicht identifiziertes fliegendes Objekt" – der dazugehörige UFO-Kult ist so pseudointellektuell und bizarr, dass ich einen dazugehörigen Kultisten in Erinnerung an den genialen spanischen Comiczeichner F. Ibanez gerne als „NIKO – Nicht identifiziertes komisches Objekt" bezeichne.

[483] Englisch: Den Raum (den Raum an sich, kein Zimmer oder dergleichen) verlassen habend (!). Das ist eine erstaunlich treffende Bezeichnung.

[484] Das transmenschliche Ziel jeder vollständigen Magie und Religion blieb im Buddhimus tatsächlich recht klar erhalten. In der Religion des Judentum-Christum-Islam leider nicht.

[485] Zünfte sind Handwerksberuf - Oganisationen. Handwerk ist Magie zu einem Drittel ja auch – die beiden anderen Drittel sind Wissenschaft und Kunst.

[486] Vergleiche dazu den 0° Grad, das Körper-Seele-Geist Modell.

tens, und das ist genauso wichtig, wird das Wissen der Magie vergrößert – und damit anderen Menschen und Magiern eine weitere Möglichkeit geboten, dem Kern und Zweck menschlichen wie universellen Werdens näher zu kommen. Ein meines Wissens noch nie erwähnter Punkt ist der Umstand, dass man seinen eigenen Schriften in der nächsten Inkarnation wieder begegnen kann, was einen nahezu unglaublichen Lehr- und Lerneffekt beinhaltet. –

Das Meisterstück mündet in die anderen drei Aufgaben des Meisters, der Magus Major soll in der Tat immer das Beste geben, anders wird er gar keine erfolgreiche Magie zustande bringen. Er soll Andere oder wenigstens einen Anderen ausbilden, um das erworbene Wissen weiterzugeben. Dadurch, und des Weiteren durch neutrale oder gute Taten – das Universum ist auch ohne Bösartigkeit anstrengend genug – soll er seinem Volk und der Menschheit gleichermaßen dienen.

Erleuchtung, ein Wort für zwei verschiedene Vorgänge

Die Bezeichnung Erleuchtung, auch mit den Fremdwörtern *Samadhi* und *Satori* belegt, geistert seit längerem durch die esoterischen Szenen und bezeichnet generell zwei Zustände:

Einerseits den komplett entwickelten geistigen Zustand des Magus Major, und andererseits – seltener – auch den Gesamtzustand des „aufgestiegenen Meisters", also den Seinszustand von dem Unbeschreibbaren, was nach dem komplett entwickelten Geist kommt: Und dies ist so etwas wie ein Leben jenseits materieller Bindungen jedweder Art.

- **Ad Einerseits**: Aus der Kabbalah stammt der Begriff des „Überqueren des Abyssos", der den Prozess der Erleuchtung beschreibt. Während des Überquerens des Abyssos, des Abgrunds, findet eine vollständige De-Identifikation mit allen Persönlichkeitsmerkmalen und Charaktereigenschaften statt, was bedeutet, dass man danach eine bzw. mehrere Persönlichkeiten hat, aber keine mehr ist. Dadurch ist man sich seines eigentlichen Wesens, reines Sein ohne Eigenschaften oder auch reines Werden ohne Eigenschaften, und das ist ein Focus von Wille, Wahrnehmung und Bewusstsein, klar bewusst. Der amerikanische Magier Carlos Castaneda beschreibt diesen Prozess der Erleuchtung als das „Verlieren der menschlichen Form". –

  Konkret hat der erleuchtete Geist, den ein Magus Major im Lauf der Zeit durch die Mentalik, also die beständige Bewusster-Werdung entwickeln sollte, eine faszinierende Eigenschaft: er kann die Wahrheit sagen!

Das ist paradox. Fast jede Zeile des Liber Draconis weist auf die Relativität des Universums und damit der geistigen Standpunkte oder Anschauungen der Menschen hin, aber der Erleuchtete soll dennoch die objektive Wahrheit aussprechen können?

– Dies ist in der Tat möglich.

Anscheinend kann der erleuchtete Geist im Moment eines Gesprächs direkten Kontakt zu seinem Gesprächspartner aufnehmen und Informationen aus dessen Leben oder Wahrnehmung erkennen, die jenem gar nicht bewusst sind. Dadurch kann er treffendste Informationen übermitteln, die für diesen Gesprächspartner wahr und essentiell sind.

Dieses Phänomen ist allerdings zeit- und ortsgebunden, was an der fließenden, ewig sich verändernden Struktur des Universums liegen könnte. Anders ausgedrückt: Wahrheit kann nicht an Papier oder Zelluloid gebunden werden, da beständig Zeit vergeht. – In Büchern und Filmen finden sich nie Wahrheiten, stets nur Informationen.[487]

Man könnte auch sagen, bei einem Gespräch mit einem Erleuchteten wird etwas Interessanteres vermittelt als nur Worte allein. –

- **Ad Andererseits:** Ziel der fortgeschrittenen Mentalik ist Erlangen des Einswerdens mit dem Wyrd, und das ist ein seinsähnlicher Zustand ohne materielle Basis, oder wie man das auch immer nennen will, denn die Lebensform ohne Notwendigkeit eines materiellen Körpers ist nicht wirklich beschreibbar.

Nach dem deutschen Magier Frater V.D. ist die mögliche Entwicklung des Magiers dorthin[488] in folgendem interessantem Diagramm dargestellt:

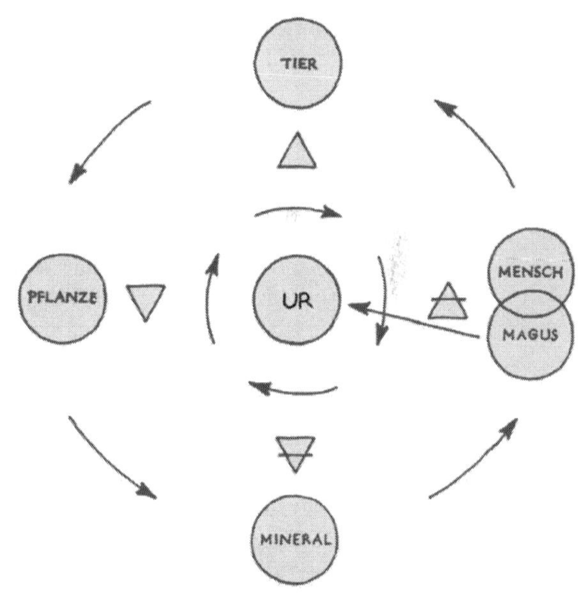

Der göttliche Kern des Menschen, der Träger des Bewusstseins, Wille und Wahrnehmung ohne Eigenschaften, wird an dieser Stelle UR genannt. Der weltweit verbreiteten Inkarnationslehre[489] folgend, durchlief das Bewusstsein eines Menschen eine Kette der Inkarnationen und Reinkarnationen, zuerst millionenfach als Mineral, dann ungefähr ebenso oft als Pflanze, dann

---

[487] Ja, das gilt auch für dieses Buch. –

[488] Veränderte Zeichnung nach: V.D. FRATER, Schule der Hohen Magie II, München 2003, S.314.

[489] Die aus dem Christentum, nämlich auf einem Konzil in Konstantinopel, erst 553 n. d. Z..(!) entfernt wurde, nur am Rande vermerkt. Vgl. dazu: KERSTEN Holger, Jesus lebte in Indien, München 1984, S. 200.

als Tier, bis es seit langem als Mensch inkarniert. In diesem Sinne sind übrigens Tier, Pflanze und Materie junge, noch jüngere und jüngste Geschwister des Menschen.
Um die Entwicklung in die nächste, unmaterielle Form zu vervollständigen, soll der Magus bewusst zuerst seine tierischen, dann seine pflanzlichen, zuletzt seine mineralischen Bestandteile erkennen, d.h., als Teil seines Bewusstseins bewusst machen.

Reinkarnation

Reinkarnation, lateinisch: Die Wieder-Fleischwerdung, also die Wiedergeburt des Menschen als neuer Mensch, ist ein interessantes gedankliches Modell. Wahr ist, was man wahr nimmt, und manche Adepten oder Lehrer nehmen wahr, dass ihnen das Einswerden mit dem Wyrd in absehbaren Jahren nicht gelingen wird. Um nicht, nach zu erwartendem Ableben, als irgendwer irgendwo neu inkarnieren zu müssen, der sich seine magischen Kenntnisse schon wieder – wie oft eigentlich noch? – von neuem in weltlicher, deswegen wahrscheinlich störender Umgebung neu erarbeiten muss, ist die bewusste Reinkarnation einsetzbar.
Nach dem englischen Magier Pete Carroll[490] sind drei Methoden möglich:
Der schwarze, der rote und der weiße Ritus.

Der schwarze Ritus

Dies ist das Entführen eines erwachsenen Menschen, der magisch und narkotisch betäubt wird, um vom Magier vollkommen besessen zu werden, während dieser sich selbst mit einer toxischen Überdosis des Narkotikums umbringt. Diese Methode soll risikoreich sein, manchmal gelingt es nicht, die feineren Körper des Opfers aus dem erwählten Wirtskörper zu vertreiben, was einen in der Betrachtung des westlichen Mediziners, schizophrenen Menschen hervorbringt, de facto ist ein Mensch dann jedenfalls von einem eingedrungenen Magier besessen. Widerlicher, bösartiger und verwerflicher kann ein Magier wohl kaum vorgehen, aber diese Methode muss erwähnt werden, um sich der Gefahr bewusst zu sein, der so mancher attraktive, begabte, kerngesunde junge Magier oder Magierin begegnen könnte.

Der rote Ritus

Dieser Ritus ist leider nur für Männer durchführbar. Der Magier verbindet sich mit einem weiblichen Partner in einer schönen Liebesbeziehung, eine sexuelle Empfängnis wird herbeigeführt. Im ungefähr dritten Monat der Schwangerschaft tötet der Magier sich selbst, um im entstehenden Fötus als Kind seiner Geliebten zu inkarnieren. Es soll Magier gegeben haben, die so verrückt waren, ihre Partnerin nicht in ihren Plan einzuweihen und also auch nicht ihre Zustimmung einzuho-

[490] Vgl. dazu CARROLL Peter J., Liber Null & Psychonaut, S.103 f.

len, was zu einer sehr unglücklichen Kindheit im neuen Leben führte. Vermeidet man diesen Fehler, ist der rote Ritus eine interessante Methode, sieht man von dem Umstand ab, dass auch die junge Mutter verrückt sein könnte. – Meines Erachtens müssen wirklich Ausnahmebedingungen herrschen, dass eine normale junge Frau bei so einem Vorhaben freiwillig teilnimmt.

Der weiße Ritus

Nach dem Ableben sucht der diskarnierte Magier einen Fötus, der von Energien der Freiheit, der Liebe und des relativen Wohlstandes umgeben sein sollte – und inkarniert neu. Manche Magier wählen zum Ableben den Selbstmord, weil das hohe Alter ihren Körper und damit letztlich ihr Bewusstsein so schwächen würde, dass ihnen eine bewusste Reinkarnation nicht gelingen könnte. Man erinnere sich dabei an den sogenannten letzten Feind des Magiers, das Alter.

Ein letzter Hinweis: Ehe die Künste des Neophyten, Initiaten und Adepten nicht völlig gemeistert sind, ist ein Nachdenken über irgendein farbiges Inkarnieren völlig überflüssig. –

Das antitheoretische Theorem oder wider die magischen Erklärungsmodelle

Jedes Erklärungsmodell der Magie ist müßig, denn jedes Erklärungsmodell der Magie ist falsch. Die Beweisführung für diese Aussage ist folgende, dass nämlich die Erklärungsmodelle vergangener Jahrhunderte für uns so offensichtlich als wissenschaftlich falsch zu erkennen sind[491], weswegen wir neue Modelle generieren, die wir dann für richtig halten. Doch was werden die Menschen der Jahrhunderte nach uns tun? Wahrscheinlich genau das Gleiche wie all die Magier der Jahrhunderte zuvor, denn sie werden auch unsere Modelle als erkennbar falsch zu den Akten legen. Vielleicht dienen alle magische Theorien nur einem Zweck: Uns an unser Geburtsrecht zu erinnern, welches besagt, dass unser Universum und wir inmitten magisch sind, also beständig Magie wirken und bewirken können.

Das Sith Prinzip oder wider die magischen Orden

In George Lucas Star Wars Saga, deutbar als moderne cineastische Mythologie westlicher Prägung, existieren die *Sith*.

Diese sind dem Streben nach politischer Macht verfallene, aber hochqualifizierte Magier, die nach einem strengen Prinzip leben: Es gibt immer nur zwei von ihnen, den Meister und den Schüler!

---

[491] Ich erinnere daran, dass zum Zeitpunkt der Entdeckung der Elektrizität, zuvor schon bei Entdeckung des Magnetismus, jeweils genau diese Kraft für die Kraft der Magie an sich gehalten wurde. Heute sind diese Kräfte Teil der Physik, und die Magie funktioniert immer noch und erkennbar unabhängig von Magnetismus und Elektrizität.-

Dies ist ein interessantes Konzept. Auch wenn in der Saga der Grund hierfür Geheimhaltung ist – die verbotenen Sith werden vom offiziell zugelassenen magischen Orden der Yedi verfolgt – bewirkt dieses Verhältnis eine großartige Weitergabe von Wissen und Tradition: Nicht Quantität, Qualität allein zählt! Nicht ein, im schlechtesten Fall, Orden voller halbbefähigter Magier in stolzen Roben verwaltet sich selbst, sondern ein angehender aufgestiegener Meister bildet einen Schüler bis zum Lehrer aus.

Während magische Orden, so beeindruckend in den ersten Gründerjahren, sehr leicht und sehr häufig zu sich selbst verwaltenden Bürokratien degenerieren, kann ein einzelner Mensch einen einzelnen Menschen an die Schwelle des göttlichen Nichts führen, ehe er sie selbst überschreitet. Sein Schüler übt vor dieser Schwelle, während er einen neuen Schüler ausbildet, ehe er selber die Polarität verlässt... ad infinitum.

Der Nachteil des Ordensprinzips ist, dass das praktische Wissen in der Aufrechterhaltung von Strukturen leicht versickern kann. Der Vorteil ist, dass die Weitergabe und Erweiterung dieses Wissens, solange noch vorhanden, gewährleistet ist.

Der Nachteil des Sith-Prinzips ist, dass praktisches Wissen sehr schnell aussterben kann. Der Vorteil ist, dass das Ziel tatsächlich leichter erreicht wird.

Andere zu kennen, bedeutet Weisheit.
Das Selbst zu kennen, bedeutet Erleuchtung.

Andere zu meistern, erfordert Kraft.
Das Selbst zu meistern, erfordert Stärke.

Wer weiß, dass er genug besitzt, ist reich.
Ausdauer ist ein Zeichen von Willensstärke.

Wer bleibt, wo er ist, hält durch.
Zu sterben, aber nicht zu vergehen, bedeutet ewige Gegenwart.

Laotse, Tao Te King

Bibliographie

ÄGYPTISCHE TOTENBUCH Das[492], Übersetzt und kommentiert von Gregoire Kolpaktchy, München 1998. Scherz Verlag.

BARDON Franz, Der Weg zum wahren Adepten Ein Lehrgang in zehn Stufen Theorie und Praxis, Freiburg im Breisgau 1989. Verlag Hermann Bauer.

BARTLETT Sarah, FENG SHUI DER LIEBE Harmonie und positive Energie für Lust und Sinnlichkeit BODY & SOUL, München 1998. Wilhelm Heyne Verlag.

BOTHEROYD Sylvia und **Paul**, Lexikon der keltischen Mythologie, München 1995. Eugen Diederichs Verlag.

BRIER Robert, Zauber und Magie im alten Ägypten Alles über das geheime Wissen und die geheimnisvollen Praktiken, die das Leben im Pharaonenreich beherrschten. Erstmals untersucht und erklärt., Darmstadt 1990. Weltbild Verlag.

CARROLL Peter J., Liber Null & Psychonaut (Two complete Volumes), York Beach Maine 1987. Verlag Samuel Weiser. Deutsch erschienen: CARROLL Peter J., Liber Null – Praktische Magie Das offizielle Einweihungshandbuch des englischen Ordens IOT, Unkel 1986; Psychonautik Liber Null Teil II, Unkel 1986. Edition Magus.

Ders., Liber Kaos Das Psychonomikon, Bad Ischl 1994.

CASTANEDA Carlos, Gespräche mit Don Juan Ein Yaqui-Weg des Wissens Mit einem neuen Vorwort, Februar 1998 (Band 1 von 10).

Ders., Eine andere Wirklichkeit Neue Gespräche mit Don Juan, Frankfurt am Main 1985 (Band 2 von 10).

Ders., Reise nach Ixtlan Die Lehre des Don Juan, Frankfurt am Main 1984 (Band 3 von 10).

Ders., Der Ring der Kraft Don Juan in den Städten, Frankfurt am Main 1986 (Band 4 von 10).

Ders., Der zweite Ring der Kraft, Frankfurt am Main 1986 (Band 5 von 10).

Ders., Die Kunst des Pirschens, Frankfurt am Main 1986 (Band 6 von 10).

Ders., Das Feuer von Innen, Frankfurt am Main 1985 (Band 7 von 10).

Ders., Die Kraft der Stille. Neue Lehren des Don Juan, Frankfurt am Main 1988 (Band 8 von 10)

Ders., Die Kunst des Träumens, Frankfurt am Main 1994 (Band 9 von 10)

Ders., Das Wirken der Unendlichkeit, Frankfurt am Main Juli 2000 (Band 10 von 10). Alle erschienen im S. Fischer Verlag.

CHANG Stephen T. Dr. med., Das Tao der ganzheitlichen Selbstheilung, (vormals: Das Handbuch ganzheitlicher Selbstheilung), Kreuzlingen-München 2001. Wilhelm Heyne Verlag.

CHENG Man-ch'ing/SMITH Robert W., T'ai Chi The „Supreme Ultimate" Exercise for Health, Sport, and Self Defense, North Clarendon 2004. Tuttle Publishing.

CHIA Mantak, TAO YOGA Praktisches Lehrbuch zur Erweckung der heilenden Urkraft Chi, Interlaken 1985. Ansata Verlag.

COLQUHOUN Ithell, Schwert der Weisheit MacGergor Mathers & der Golden Dawn, s.L. 1985. Johanna Bohmeier & Co Verlag.

CROWLEY Aleister, ALEISTER CROWLEYS THOT TAROT, AGM AG Müller Swiss Playing Cards, CH-8212 Neuhausen.

Ders., DAS BUCH THOT (Ägyptischer Tarot), Neuhausen 1989. Urania Verlag.

CROWLEY Vivianne, Wicca Die alte Religion im neuen Zeitalter, Bad Ischl 1993. Edition Ananael.

DAIM Wilfried, Der Mann der Hitler die Ideen gab Die sektiererische Grundlage des Nationalsozialismus, München 1958. Böhlau Verlag

DETLEFSEN Thorwald, Chicksal als Chance Das Urwissen zur Vollkommenheit des Menschen, München 1998. Mosaik bei Wilhelm Goldmann Verlag.

Ders./DAHLKE Rüdiger, Krankheit als Weg. Deutung und Be-Deutung der Krankheitsbilder, München 1990. Wilhelm Goldmann Verlag.

[492] Der Titel ist eine Schöpfung der ersten Herausgebers unserer Zeit, Richard Lepsius im Jahre 1842, und ebenso dramatisch wie falsch. Der ägyptische Titel dieser Papyri lautet: *Das Heraustreten ins Tageslicht* (!). Das sagt viel über die ägyptischen Jenseitsvorstellungen aus.

DODSON Frederick E., Astralreisen Das ultimative Trainingshandbuch für alle die schon immer außerkörperliche Erfahrungen machen wollten, Leipzig 2003. Bohmeier Verlag.

DUDEN, Band 5 Das Fremdwörterbuch. Unentbehrlich für das Verstehen und den Gebrauch fremder Wörter 53.000 Fremdwörter mit über 400.000 Angaben zu Bedeutung, Aussprache, Grammatik, Herkunft, Schreibvarianten und Worttrennungen, Mannheim 2001. Dudenverlag.

DUDEN, Band 7 Das Herkunftswörterbuch Die Etymologie der deutschen Sprache Geschichte der deutschen Wörter und Fremdwörter von ihrem Ursprung bis zur Gegenwart. Bedeutung und Herkunft vieler Redensarten, Mannheim 1963. Dudenverlag.

EDDA, Götterdichtung, Spruchweisheiten und Heldengesänge der Germanen Übertragen von Felix Genzmer Eingeleitet von Kurt Schier, München 1997 („Lieder-Edda"). Eugen Diederichs Verlag.

EDITION Methusalem, Das große Lexikon der Heilsteine, Düfte und Kräuter, Neu-Ulm 2000. Methusalem Verlagsgesellschaft

ELIADE Mircea, Schamanismus und archaische Extasetechnik, Frankfurt am Main 1974. Suhrkamp Verlag.

ESCHNER Michael D., Die Henochischen Schlüssel der Magie, Bergen/Dumme 1989. Peyn und Schulze Verlag.

FARRAR Janet und Stewart, Acht Sabbate für Hexen, Soltendiek 1994. Bohmeier Verlag.

FEILD Reshad, Ich ging den Weg des Derwisch Das Abenteuer der Selbstfindung, München 1995. Heinrich Hugendubel Verlag.

FORTUNE Dion, Die mystische Kabbalah Ein praktisches System der spirituellen Entfaltung, Freiburg im Breisgau 1987. Verlag Hermann Bauer.

Dies., Selbstverteidigung mit Psi Sicherheit und Schutz durch geistige Kraft, München 2000. Ansata Verlag.

GREGORIUS Gregor A., Magische Briefe, Bremen 1980. Verlag Richard Schikowski.

FRIES Jan, Visuelle Magie Ein Handbuch des Freistilschamanismus, Bad Ischl 1995. Edition Ananael.

Ders., HELRUNAR ein Handbuch der Runenmagie, Bad Ischl 1997. Edition Ananael.

GARDNER Gerald Brosseau, WITCHCRAFT TODAY, New York 1954.Magickal Childe Publishing.

GOODRICK-CLARKE Nicholas, Die okkulten Wurzeln des Nationalsozialismus, Wiesbaden 2004. Marix Verlag.

GRETTIS SAGA Die, die Saga von Grettir dem Starken, München 1998. Eugen Diederichs Verlag.

HAFFNER Sebastian, Anmerkungen zu Hitler, München 1978. S. Fischer Verlag.

HAICH Elisabeth, Einweihung, Ulm 1972. Drei Eichen Verlag.

HALL Nicholas, Chaos & Hexenzauber, Soltendiek 1993. Bohmeier Verlag.

HARNER Michael, Der Weg des Schamanen Ein praktischer Führer zu innerer Heilkraft, Genf 1994. Ariston Verlag.

HINE Phil, Prime Chaos, London 1993. Chaos International.

HOSAK Mark/LÜBECK Walter, Das große Buch der Reiki-Symbole Die spirituelle Tradition der Symbole und Mantras des Usui-Systems der Natürlichen Heilung, Aitrang 2004. Windpferd Verlag.

HROLF KRAKI SAGA erzählt von Poul Anderson, Bergisch Gladbach 1987. Bastei Lübbe Verlag.

KELDER Peter, Die Fünf „Tibeter" Das alte Geheimnis aus den Hochtälern des Himalayas lässt sie Berge versetzen Das Original mit der Einführung von Chris Griscom, München 1994. Integral. Volkar-Magnum. Verlagsgemeinschaft.

KING Bernard, Die Runen, Braunschweig 1994. Aurum Verlag (Edition Roter Löwe).

KERSTEN Holger, Jesus lebte in Indien, München 1984. Droemersche Verlagsanstalt Th. Knaur Nachf.

KIT Wong Kiew, Die Kunst des Chi Gong Unsere Vitalenergie optimal aktivieren, München 1995. Droemersche Verlagsanstalt Th. Knaur Nachf.

LAOTSE, Tao-Te-King Das Heilige Buch vom Weg und von der Tugend ÜBERSETZUNG; EINLEITUNG UND ANMERKUNGEN VON GÜNTHER DEBON, Stuttgart 1 979. Phillip Reclam jun. Verlag.

LEADBEATER Charles W., Der sichtbare und der unsichtbare Mensch, s.L.,1991 Verlag Hermann Bauer.

LEVI Eliphas, Geschichte der Magie Erster Teil und Zweiter Teil, München 1978. Sphinx Verlag Basel.

LYSEBETH André von, Die große Kraft des Atmens Die Atem-Schule des Pranayama, Bern – München – Wien 1975. Scherz Verlag.

LÖHLEIN Herbert A., Handbuch der Astrologie Liebe Ehe Partnerwahl Beruf Begabung, München s.T. Goldmann Verlag.

LÜBECK Walter, Das Reiki Handbuch Von der grundlegenden Einführung zur natürlichen Handhabung Eine vollständige Anleitung für die Reiki-Praxis, Aitrang 2002. Windpferd Verlag.

LÜBECK Walter/PETTER Frank Arjava/RAND William Lee, Das Reiki-Kompendium Ein umfassendes Handbuch über das Reikisystem Von der Tradition bis zur Gegenwart: Grundlagen, Übertragungslinien, Originalschriften, Meisterschaft, Symbole, Techniken, Behandlungen, Reiki als spiritueller Lebensweg u.v.m., Zürich 2003. Windpferd Verlag.

LURKER Manfred, Lexikon der Götter und Symbole der alten Ägypter H andbuch der mystischen und magischen Welt Ägyptens, Bern München Wien 2003. ScherzVerlag.

MATHERS MacGregor S. L., The Kabbla Unveiled *Containing the following Books of the Zohar*, London 1991. Arkana Penguin Books.

MEYRINK Gustav, Das grüne Gesicht Ein okkulter Schlüsselroman, München s.T. Droemersche Verlagsanstalt Th. Knaur Nachf.

MONROE Robert A., Der Mann mit den zwei Leben, 2005. Wilhelm Heyne Verlag.

MULDOON S.J./CARRINGTON H., Die Aussendung des Astralkörpers, Freiburg im Breisgau 1980. Hermann Bauer Verlag.

NEMÉNYI Geza von, Heilige Runen Zauberzeichen des Nordens, München 2003. Wilhelm Heyne Verlag.

NETTESHEIM Heinrich Cornelius Agrippa von, DIE MAGISCHEN WERKE, Wien 1997. FourierVerlag.

PAGET Stephen, Memoirs and Letters of Sir James Paget, London 1901. (?).

PARACELSUS / WERNER Helmut, Paracelsus Okkulte Schriften Mikrokosmos und Makrokosmos Ausgabe von Helmut Werner, Köln s.T. Komet (Neu erschienen im Bohmeier Verlag, 2009).

PETTER Frank Arjava, Das Reiki Feuer Neues über den Ursprung der Reiki-Kraft Das Komplette Lehr- und Arbeitsbuch, Aitrang 1997. Windpferd Verlag.

PIRSIG Robert M., Zen und die Kunst ein Motorrad zu warten, Frankfurt am Main 1978. Fischer Taschenbuch Verlag.

RANDOLPH Pascal Beverly, MAGIA SEXUALIS Die sexualmagischen Lehren der Bruderschaft von Eulis, Korneuburg 1992. Edition Ananael.

REGARDIE Israel, Das magische System des Golden Dawn Band 1-3, Freiburg im Breisgau 1987. (Der dritte Band enthält ausführliche Studienanleitungen zum Henochischen.) Verlag Hermann Bauer.

ROBERTS Jane, Gespräche mit Seth Von der ewigen Gültigkeit der Seele, Genf 1972. Goldmann Verlag.

SAKOIAN Frances/ACKER Louis S., Das große Lehrbuch der Astrologie Wie man Horoskope stellt und nach neuesten wissenschaftlichen Erkenntnissen Charakter und Schicksal deutet, Bern und München 1973. Droemersche Verlagsanstalt Th. Knaur Nachf.

SEBOTTENDORF Freiherr von, Die geheimen Übungen der türkischen Freimaurer, Freiburg im Breisgau 1977. Hermann Bauer Verlag.

717 Frater, Handbuch der Chaosmagie, Soltendiek 1992. Bohmeier Verlag.

SOMMER Doris, Reiki II Anwendungen Gesundheitslexikon mit heilendem Mentaltraining, München 1997. Verlag Peter Erd.

SIMEK Rudolf, Lexikon der germanischen Mythologie, Stuttgart 1995. Alfred Kröner Verlag.

Ders./PALSSON Hermann, Lexikon der germanischen Literatur, Stuttgart 1987. Alfred Kröner Verlag.

SHARAMON Shalila/Baginski Bodo J., Das Chakra Handbuch Vom grundlegenden Verständnis zur praktischen Anwendung Eine umfassende Anleitung zum Harmonisieren der Energiezentren durch Klänge, Farben, Edelsteine, Düfte, Atemtechniken, Naturerfahrungen, Reflexzonen und Meditationen, Aitrang 1999. Windpferd Verlag.

SHERWIN Ray, The Book of Results, Morrisville NC (USA), 2005. Lulu Enterprises.

SPARE Austin Osman, Gesammelte Werke, Wien 1990. Edition Ananael.

STURLUSON Snorri, PROSA-EDDA ALTISLÄNDISCHE GÖTTERGESCHICHTEN *Aus dem Altisländischen übertragen, mit Anmerkungen und einem Nachwort versehen von Arthur Häny*, Zürich 1990. Manesse Verlag.

TEGTMEIER Ralph, RUNEN Alphabet der Erkenntnis, Neuhausen 1988. Urania Verlags AG.

TEPPERWEIN Kurt, DIE GEISTIGEN GESETZE Erkennen, verstehen, integrieren erweiterte und überarbeitete Neuausgabe, München 2002. Wilhelm Goldmann Verlag.

THORSSON Edred, Handbuch der Runen-Magie, Haldenwang 1987. Urania Verlag:

Ders., Runenkunde Ein Handbuch der esoterischen Runenlehre, Neuhausen 1990. Urania Verlag.

Ders., Die neun Tore von Midgard Ein magischer Lehrplan der Runengilde, Uhlstädt-Kirchhasel 2004. Arun Verlag.

TOHEI Koichi, Das Ki-Buch der Weg zur Einheit von Geist und Körper, Heidelberg 1996. Werner Kristkeitz Verlag.

TOO Lilian, Schlüssel zum Glück mit Feng Shui Praktische Tipps zur Steigerung der Lebensqualität, München 1999.

TOURS Gregor von, FRÄNKISCHE GESCHICHTE BUCH I – X Historiker des deutschen Altertums Nach der Übersetzung von Wilhelm von Giesebrecht neu bearbeitet von Manfred Gebauer, Drei Bände, Essen und Stuttgart 1988. Phaidon Verlag.

UCCUSIC Paul, Der Schamane in uns Schamanismus als neue Selbsterfahrung, Hilfe und Heilung Ganzheitlich Heilen, München 1993. Goldmann Verlag.

V.D. Frater, Schule der hohen Magie, München 2001. Ansata Verlag.

Ders., Schule der hohen Magie II erweiterte Praxis und Exerzitien, München 2003. Ansata Verlag.

VRIES Jan, Visuelle Magie, Ein Handbuch des Freistilschamanismus. Bad Ischl 1995. Edition Ananael.

WORMS Abraham von/DEHN Georg, BUCH ABRAMELIN das ist Die (sic!) egyptischen großen Offenbarungen oder des ABRAHAM VON WORMS BUCH DER WAHREN PRAKTIK IN DER URALTEN GÖTTLICHEN MAGIE erste vollständige, kritisch überarbeitete Ausgabe von Georg Dehn, Worms 1995. Verlag Neue Erde.

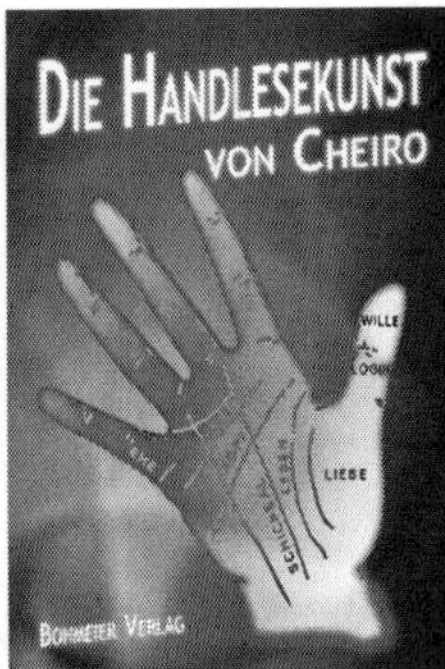
DIE HANDLESEKUNST
VON CHEIRO
BOHMEIER VERLAG

High werden ohne Drogen
Ein Bewusstseinserweiterndes Handbuch
von Frederick E. Dodson

KRAFTTIERE
Die unsichtbaren Begleiter
Bohmeier Verlag

Das Geheimnis der Dualseelen,
Seelengefährten und Seelengeschwister
Von Sandra Ruzischka
Bohmeier Verlag

Des Teufels Apokryphen
Zu jeder Geschichte gibt es zwei Seiten
von John A. De Vito
Bohmeier Verlag

Sternentore
Die rätselhafte sechste Dimension

Die Entsäuerung des Körpers
in 10 Schritten
Der ultimative Jungbrunnen und Schlankmacher!
Das Säure-Basen-Gleichgewicht
Anleitung zur Ausschwemmung krankmachender Säure
Bohmeier Verlag
von Patrizia Pfister

Die geheimen Botschaften,
Manuskripte und Schätze der Templer
in RENNES - LE - CHATEAU
Die Auflösung des kosmischen Geheimnisses
das bisher nur Eingeweihten vorbehalten war
von Monika Hauf

Das Buch der
Werwölfe
von Sabine Baring-Gould
Bohmeier Verlag

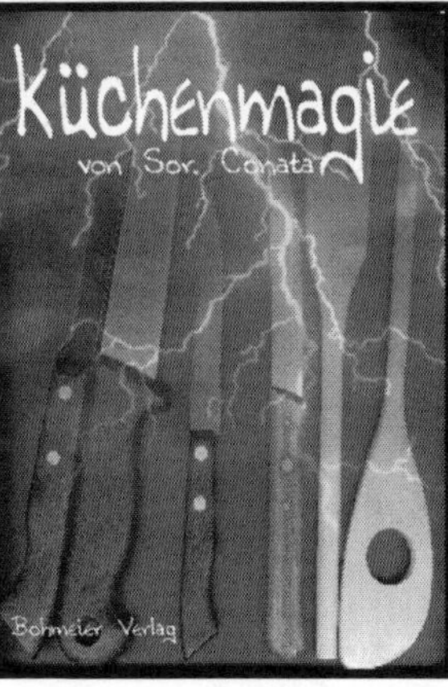
Küchenmagie
von Sor. Conata
Bohmeier Verlag